本书的出版，得到北京人天书店的经费资助

国家“十一五”重点图书出版规划项目
当代中国图书馆学研究文库（第二辑）

文献学与文献服务

陈　力　著

国家图书馆出版社

图书在版编目(CIP)数据

文献学与文献服务/陈力著.—北京:国家图书馆出版社,2008.10

(当代中国图书馆学研究文库.第二辑)

ISBN 978-7-5013-3747-7

Ⅰ.文… Ⅱ.陈… Ⅲ.①文献学—文集②图书馆工作—情报服务—文集 Ⅳ.G256-53 G251-53

中国版本图书馆 CIP 数据核字(2008)第 119544 号

书名 文献学与文献服务
著者 陈 力 著

出版 国家图书馆出版社(原北京图书馆出版社)
(100034 北京西城区文津街 7 号)
发行 010-66139745 66151313 66175620 66126153
66174391(传真) 66126156(门市部)
E-mail btsfxb@nlc.gov.cn(邮购)
Website www.nlcpress.com → 投稿中心
经销 新华书店
印刷 北京联兴盛业印刷有限公司

开本 787×1092 毫米 1/16
印张 15.75
版次 2008 年 10 月第 1 版 2008 年 10 月第 1 次印刷
字数 220(千字)

书号 ISBN 978-7-5013-3747-7/G·756
定价 48.00 元

《当代中国图书馆学研究文库》编委会

总　序

在人类文明史上，图书馆学、文献学与目录学的产生几乎一样源远流长，它们在研究对象和研究内容方面存在着相互交叉的联系，在追溯历史渊源和面向现实与未来中，有着同源和相互应用、共同发展的关系，有鉴于此，编委会将文献学和目录学研究合为一辑，列入《当代中国图书馆学研究文库》中。收录在本辑中的有倪晓建、王余光、陈力、王世伟、柯平、王新才、徐雁、王国强等当代中青年学者的文集。倪晓建、柯平、王新才、王国强主要研究目录学。其中倪晓建通过提出精萃信息理论而深化了目录学研究；柯平则以数字化目录学研究创新了现代目录学理论；王新才于目录学发展多所着力，对目录学演进的阐释相当独到；王国强深于古典目录学研究，尤其是汉代与明代，更是其着墨重点。王余光、陈力、王世伟等人则主要研究文献学，其中王余光主要研究文献史与文献学理论，陈力、王世伟则于版本、目录、校勘等方面用功甚深。徐雁的主攻方向是藏书与读书。这些中青年学者思维敏捷，才华出众，成绩卓著。在他们身上，体现了一种潜心学问、甘于寂寞并扎实钻研的精神，这是非常难能可贵并值得提倡的。

自1978年改革开放以来，到今年正好是30年。30年中，中国图书馆事业与图书馆学研究都取得了长足的进步。这几位中青年才俊，或在这一年，或在这之后不久，陆续步入图书馆学的殿堂。虽然这些进步不能说就是他们的功劳，但他们的研究无疑起了相当的促进作用。他们的成果是新时期图书馆学、文献学与目录学发展的历史记录。也许有人会质疑，那些注重思辨考证的“纯粹”的研究有什么用呢？胡适当年就曾把考证一个古字与发现一颗新星相提并论，认为两者具有相同的价值。考证古籍版本、研究藏书目录有什么用呢？这些不会促进经济的发展，但却繁荣了学术文化。考证古籍版本,有利于人们更好地理解作者思想;探讨藏书目录,有利于了解各时代藏书情形,也对今天的藏书建设有借鉴意义。更重要的是,从藏书、目录、版本等研究出发,还可以推荐图书、指导阅读。这几位中有不少致力于这种研究,也有不少还在致力于这种实践。图书馆学、文献学、目录学研究不仅要研究文献信息资源的管理,更应当探讨如何让这些资源充分发挥作用。尤其是目录学,作为一门智慧之学,它教给人们的便是学会如何在浩瀚的文献知识和信息的海洋中迅速准确地寻找到自己所需要的知识的本领,拥有这种本领和能力将会终身受用无穷。如果读者能从图书馆了解到怎样读书、有哪些书可读、书以哪种版本为好、先读哪些书、后读哪些书、哪些书需要精读、哪些书只需浏览,这样,就可以说图书馆在建设和谐社会和学习型社会中充分发挥了文化教育的功能,也可以说我们的文献学、目录学研究并非全然虚不可用。文献目录之学本来就是致用之学,而其所致之用,应该说正是这些方面。

这些中青年学者是正在成长中的大树。他们潜心钻研,开拓创新,吸取养分,并逐渐枝繁叶茂。他们的成长离不开图书馆事业这片沃土,而图书馆事业也因他们的研究而变得生机勃勃。我们有理由相信,他们终将成为中国图书馆事业的顶梁柱。是为序。

彭斐章

2008 年 2 月于珞珈山

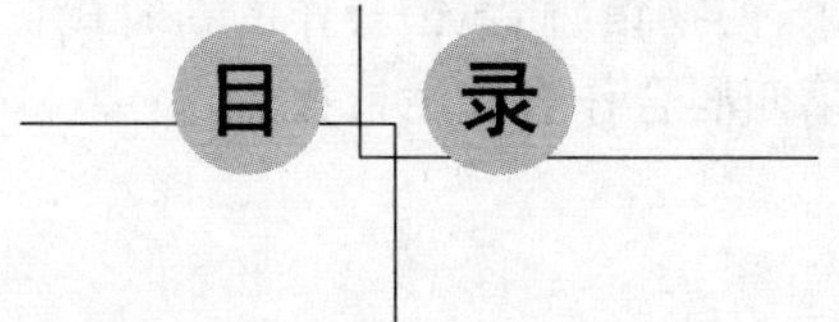

目录

二十世纪古籍辨伪学之检讨

20世纪是中国历史上学术最为活跃的时期之一，其中古籍辨伪学尤为突出，争议最多，格局变化最巨。审视整个20世纪的古籍辨伪学，大致可以分为两个时期：20世纪前半叶，特别是二三十年代，古籍辨伪之风最盛，古籍也越辨越伪；20世纪后半叶，特别是70年代以后，古籍考辨之学复炽，然古籍越辨越真。从表面上看，这种前后变化的原因似乎是由于自20世纪70年代后，一大批青铜器和战国秦汉简策与帛书陆续出土，许多从前被认定为"伪书"的文献找到了更为古老的来源与根据，过去被判为"伪书"的证据一个一个被攻破。但是，在我们看来，问题的关键并不仅仅在于有了新的资料为一些上古文献提供了真确的依据，而在于过去判定它们为伪书的方法与理论本身就需要认真地加以检讨。

一、古籍辨伪学的概念

直到现在，"古籍辨伪"这个概念都是相当含混的。

顾名思义，所谓"古籍辨伪"就是对古籍真伪的审查。但是，"真"与"伪"都是一个绝对的概念，而古籍的实际情况是，"真"与"伪"是相对的，所涉及的面，也是比较广的。

古籍的"真""伪"，有作者的问题，有成书年代的问题，有内容的问题，还有"真"与"伪"的程度问题。或者作者伪，而成书年代不伪；或作者与成书年代不伪，但经过长期流传，内容已非原貌。就程度而言，有小部分伪，有大部分伪，也有全伪。凡此等等，不一而足。

以作者的问题为例，张心澂在其著名的《伪书通考》里也提到了古书的作者问题有四种情形，并提出了与之相关的判别真伪的标准。他认为:一、“古人不自著书”,如谓《管子》为管子一派人所作,则不伪;如“题为管夷吾所著,则成伪书矣”。二、“古人著书不自出名”,因此常无作者名,如果这类书题“文王作,周公作,孔子作,曾子作,一人题名,遂成定案,致使后人翻案,发生辨伪之事”。三、“古书世传非成于一手”,如《左传》非成于一人之手,而司马迁谓为左丘明著,于是就成了问题。四、“书名非著者之名”,如《荀子》、《管子》皆书名,如谓作者为荀子、管子,也成了问题。①

上述张心澂先生提到的四种情况在古书中确实是非常普遍的,但问题在于,一部书中,作者只是该书所含众多信息的一个单元、一个组成部分,我们是否可以将作者之伪与古书之伪等同起来?并且这个所谓的“作者之伪”,在许多情况下,是由后世的改编、传抄、重刻者“强加”给古书的,并非古书的初编者所定,如果将局部问题与全局问题等量齐观,恐怕中国古代几乎所有的书都将被打入“伪书”之列,这的确值得我们深思。在中国几千年的文明史中,不同时代古书的特点是很不相同的,余嘉锡先生在《古书通例》中就曾指出:

> 自汉武以后,九流之学,多失其传。文士著书,强名诸子,既无门徒讲授,故其书皆手自削草,躬加撰集。盖自是而著述始专……后人习读汉以后书,又因《隋志》于古书皆题某人撰,妄求其人以实之,遂谓古人著书,亦如后世作文,必皆本人手著。于其中杂入后人之词者,辄指为伪作,而秦、汉以上无完书矣。不知古人著述之体,正不如是也。②

对于具有不同时代特征的古书,我们是否可以用一个统一、不变的标准去衡量、判定其真伪?这也值得我们深思。

由于古籍“真”“伪”标准难于统一,使得“古籍辨伪”的概念相当模糊。同时,从古籍辨伪的历史来看,它依傍经学而生,从某种意义上说,古籍辨伪常常是经学的附庸,因此不可避免地会打上今、古文经纷争的烙印。加上各人的着眼点不同、判断标准不同,因此对文献的认识也各有差异,虽然如清代乾嘉学者力图使古籍辨伪更具客观性,但最终对20世纪古籍辨伪影响最大的还是以廖平、康有为为代表的今文经学家,20世纪的疑古思潮,也是在康有为等人疑古惑经思想的启发下发生的[③]。可以这样说，古籍辨伪学在中国学术史上是一门颇具主观色彩的学问。

在古籍的辨伪方法方面，古籍辨伪从汉代开始，经过两千多年的发展，其研究的方法也在逐步完备，北魏颜之推，唐代刘知几、柳宗元，宋代吴棫、郑樵、朱熹，元代吴澄、明代宋濂、梅鷟等等对古籍辨伪的方法都曾有所论及，或者进行过古籍考辨的实践，但真正对古籍辨伪方法进行系统论述的是明末学者胡应麟，其《四部正讹》论辨伪之法云：

> 凡覈伪书之道，覈之《七略》以观其源；覈之群志以观其绪；覈之并世之言以观其称；覈之异世之言以观其述；覈之文以观其体；覈之事以观其时；覈之撰者以观其託；覈之传者以观其人。覈兹八者，而古今赝籍亡隐情矣。[④]

胡氏所论，涉及到了古籍流传、文字内容、时代特征、著者与传者等等，形成了一套完整的辨伪学理论，故梁启超先生谓其书为“有辨伪学以来的第一部著作。我们也可以说，辨伪学到了此时，才成为一种学问”[⑤]。

有清一代，文献的考辨为当时学术的主流，涌现了一大批以文献考据著称的学者，如顾炎武、阎若璩、胡渭、姚际恒、钱大昕、崔述、姚振宗等等，考辨的成果超出了以往，但在考辨方法上并无大的突破。真正使古籍辨伪从方法和理论上获得突破的还是在20世纪。

20世纪上半叶在古籍考辨方面用力最多、成就最丰、影响最大的莫过于梁启超、王国维和顾颉刚先生。

从学术史与思想史的角度来看，梁启超、王国维、顾颉刚三位先生的学术思想是有很大差异的，特别是王国维和顾颉刚二位先生，虽然顾颉刚先生对王国维先生极为仰慕，甚至梦想与他“携手而行”[⑥]，但无论是在王国维先生的学术著作中还是在他的直接表述中，都显示他与顾颉刚先生为首的疑古学派并不同调。有趣的是，除了梁启超与疑古学派有着今文经学这一点共同的思想渊源外，三位在治学方法有很大差异的学者在古籍辨伪方面却有着惊人的一致，如梁启超与王国维先生都曾经对“今本《纪年》”给予过高度的重视，在梁启超先生的著作中，这书是被当作伪书的典型而加以剖析的，而王国维先生更撰有《今本竹书纪年疏证》，并成为20世纪古籍辨伪学的典范。顾颉刚先生则更进了一步，所怀疑与否定者，远迈梁、王。因此，要对20世纪上半叶古籍辨伪工作进行分析与评价，必须从这三位20世纪学界巨人的古籍辨伪方法与理论的分析着手。

二、梁启超先生的古籍辨伪方法评议

梁启超先生不仅是近代史界革命的倡导者，也是古籍辨伪的宣传者与实践者，同时还是传统辨伪方法的总结者。1922年，梁启超先生正式发表了《中国历史研究法》，1927年发表了《古书真伪及其年代》，对古籍辨伪的重要性与方法进行了论述。

什么是伪书？伪书有哪几种情况？梁启超先生在《古书真伪及其年代》中"伪书的种类及作伪的来历"一章中归纳了十种情况：

一、为全部伪；

二、一部伪；

三、本无其书而伪；

四、曾有其书，因佚而伪；

五、内容不尽伪，而书名伪；

六、内容不尽伪，而书名人名皆伪；

七、内容及书名不伪而人名伪；

八、盗袭割裂旧书而伪；

九、伪后出伪；

十、伪中益伪。

换言之，凡有以上十类问题的图书皆可入"伪书"之列。按照这个标准，在传世先秦两汉文献中，不是"伪书"的大概就没有几种了，就连《论语》、《史记》等等都包括在内，因此梁先生也不禁感慨道："中国的伪书，真是多极了！"⑦

在辨伪方法上，梁启超先生在总结前人特别是胡应麟辨伪方法的基础上，将古籍辨伪的方法归纳为两方面，即：从传授统绪上和文义内容上辨别。如何从传授统绪上辨别？梁启超先生提出了八种办法：

一、从旧志不著录,而定其伪或可疑;

二、从前志著录,后志已佚,而定其伪或可疑;

三、从今本和旧志说的卷数篇数不同,而定其伪或可疑;

四、从旧志无著者姓名,而定后人随便附上去的姓名是伪;

五、从旧志或注家已明言是伪书而信其说;

六、后人说某书出现于某时,而那时人并未看见那书,从这上可断定那书是伪;

七、书初出现,已发生许多问题,或有人证明是伪造,我们当然不能相信;

八、从书的来历暧昧不明而定其伪。

如何从文义内容上来辨别?梁启超先生提出了“五大法门”:

一、从字句缺漏处辨别(如从人的称谓上辨别、从用后代的人名地名朝代名来辨别、从后代的事实或法制来辨别等等);

二、从抄袭旧文处辨别;

三、从佚文上辨别;

四、从文章上辨别(如从名词、文体、文法、音韵等等);

五、从思想上辨别(如从思想系统和传授家法辨别、从思想和时代的关系辨别、从专门术语和思想的关系辨别、从袭用后代学说辨别。⑧

胡适先生在《中国哲学史大纲》中也对古籍的辨伪工作给予了高度的重视,尤其对梁启超先生从文义内容上辨别伪书的“五大法门”极为推崇。除在《古书真伪及其年代》中对辨伪之法进行了专门论述,梁启超先生在《中国历史研究法》中还提出了辨伪书的十二条“公例”。

较之胡应麟的辨伪八法,梁启超先生的辨伪方法无疑要全面得多,因此备受学术界的重视,并且在古籍的考辨中被广泛应用。

仔细分析一下,我们不难发现,梁启超先生上述的辨伪方法是有许多问题的,例如梁启超先生提出的从传授统绪上辨别的八种方法没有一种是绝对的,而所谓“五大法门”也是带有很大的主观性和不确定性,只能作为我们分析古籍时的一种参考。瑞典学者高本汉先生早在30年代就对梁启超先生提出的辨伪方法以及当时人们采用的其他一些辨伪方法进行了全面的分析与批判，指出，当时学者们经常采用的一些辨伪方法要么是不能成立的，要么是必须有条件的限制性使用。高本汉就此提出了9个方面的问题：

(1)根据书中所述史事的年代与作者的年代不符，仅能证明所讨论的一段而不是全书的年代，因为如果只有一处时代不符，有可能是后来窜入的，但一书中有好几处这样的错误，那就算是伪作的铁证了。

(2)古书在流传过程中有可能有部分亡佚，因此如古书所引而今本所无，并不能证明今本为伪。

(3)以书的内容"浅陋"而判其为伪书，这是一种错误的标准，"现在正应该从真伪的讨论里除去这种标准"。

(4)以书的文体"不古"而判其为伪书，"这条理论差不多与上条是同样的不谨严，但是常常会遇到的"，"应完全取消"。

(5)即或一书"后代编者或注者所述作者事迹被证明为假的"，也不能判定其为伪书，因为书的本身与编者或注者的事迹并无直接与必然的关系，这并不影响书本身的价值。

(6)偶有书志不载，并不足以证明此书为伪。

(7)一书之今本和旧志说的卷数篇数不同，并不能作为其伪或可疑的证据，因为"重编与割裂篇卷实在没有什么奇怪而且有些古书(例如《史记》)一篇有时是两三页，有时是二三十页，所以更没有什么奇怪。那么，古书目里卷数篇数自然是个很危险的标准，只能在绝对厉害的地方可应用"。

(8)以某书引用了一个已经证明为伪的书而判其书为伪书，也是有问题的。因为，"心思细密的人马上要问：我们怎样知道事情不刚刚相反：乙书伪造者在造伪乙书时引用了真的甲书"。

(9)如果一部书中有几段同时见于他书，由此而证明其书为伪，同样是有问题的。因为前人援引古书，有很多不同的情况，如(甲)依样抄用，一点不改。在这种方法之下，又有两种情形：一、引用的文字风格与自己的著作大异，使人立刻就可以知道是借用的；二、引用的文字风格与自己的著作并无二致，因此不能判定二者孰早孰晚;(乙)各处改动,使之不易被察觉孰早孰晚;(丙)意译一下,使其易读。在这三种援引古书的方法中,只有甲一和丙种方法可以用作辨真伪的证据,而甲二与乙,是不能用作辨伪的证据的。高本汉进一步指出:"也许有人说若能证实一部书有几段与一群古书相同,其形式虽是属于甲二及乙的,也可断此书是晚出的伪作。不幸这也是个错误的标准,因为晚周与秦代有许多公有的传说,任何作者都可自由引用,大都不说明来源。对于这时期的许多书也如此:无论你拿起什么书,你总会找到几段与同时的两三种书相同。在任何一段里,要决定孰早孰晚,几乎大都是绝望的。而且他们的原本,有几处是显然已亡佚了的。"⑨

我们认为,高本汉的上述意见是基本符合中国古代文献的实际情况的。不幸的是,高本汉关于传统的古籍辨伪方法的批评似乎并未得到应有的重视,只是他自己提出的根据文献的文法系统来判定文献时代的方法得到了一些反响。

三、王国维先生《今本竹书纪年疏证》与古籍辨伪

如果说20世纪在辨伪方法的总结方面梁启超先生影响最大,那么在具体的古籍辨伪实践方面影响最大的就应该是王国维先生了。

王国维先生的《今本竹书纪年疏证》曾是20世纪学术界公认的关于古籍辨伪的经典之作。王国维先生选择"今本《竹书纪年》(以下一般简称《纪年》)"作研究,大概不仅因为这是一部所题年代最早、系统最完整的上古史编年著作,也是自清代以来在古籍考辨方面最具典型意义的一部文献,信"今本"者代有其人,如顾炎武、陈逢衡、雷学淇等;非"今本"者亦代有其人,如钱大昕⑩、崔述⑪、姚振宗⑫以及《四库全书总目》等。

非"今本《纪年》"者,其论证的思路主要集中在"今本《纪年》"的传授统绪、"今本《纪年》"的体例、内容与古书所引《纪年》文特别是杜预《春秋经传集解后序》和《晋书·束皙传》关于《纪年》记述之间的差异等方面,可以说,几乎涉及到了胡应麟和梁启超先生总结的各种辨伪方法。根据诸家之说,"今本《纪年》"已非汲简之旧,实为后人所辑,姚振宗更直指为明嘉靖中天

一阁主人范钦伪造。清人朱右曾广辑唐宋以前古书所引《纪年》文，汇为一编，名为《汲冢纪年存真》，以与明代所传《纪年》本相区别，后世遂称明代以来的传本为"今本"，而从唐宋以前古书所引《纪年》文字为"古本"。

在钱大昕、崔述等人考证的基础上，王国维先生对"今本《纪年》"进行了更为全面和系统的考辨，谓"今本《纪年》""无一不袭他书，其不见他书者，不过百分之一，又率空洞无事实，所增加者年月而已"，直欲弃之毁之而不惜⑬。

但是，仔细分析王国维先生的考证方法与结论，我们认为许多地方都是值得商榷的。

王国维先生所用的考证方法，据其序称，乃清代阎若璩、惠栋、孙志祖等考辨《尚书》、《孔子家语》之法，即将"今本《纪年》"所自出，一一指明，即所谓"犹捕盗者之获得真赃"之法。应该承认，这固然是一种可以采用的考辨方法，但不可绝对化，道理很简单，此本有与彼本内容相同者，也许它们有共同的来源，也许是此本抄彼本，但也有可能是彼本抄此本。清初阎若璩曾以此法论证《大禹谟》之关键"人心道心"出于《荀子》一书时，毛奇龄就曾反驳说：

> 且人心道心虽《荀子》有之，然亦《荀子》引《经》文，不是《经》文引《荀子》。⑭

王国维先生《今本竹书纪年疏证》所采用的资料大都摘自清人陈逢衡的《竹书纪年集证》，而在《竹书纪年集证》中，这些资料恰恰又是被陈逢衡用来论证今本《纪年》史料价值的依据。

此外，王国维先生的考证还存在着三方面的问题：

第一，将唐宋以前古书所引《纪年》文字与"今本《纪年》"进行比较，发现问题即指为"今本《纪年》"为后人伪造之证据。一方面，其选择与"今本《纪年》"作比较的标本——"古本《纪年》"本身就有问题，用一个本身就有问题的东西作为判断"今本《纪年》"真伪的标本，显然是不妥的。

第二，由于对"古本《纪年》"还有一个如何理解的问题，如果对古书所引《纪年》文字不能基于正确的理解而将其作为判断"今本《纪年》"真伪的标准，同样是不妥的。

第三，忽略了古籍的成书与流传是一个非常复杂的过程，古籍的内容必然会在其成书与流传的过程中出现这样或那样的问题，如果不能对这些问题有"同情之理解"，难免会将复杂的问题简单化。

西晋咸宁五年，汲郡人不准盗发界内古冢，获古书简策凡数十车。经过整理，得书七十五篇，《竹书纪年》十三篇即其中最重要者。当《纪年》出于汲冢时，"汲郡收书不谨，多毁落残阙"[15]，"文既残缺，不复诠次"[16]。兼之汲简原以"古文"写就，西晋学者在整理时对其文字"已不能尽识"[17]，虽迭经整理，但当时学者对于整理本的文字内容一直都存在着争议，《晋书·束皙传》谓"皙在著作，得观竹书，随疑分析，皆有义证"。《晋书·王接传》则云："时东莱太守陈留王庭坚难之，亦有证据。皙又释难而庭坚已亡。"对汲简的反复讨论商榷，说明在汲简出土之初，学者们对简策的编排、文字的隶定、内容的增删等等都有很大的分歧，特别是其中有一个很容易被后人忽略的问题，即由于汲冢原简出土时已经非常淆乱，对于残缺不全、次序错乱的简策的整理复原，必然会建立在整理者对古史固有认识的基础之上。不同的整理者由于经学观点不同、对古代历史的看法不同，整理的结果自然也就各不相同。据夏含夷先生研究，西周初年周王的在位年数，就曾根据一些传统说法结合汲冢竹简的一些关键年数，对武王的年数进行了重排。[18]

"今"、"古"本《竹书纪年》关于夏、商、西周年代的记述历来就是古史界最为关注的部分，也是学者们研究"今本《纪年》"真伪问题的一个关键。我们也可以以此为例，来分析以往古籍辨伪工作中所存在的问题。

《史记集解》及《太平御览》等所引《纪年》云：

> 自禹至桀十七世，有王与无王，用岁四百七十一年。[19]
>
> 汤灭夏，以至于受，二十九王，用岁四百九十六年。[20]
>
> 自武王灭殷，以至幽王，凡二百五十七年。[21]

从字面上看，"今本《纪年》"所记三代年数与《史记集解》所引是有差别的，"今本《纪年》"记夏禹即位之年当公元前1989年，至公元前1559年为商汤所灭，其间共计431年；商汤即位之年当公元前1558年,至公元前1051年周武王伐殷,其间共计508年;武王克殷当公元前1050年,至公元前771年幽王十一年被杀,其间共计280年。由于"今"、"古"本《纪年》的这些"差异",遂被王国维先生指为"今本《纪年》"伪造之证据。不过,据我们的初步研究,这里有对古代文献的理解问题。

首先,《史记集解》所引《纪年》文皆在"今本《纪年》"大字注中,如果以客观的态度并参考"今本《纪年》"的相关文字,那么我们就不得不提出如下疑问:《史记集解》等引《纪年》所谓"自禹至桀",其意是否指自夏禹元年至桀之亡?"汤灭夏以至于受",是否指汤灭夏至受之亡?至于"自武王灭殷,以至幽王"语意虽明,但其中有无字句讹脱,亦未可断言。

其次,仔细分析"今本《纪年》"关于三代积年的记载,可以发现,"今本《纪年》"不仅有其内在的规律可循,并可与唐宋以前古书所引《纪年》直接与间接的相关文字相印证,尤其值得注意的是,"今本《纪年》"所记自帝尧元年以来之总数,实与南朝梁陶弘景所见《竹书纪年》完全相同。[22]

以"今本《纪年》"文字与唐宋以前古书所引相校,多有歧异,其中有些属于理解方面的问题,也有些的确是明显的错误,这些在王国维先生的著作中大都被当作了明人伪造的证据。但是,细加分析,在那些明显的错误中,不少是古书在流传过程中传抄、刊刻中出现的错误,如:"今本《纪年》"帝舜五十年记:

> 帝陟。义钧封于商,是谓商均。后育,娥皇也。鸣条有苍梧之山,帝崩,遂葬焉,今海州。

王国维先生云:

> 案《隋书·地理志》:"东海郡,梁置南、北二青州,东魏改为海州。"此附注如出沈约,不当有"今海州"语。考《困学纪闻》五云:"苍梧山在海州界。"此作伪者所本。

其实,根据"今本《纪年》"行文的特点,"今海州"显系注文竄入正文者,于此,清人陈凤石、洪頣煊早已指出[23]。而像这类问题,在古籍中是屡见不鲜的[24]。此外,"今本《纪年》"确有许多后人补辑与误辑者,特别是在战国以后。我们怀疑,"今本《纪年》"与宋代中祕所藏三卷本《师春》有非常特殊的关系。黄伯思《东观馀论

·跋师春后》记：

按晋太康二年，汲郡不民准盗发魏襄王冢，得古竹书凡七十五篇。晋征南将军杜预云别有一《易》，纯集《左氏传》卜筮事，上下次第及其文义皆与《左传》同，名曰《师春》。《师春》似是钞集人名也。今观中秘所藏《师春》，乃与预说全异：预云纯集卜筮事，而此乃记诸国世次及十二公岁星所在，并律吕谥法等，末乃书易象变卦，又非专载《左氏传》卜筮事，繇是知此非预所见《师春》之全也。然预记汲冢他书，中有《易阴阳说》，而无《彖》、《系》。又有《纪年》，记三代并晋魏事，疑今《师春》盖后人杂钞《纪年》篇耳。然预云《纪年》起自夏商周，而此自唐虞以降皆录之；预云《纪年》皆三代王事，无诸国别，而此皆有诸国；预云《纪年》特记晋国，起殇叔，次文侯、昭侯，而此记晋国世次自唐叔始，是三者又与《纪年》异矣。及观其纪岁星事，有“杜征南洞晓阴阳”之语，繇是知此书亦西晋人集录，而未必尽出汲冢也。

其所述《纪年》与杜预所记不同者，恰好与“今本《纪年》”符同，因此，要么黄伯思所见《师春》乃据“今本《纪年》”抄入，要么“今本《纪年》”就是据黄伯思所见《师春》本辑出者。当然，“今本《纪年》”确有许多错误，我们过去曾做过比较仔细的分析[25]，如何看待这些错误？马培棠先生说得好：

吾谓王接而后，旧史与《纪年》日在调和蜕变中，其同者仍之，异者择善而从之，皆无所中，或以第三说代之，今本《纪年》特其大成而已……吾人研究《纪年》，今本仍不失为宝贵材料，分析甄别，责在吾人。[26]

古书的成书与流传是一个非常复杂的问题，需要以历史的眼光去看待和分析问题，如果将古书中的一些矛盾与错误简单地指为伪书之证，难免失之武断。

笔者过去也曾对《竹书纪年》包括“今本《纪年》”与“古本《纪年》”作过一些探讨，并得出了与钱、崔、姚、王诸人很不相同的结论。[27]总结起来，其中许多都涉及到了古籍辨伪的方法问题。根据笔者的初步研究，我们认为：

一、汲冢《纪年》出土后，迭经整理，先后至少有荀勖、和峤的整理本与卫恒、束皙的整理本，二者之间差异很大。根据古书所引，荀勖、和峤本与卫恒、束皙本之异，主要有：一本记事起于黄帝，一本起于夏禹；一本东周以后仍以周王纪年，一本东周以后则以晋魏之君纪年，其他如具体年代的编排、文字的隶定等都可能有不小的差异[28]，已非汲简之旧。

二、如前所述，汲简出土后，整理者非一人，所成者非一本，朱右曾、王国维以及后来的范祥雍、方诗铭等先生所辑“古本”，皆漫据古书所引，并不区分古书所引有荀、和与卫、束本之异，诸本杂糅，都为一编，将原本属于不同系统、在内容上各有异同、互有矛盾的佚文混为一体。因此，使用“古本《纪年》”时当细加分析。

三、对前人所引《纪年》文不加分析遂指与“今本《纪年》”所载不同，以此作为“今本《纪年》”后人伪造之证，理由并不充分。

四、无论是“今本《纪年》”还是唐宋以前古书所引《纪年》，在整理与流传过程中，经后人重新整理、编排及传抄重刻，不仅“今本《纪年》”可能有误，即唐宋以前古书所引，也有错误。因此，未可尽是“古本”，亦未可尽非“今本”。

五、颇受学者关注的“古本《纪年》”之夏、商、西周积年及其他一些重要史事，皆出前人之只言片语，恐怕还有一个如何理解的问题。而“今本《纪年》”的相关文字本身自成体系，其渊源可以上溯到西晋初年，较前人所引之只言片语更具参考价值。

六、所谓《竹书纪年》，只是战国时魏人的一种史学著作，其书虽“真”，然其所记黄帝以来及三代史事，仅仅反映了一种战国时人的史学观念与当时所传史事，与《史记》所谓记“黄帝以来皆有年数”之“谍记”[29]相似，与客观之史事并不能直接划等号，而今人探究三代年数特别是西周年数，言必称“古本《纪年》”，不加细考，实非妥当。

七、不能以今日之眼光看古时之典籍，更不能以今日古史之研究成果来评判载籍之真伪，昔人指“今本《纪年》”为伪书者，多坐此故。

四、古史辨派古籍辨伪理论与方法之批判

前面我们曾经引用了瑞典学者高本汉先生对当时流行的各

种古籍辨伪方法所作的辨析，应该说，高本汉先生的意见是比较客观的。作为一个外国学者，对古籍辨伪的研究自然有其优势，因为他至少可以摆脱一些传统观念的束缚，以较为客观与理性的眼光来审视古代的文献。然而事实上，20 世纪上半叶许多学者却一再使用被高本汉怀疑和否定的方法来考辨古籍，将一本本的古书判为伪书（也正是这些伪书在 70 年代后又一本本地被“评反”），这难道仅仅是方法的误用吗？我们认为，出现这种情况的原因在于，经 20 世纪初梁启超、顾颉刚等先生的倡导和王国维先生的实践，对古籍真伪的考辨倍受学术界的重视，而由于当时对古籍的普遍怀疑似乎已成风气，因此对古籍的审查渐渐偏离了客观的轨道，而引领这个风气的就是以顾颉刚先生为代表的疑古学派。高本汉以及其他一些先生所作的努力被大大地忽略了。

20 世纪是中国学术发展史上变化最为剧烈的时期。陈寅恪先生在《敦煌劫馀录序》中说：

> 一时代之学术，必有其新材料与新问题。取用此材料，以研求问题，则为此时代学术之新潮流。

在整个 20 世纪古籍的辨伪工作中，新材料的应用始终受到学者们的重视，无论是从 20 世纪初敦煌文献、甲骨文、西域汉晋竹木简、明清内阁大库档案，还是 20 世纪后期的侯马盟书、银雀山汉简、定县八角廊汉简、云梦秦简、张家山汉简、荆门郭店楚简、马王堆帛书，新材料的发现，都给这项工作以新的思考和启发。古史辨派的领袖顾颉刚先生在谈到他进行古史考辨的动因时说：

> ……到了现在，理性不受宗教的约束，批评之风大盛，昔时信守的藩篱都很不费力地撤除了，许多学问思想上的偶像都不攻而目（自）倒了。加以古物出土愈多，时常透露一点古代文化的真相，反映出书籍中所写的幻相，更使人对于古书增高不信任的意念。……适之先生带了西洋的史学方法回来，把传说中的古代制度和小说中的故事举了几个演变的例子，使人读了不但要去辨伪，要去研究伪史的背景，而且要去寻出它的渐渐演变的线索，就从演变的线索上去研究，这比了长素先生的方法又更深了一层了。[30]

思想的解放、新方法的采用、新材料的发现，固然会带来学术上许多新的变化,但对于古代文献,以什么样的观念与方法去处理,结果会是完全不同的。已经有不少学者对古史辨派的思想基础与渊源进行过研究,顾颉刚先生本人也并不否认,他的疑古思想的一个重要来源是崔述、廖平和康有为等今文经学家的怀疑精神。康有为等对古代文献的态度是以除今文经学家认为的正统儒家经典外其他古书的不可信为前提,并以正统儒家经典作为判断其他文献真伪的标准。古史辨派虽然不像康有为等那样以今文经学家的眼光去看待古书,但怀疑精神却是有过之而无不及,从康有为等的"不敢疑经"进而为"乃敢疑经"。在方法上,亦较康有为等更为绵密,将康有为等鲁莽的怀疑精神与胡适引进的论证细密的实验主义相结合后,其结果自非康有为等今文经学家所能望其项背。

疑古思想的核心是"有罪推定"原则,以此为前提,去寻找古籍中的矛盾与问题,一旦发现,则当作是伪书的证据。因此,新材料的发现,只是证明了许慎《说文解字》的站不住脚,《尚书》等古代文献所载尧舜禹汤的不可靠。

古史辨派不仅以怀疑的眼光来对待古史与古籍,并且将这种怀疑进行了理论的归纳,这就是所谓"层累地造成古史"的理论。

"层累地造成古史"的理论是对不同时代文献所载古史演变规律的一种理论总结,根据这种理论,时代愈后,传说的古史期愈长;时代愈后,传说中的中心人物愈放愈大;我们即使不能知道某一件事的真确状况,但也可以知道某一件事在传说中的最早状况。古史辨派不仅将这一理论应用于古史的考辨上,也应用到了古籍的考辨上。因为古史辨派所谓"古史"其实是指不同时代由伪造的文献所"造成"的,这些文献也是"层累造成"的。

从史学的角度来看,传说中的古史的确处于不断的变化之中,既有不断变长、放大的问题,但同时也有不断被遗忘或改变的问题,其原因是非常复杂的。但是,我们要确知传说中古史的变化情形,必须要知道记录这些古史的文献的出现年代,如此我们才能进行时间上的排序,以分析不同时代(或不同学派、学者)文献所载史事的演变情况及它最初的形态。从理论上说,这是可以作为我们研究历史的一种方法(当然绝不是唯一的方法)。但问题的关键在于,我们常常并不知道此书与彼书成书孰先孰后,如果仅仅以此书已有某种思想,而彼书无某种思想或叙述不及此书完整,从而推断此书成书一定晚于彼书,则显然有问题了。对于古代文献特别是秦汉以前的上古文献而言,由于我们所掌握的材料有限,上古有无此种思想,除所考辨的对象所载外,可能并无其他文献可资考证。要将每一件史事的种种传说或者思想分别出先后的次序,在文献缺乏的情况下是非常困难的。更极而言之,"疑伪"文献中的某种提法、某种思想,由于怀疑在先,因而也可能被认为是出于其后古书的影响,不仅不能成为其成书时代较早的证据,反而会成为后世伪造的证据。关于这一点,早在20年代张荫麟先生就已经指出并批评过了,张先生说:

> 凡欲证明某时代无某历史观念,贵能指出其时代中有与此历史观念相反之证据。若因某书或今存某时代之书无某史事之称述,遂断定某时代无此观念,此种方法谓之"默证"(Argument from silence)。默证之应用及其适用之限度,西方史家早有定论。吾观顾氏之论证法几尽用默证,而什九皆违反其适用之限度。[31]

徐旭生先生也曾批评古史辨派在辨伪工作方面的缺点时说:

> 主要的,去世的张荫麟先生已经指出,就是太无限度地使用默证。这种方法就是因某书或今存某时代之书无某史事之称述,遂断定某时代无此观念。对这一方法,法国史家色诺波说得不错:"现存之载籍无某事之称述,此犹未足为证也,更须从来未尝有之。故于载籍湮灭愈多之时代,默证愈当少用。其在古史中之用处,较之在十九世纪之历史不逮远甚。"极端疑古学派的工作人对于载籍湮灭极多的时代,却是广泛地使用默证,结果如何,可以预料。[32]

资料不足而滥用默证之法,其弊端是显而易见的。顾颉刚先生自己也早就意识到了这一点,他在《三皇考自序》中说:

> 《伪古文尚书》出于魏晋,它所引用的材料大都存在,容易启人怀疑,因此,虽有经典的权威,终为明清学者所打倒。可是《二十八篇》传于春秋战国,编定于汉初,可供研究的材料太少了,我们虽有好多地方觉得他可疑,但竟有无从下手

之苦。将来如能有大批的新材料出现,解决了《二十八篇》的问题,还解决了五帝的问题,那才是史学界的大快事呢![33]

由于“可供研究材料太少了”而用默证,自然会出现种种问题,因此顾颉刚先生也自知只有“大批的新材料出现”,才能从根本上解决“《二十八篇》的问题”。

默证的滥用,是在“有罪推定”的前提下由于缺乏证据而导致的,而“有罪推定”的理论基础就是“层累地造成古史”。理论上的缺陷与方法的误用,导致了大量原本没有什么问题的古籍被判为伪书,并形成一股疑古的风气,这是20世纪古籍辨伪方面存在的最大问题。

注释:

①张心澂:《伪书通考》第16—18页,上海书店出版社影印商务印书馆1939年本,1998

②余嘉锡:《古书通例》第119页,上海古籍出版社,1985

③参见王汎森:《古史辨运动的兴起——一个思想史的分析》,允晨文化出版社,1987

④(明)胡应麟:《少室山房笔丛》卷三十《四部正譌下》,上海书店出版社,2001

⑤梁启超:《古书真伪及其年代》第三章“辨伪学的发达”,《梁启超国学讲录二种》,中国社会科学院出版社,1997

⑥顾颉刚:“我是怎样编写《古史辨》的?”,《古史辨》第一册第14页,上海古籍出版社,1982

⑦《古书真伪及其年代》,《梁启超国学讲录二种》第146至148页,中国社会科学院出版社,1997

⑧参见《古书真伪及其年代》第四章“辨别伪书及考证年代的方法”,《梁启超国学讲录二种》,中国社会科学院出版社,1997

⑨以上参见高本汉:“中国古书的真伪”,《左传真伪考及其他》,陆侃如辑译,上海商务印书馆,1936

⑩参见《十驾斋养新录》卷十三“竹书纪年”条。

⑪参见《考古续说》“竹书纪年辨伪”条。

⑫参见《隋书经籍志考证》“《竹书纪年》”条。

⑬王国维:《今本竹书纪年疏证·序》,上海古籍书店影印商务印书馆1940年《王国维遗书》本,1983

⑭(清)毛奇龄:《西河集》卷二十“与阎潜丘论尚书疏证书”。力案,古文

《尚书》是否如现在一般学者所认为的那样为后人伪造,这仍是一个有待研究的问题,但无论如何,毛奇龄所指出的阎若璩所采用的这种辨伪方法的片面我以为确实值得我们认真反省。

⑮《穆天子传·序》,文渊阁四库全书本。

⑯《晋书·束皙传》,中华书局标点本。本文凡引用廿四史及注释者皆为中华书局标点本。

⑰《春秋经传集解后序》孔颖达疏,中华书局1980年影印《十三经注疏》本。

⑱以上俱见夏含夷:《也谈武王的卒年——兼论〈今本竹书纪年〉的真伪》,《文史》第29辑,中华书局,1988

⑲《太平御览》卷八十二皇王部,中华书局重印上海涵芬楼影宋本,1960。另见《史记·夏本纪》集解、《史记·夏本纪》索隐及《通鉴外纪》卷二等。

⑳《史记·殷本纪》集解。

㉑《史记·周本纪》集解。

㉒参见拙稿:“今古本《竹书纪年》之三代积年及相关问题”,《四川大学学报》,1997年第4期

㉓陈凤石说见陈逢衡《竹书纪年集证》,洪颐煊说见《校正竹书纪年》。

㉔《颜氏家训·书证篇》就已提到了古书中存在着类似的问题。

㉕参见拙稿:“今本《竹书纪年》研究”,《四川大学学报丛刊》第28辑《研究生论文选刊》,1985年10月;又译载于《中国社会科学》英文版1993年第3期。

㉖马培棠:《禹贡与纪年》,载《禹贡》半月刊1935年第二卷十期

㉗同㉕“今古本《竹书纪年》之三代积年及相关问题”,《四川大学学报》1997年第4期

㉘关于这个问题,朱希祖最早提出并有详细的论证,其说见《汲冢书考》,中华书局,1960

㉙《史记·三代世表》。

㉚顾颉刚:“《古史辨》第一册自序”,上海古籍出版社,1982

㉛张荫麟:“评近人对于中国古史之讨论”(《古史决疑录》之一),《古史辨》第二册下编,第271页,上海古籍出版社,1982

㉜徐旭生:“中国古史的传说时代,第23页,文物出版社,1985

㉝顾颉刚:“三皇考自序”,《古史辨》第七册中编,第49页,上海古籍出版社,1982

原载于《文献》,2004年第3期

今本《竹书纪年》研究

西晋咸宁五年(公元279年),汲郡人不准盗发界内古冢,获古书简策凡数十车。经过整理,得书七十五篇,《竹书纪年》十三篇即其中最重要者。

《纪年》在流传过程中,逐渐散佚;到靖康之难后,此书已属罕见。南宋晁公武《郡斋读书志》、陈振孙《直斋书录解题》及元代马端临《文献通考》皆未著录。南宋张邦基云:"今汲冢中竹书"唯此书(指《穆天子传》)及《师春》行于世。余如《纪年》、《琐语》之类,复已亡逸。"①

明嘉靖以后,《纪年》又大行于世,此即所谓二卷的"今本《竹书纪年》"。今日我们所能见到今本《纪年》最早的刊本为天一阁主人范钦所刊订。在天一阁本之后,较常见的还有汉魏丛书本、古今逸史本等。

《隋书·经籍志》云:"《纪年》皆用夏正建寅之月为岁首,起自夏、殷、周三代王事,无诸侯国别。唯特记晋国,起自殇叔……尽晋国灭。独记魏事,下至魏哀王,谓之'今王',盖魏国之史记也。"而今本《纪年》起自黄帝,春秋战国用周王纪年。又《水经注》、《史记》三家注等古籍所引《纪年》文与今本颇有异同,因此很多学者对今本《纪年》的真伪产生了怀疑。钱大昕、崔述、王国维等及《四库全书总目》皆证今本《纪年》为明人伪作,姚振宗则迳云"作伪者乃鄞人范钦也"②。

自钱、崔、姚、王之说出,今本《纪年》为明人伪造之说似成定论。然窃观诸氏之说,证据薄弱,语多武断,实难成立。是以不揣浅陋,重为考证,固不敢强为翻案,唯以求真为鹄,傅雅君子,幸諟正焉。

《竹书纪年》存亡考

《纪年》一书,《隋书·经籍志》著录为十二卷,并《竹书同异》一卷。《旧唐书·经籍志》、《新唐书·艺文志》著录为十四卷。经唐、五代末的战乱和靖康之难后,中原典籍散失殆尽,《竹书纪年》自然在劫难逃。北宋官修六十卷的《崇文总目》竟无《纪年》,南宋一些著名的私家藏书目亦不著录,故后人多以为《纪年》亡于北宋末年。朱右曾、王国维、范祥雍、方诗铭等人辑"古本《纪年》"所采之书皆断自北宋,靖康之后,则弃而不取。

《纪年》果亡于北宋末么?其实不然。搜索南宋以后古书,亦可见《纪年》流传之迹。

南宋初年董逌《广川书跋》卷四"亚驼"条引《纪年》云:

> 穆公十一年,取灵邱。

吕祖谦《吕氏家塾读诗记》卷四引董氏曰:

> 《竹书纪年》曰:武王封武庚于朝歌,分其地为邶、鄘、卫,使管叔、霍叔、蔡叔监之。

以上两条《纪年》文,未见南宋以前人征引,后一条各家"古本《纪年》"辑本均失辑。《广川书跋》卷二"石鼓文辨"云:"《周书》、《纪年》于狸狩皆大书"。董氏必亲见《纪年》,方知《纪年》书法。陈逢衡又云:"《纪年》自晋荀勖、束皙、梁沈约校注后,历陈、隋、唐、宋以来,惟朱子考惠成之年,谓见于《竹书》甚明。又谓:此间有《竹书纪年》,须借读,半年方得。"[③]是朱熹亦亲见《纪年》。据此,南宋初年《纪年》犹未亡也。

南宋淳熙名臣尤袤《遂初堂书目》编年类著录有《竹书纪年》,无卷数。淳熙四年,陈骙作《中兴书目》,著录《纪年》三卷[④]。据此,南宋中叶《纪年》犹未亡也。

南宋末金履祥撰《通鉴前编》,屡引《纪年》文,每出他书所引之外。元脱脱主编之《宋史》艺文志史部编年类著录有荀勖、和峤编《竹书》三卷。据此,宋末至元《纪年》犹未亡也。

清雷学淇《考订竹书纪年》谓嘉庆二年曾于书肆得一首尾残缺的大字本《竹书纪年》,"二卷,皆题梁沈约注","字体与元人刻书相似","盖元明间刊本也"。就雷氏所引,大字本与天一阁本、汉魏丛书本、古今逸史本等颇有出入，堪称善本。据此，《纪年》元末明初犹有刻本行世，及至清代尚有传本。

姚振宗谓今本乃范钦伪作。范钦，明嘉靖十一年进士，官至兵部右侍郎。嘉靖末，钦告老还乡，在家乡宁波建起了天一阁，随后以《竹书纪年》等二十一种珍本、善本书刊刻行世，统谓之“范氏奇书”，时在隆庆、万历间。而在此前，世行《纪年》曾有好几种不同版本。

杨慎于《丹铅录》中屡引《纪年》，雷学淇以其多与元明间所刊之大字本合，因谓大字本即杨氏所见本⑤。《丹铅录》作于嘉靖二十年前后，是杨氏所见本早于天一阁本。

陈耀文《天中记》中引《纪年》亦有沈约注，然东周以后以晋、魏纪年，与天一阁本不同。陈耀文，嘉靖二十九年庚戌科进士（《四库全书总目》误作万历庚戌）。李蓘隆庆三年序谓耀文“自登第迄今，历贰十年乃成此书”，则陈氏所见本早于天一阁本。

袁仁《尚书蔡注考误》云：

> 《汲冢周书》谓盘庚自奄迁于北蒙，十五年而营殷邑，小辛、小乙、武丁迄庚丁皆因之。至武乙三年，复自殷迁河北。十五年，又自河北而迁沫。

案上“《汲冢周书》”乃《汲冢竹书》亦即《汲冢纪年》之误。袁氏所引与今本全同，而与《括地志》所引《纪年》盘庚迁殷后至纣之灭“更不徒都”之说⑥异。《尚书蔡注考误》的成书年代及作者生卒年皆不详，《四库全书总目》仅云袁氏“与季本同时相善”。季本，生于成化二十一年，卒于嘉靖四十二年，享年七十八岁。据徐象梅《两浙名贤录》卷四十四及清杨廉等《重修嘉善县志》卷九，袁仁享年七十。因此，袁仁当死于嘉靖四十年左右，而其著《尚书蔡注考误》更在其前，然则袁氏所见《纪年》亦早于天一阁本。

综上所考，《纪年》自唐宋迄于有清，其流传之迹历历可睹，以传授统绪论之，今本《纪年》为明人伪造之说实为无据。又，杨慎、陈耀文、袁仁、雷学淇所见本均在天一阁本刊行之前，故今本《纪年》为范钦伪造之说纯属无稽之谈！

今本《竹书纪年》的体例

历来非今本《纪年》者，都很注意它的体例。钱大昕、崔述等皆据杜预《春秋经传集解后序》、《晋书·束皙传》云《纪年》起自夏代而谓“今本乃始于黄帝,亦后人伪托之一证也”[7]。愚案钱、崔之说误。其所以然,盖其不明汲冢书出土后整理之情形也。

朱希祖先生于《汲冢书考》中证明:汲冢书出土后,曾经两次校理。王隐《晋书》:“荀勖领秘书监。太康二年,汲郡冢中得古文竹书,勖躬自撰次,吏部注写,以为中经。”[8]时荀勖领中书监,兼掌秘书,和峤为中书令。晋武帝令荀勖领衔校理,而和峤为实际撰注者,故荀勖谈《纪年》时转引和峤语云:“《纪年》起自黄帝。”[9]此即汲冢书的首次校理。

由于汲简出土时,“汲郡收书不谨,多毁落残阙”[10]。虽经荀、和校理,但终因“勖等于时已不能尽识,其书今复阙落,又转写益误”[11]。于是在永平元年秘书监挚虞延请世习古文的卫恒重新考校竹书,但恒考校“未讫而遭难”,与恒交情甚厚的束皙“闻恒遇祸,自本郡赴丧”,后乃继卫恒考正竹书,“述而成之”[12]。此即汲冢书的第二次校理。

《纪年》的初校本和重定本在体例上有所不同。初校本起自黄帝,重定本起自夏禹,因此绝不可混淆。崔述又云:

> 或以为荀勖述和峤言有《纪年》起于黄帝之语,为今书解。然使果起黄帝,杜氏亲见其书,何得谓之起自夏乎?[13]

朱希祖先生则疑《后序》并非杜预所撰。案崔氏之疑及朱氏之辨皆非。窃以为杜预所见乃汲冢原简,既非荀勖、和峤之初校本又非束皙之重订本,汲简《纪年》本始于夏禹,五帝时事当为和峤所增。

杜预《后序》云汲简出土后,“始者藏在秘府,余晚得见之”。观其语义,杜氏所见乃藏于秘府之竹简,而非定本。又《书·咸有一德》正义云:“《纪年》之书,晋太康八年汲郡民发魏安僖王冢得之。”汲冢书乃咸宁五年所得,太康元年收官,二年开始校理[14]。而孔颖达云《纪年》得于太康八年,疑太康八年乃《纪年》校毕写讫之年。杜预《后序》作于太康三年,时在和峤校本写讫之前,故杜氏所见必非定本。

汲简《纪年》为魏襄王时(前 318 —前 296 年)魏人所作,其时尚无完整的五帝系统,故《纪年》当起于夏代。陈梦家先生云:

凡夏以前事谅不出于《纪年》。但《史记·魏世家》集解引"荀勖曰和峤云《纪年》起于黄帝,则似《纪年》经荀、和编定后自黄帝始。[15]

此说甚是。盖和峤见汲简《纪年》无夏以前事,于通史之书未为完备,遂补五帝事;而束皙重校竹书时,因五帝事本非汲简所固有,故又删去夏以前事,以复汲简之旧。此即和峤本与束皙本一起于黄帝一起于夏后差异之由来。唐宋古书所引《纪年》记五帝事颇多,如:

后稷放帝子丹朱。

尧元年景(丙)子。

命咎陶作刑。[16]

此类例证尚多,不赘。据此,今本《纪年》起于黄帝,乃荀、和之旧,钱、崔诸氏以此非今本,误矣。

钱大昕云:古书所引《纪年》东周以后皆以晋、魏纪年,而今本以周王纪年,故以为"是书必明人所葺"[17]。此说亦误。《纪年》东周以周王纪年,并不自明本始。《太平御览》卷八八〇引《纪年》云:

周隐王二年,齐地暴长,长丈余,高一尺。

今本同。隐王即赧王,朱希祖先生有详考[18]。此条干宝《搜神记》卷六亦引作"周隐王二年"。干宝,晋人也,其《搜神记》引《纪年》文皆用周王纪年,则《纪年》自晋代起即有以周王纪年者,宋代学者李昉、刘恕、罗泌等所见均有以周王纪年者(详后)。

朱希祖先生谓汲简《纪年》东周以后原用周王纪年,而东周以后用晋魏纪年乃束皙所改。[19]窃以为汲简本以晋魏纪年,如鲁《春秋》及云梦秦简《编年记》用鲁、秦纪年。然而研究历史,特别是通史,纪年法总以换算为天下通行之法最为方便。盖汲简出土后,和峤见《纪年》以晋、魏纪年不合通史体例,故将其换算为周王纪年,犹如他添上五帝事一样。束皙本起于夏代、东周以后用晋魏纪年乃是恢复汲简原貌。

今本《竹书纪年》的注文

今本《纪年》有注,旧题梁沈约作。注有两种:一种为大字注，句首低一格，一种为小字双行夹注。钱大昕以《隋书·经籍志》、《唐书·艺文志》皆不云《纪年》有注，云：今本“附注多采《宋书·符瑞志》。《宋书》，约所撰，故注亦托名休文，作伪者用心如此”[20]。今本之注，果为后人伪托吗？窃以为不然。《纪年》之注，自晋以来即有之，注者亦非一人。考荀勖、和峤等人奉旨校理《纪年》时，即曾随文附注。王隐《晋书》云汲冢得书后，“勖躬自撰次，吏部注写”[21]。所谓“注写”，并非仅仅是将古文“以隶字写之”，同时也含有随文附注之意。束晳亦曾为《纪年》作注。《晋书·束晳传》云：

> 晳在著作，得观竹书，随疑分析，皆有义证。

高似孙亦云：“时束晳任著作郎，得竹书，随义注解，皆有识证。”[22]查所谓“古本《纪年》”，其中不少显系注文：

> 帝王之没皆曰陟。
>
> 后桀命扁伐山民。山民女于桀二人，曰琬、曰琰。桀爱二人，女无子，焉斲其名于苕华之玉。苕是琬，华是琰，而弃其元妃于洛，曰妹喜。
>
> 自禹至桀十七世，有王与无王，用岁四百七十一年。
>
> 汤有七名而九征。

此类文字尚多，不具列。《纪年》本魏人所编大事记，文字简略，而以上诸条，均属注解性文字，与《纪年》正文体例不合，故其为附注无疑。古人引书，本不甚严谨，有时将注文引作正文。而今之辑“古本”者也以错就错，不加区分。将以上注文视为正文入辑，亦属谬误。上引诸条，今本《纪年》皆作附注，与原书体例相合，此亦可证今本非后人所伪作。

至于唐陆淳《春秋啖赵集传纂例》卷一谓《纪年》“其书‘郑杀其君某’因释曰‘是子亹’、‘楚囊瓦奔郑’因曰‘是子常’，率多此类”。所谓“是子亹”、“是子常”等语之为《纪年》注文则无可怀疑。

《纪年》除荀勖、和峤、卫恒、束晳等人曾予注释外，其注者还有王接等人。《晋书·王接传》云：“佐著作郎束晳述而成之，事多证异义。”又云：“时东莱太守陈留王庭坚难之，亦有证据。晳又释难而庭坚已亡。散骑侍郎潘滔谓接曰：‘卿才学理议，足解二子之纷，可试论之。’接遂详其得失，挚虞、谢衡皆博物多闻，咸以为允当。”

沈约究竟注过《纪年》没有？《梁书·沈约传》云：“（约）齐初为征虏记室，带襄阳令，所奉之王，齐文惠太子也。太子入居东宫，为步兵校尉，管书记，直永寿省，校四部图书。”《沈约传》虽未明言约曾注《纪年》，然云其“校四部图书”，窃意《纪年》或即在所校书中。今本注中时有冠以“约案”者，其为约注无疑。

陈逢衡尝云：今本《纪年》“正文外有另行底一字者，或以为注，或以为正文。然观其语义，似非出一手……正文下又有小字双行注者，亦非出自一手”，有荀勖、和峤校书时注，有卫恒、束皙、休文等注，有后人校正《纪年》之注[23]，只因前人多以今本为伪书，无视陈说。今据实考之，知陈说非无据也。

今本《竹书纪年》的讹脱及辑文

鲁实先尝云：“夫古书显晦，世所恒有。固不得如姚氏专以流传之迹论之，古籍迭经丧乱，屡更传钞，篇章窜易，文字夺讹，在所不免。”“不应于《纪年》，独为严谨。”他认为《四库全书总目》、崔述、姚振宗等辨伪之法皆“不足正言今本之全为伪作也”[24]。鲁氏虽仍持今本为范钦伪造之说，然是语尚为公允。即以今本《纪年》而论，其不同版本如雷学淇所见大字本、天一阁本、明天启七年抄本、胡应麟所见本[25]、高士奇所见本[26]内容也各有出入，而这些差异，乃是其书在流传中不断翻刻、传钞所致，自难单凭各本有无讹脱而定孰真孰伪。

王隐《晋书》记《纪年》当初整理时的情形：“（荀）勖等于时已不能尽识，其书今复阙落，又转写益误。”[27]可见，《纪年》于荀勖、和峤校理后不久便有错乱残缺，加上和峤、束皙本在体例、内容上的差异和传钞错误，于是隋代便出现了考校《纪年》的《竹书同异》[28]。在漫长的岁月中，《纪年》的讹脱尤为严重。

今本《纪年》自周贞定王十八年（当晋敬公元年）以下讹脱颇多。《纪年》经长期流传，战国以下多有残缺，后人遂据残本《纪年》而采他书所引以补入之。又因其书残缺太甚而不详晋敬公、幽公、烈公在位年数，辑文只得以《史记·六国年表》为准系于相应的周王年下；而《纪年》原本与《六国年表》有许多不合，故今本与“古本”相较，多有违异。

《史记·魏世家》索隐引《纪年》云：

> （文侯）五十年卒，武侯二十六年卒。

《晋世家》索隐又云：

> 按《纪年》魏文侯初立在敬公十八年。

晋敬公十八年当周考王七年。据《史记》，魏武侯卒于周烈王五年，今本《纪年》及范祥雍《战国年表》皆同。陈梦家《六国纪年表》、杨宽《战国大事年表》较后一年。今仍以《史记》为准[29]。周考王七年至烈王五年，凡六十四年，不合于司马贞所引《纪年》魏文侯、武侯在位七十六年的总数。雷学淇谓《纪年》“文敬初立在敬公十八年”之“十八”乃“六”字之讹[30]，王国维、范祥雍均从其说。陈梦家则云：

> 魏斯在位五十年，立十二年而自称侯，故《史记·晋世家》索隐云：“按《纪年》文侯初立在敬公十八年。”据《纪年》敬公十八年当周考王七年，魏斯既立之十二年也。[31]

陈说是，《史记》记魏文侯在位三十八年即称侯改元之年。今本《纪年》记魏文侯元年在周考王元年，卒年在周安王十五年，在位凡五十四年，与《史记》及索隐所引《纪年》皆异；武侯元年当周安王十六年，卒年当周烈王五年，在位凡十六年，与《史记》同而与索隐所引《纪年》异。今细考其文，乃知今本既有误刻，又曾被人误改。

今本《纪年》周贞定王二十八年下小字注云“晋敬公十一年”，明年，考王元年下又注云“晋敬公十八年”，正文书“魏文侯立”。案考王元年本当晋敬公十二年而今本书十八年，故今本“魏文侯立”前之“元年”实为“七年”之误。越三十七年即周安王五年，文侯卒。明年，即武侯元年。后人因见考王七年至安王五年仅三十八年，与司马贞所引《纪年》似有不合，遂妄改今本，将文侯卒年后移十年，使武侯在位时间与《史记》相应。改篡之迹，一目了然。

以唐宋以前古书所引《纪年》与今本相校，今本脱落最多者莫过于战国部分，战国以前，所脱仅数条而已[32]。《纪年》既有缺落，后人便在阅读、传抄特别是翻刻时进行了一些辑佚的工作，有时因误解古书而出现了一些错误，如今本周显王二十四年（当梁惠成王二十六年）"魏败韩马陵"条即属误辑。《史记·魏世家》索隐："《纪年》：二十八年，与齐田盼战于马陵。上二年，魏败韩马陵。十八年，赵又败魏桂陵。"魏败韩马陵事，《魏世家》、《韩世家》、《六国年表》皆在梁惠成王二年。陈逢衡《竹书记年集证》云：

> 夫所谓"又上二年"者，盖指惠成王之二年而言，非谓在战马陵上二年也，辑《纪年》者似误会此语。

陈说是，方诗铭《辑证》、杨宽《战国史》皆从之。王国维《古本竹书纪年疏证》、范祥雍《订补》与今本《纪年》同误。

今本《纪年》中虽有后人补辑，但它并非纯为后人所辑。何以知其然？

《水经·济水注》："案《竹书纪年》，惠成王十二年，龙贾率师筑长城于西边。自亥谷以南，郑所城矣。《竹书纪年》云是梁惠成王十五年所筑。"今本《纪年》只存前一条，后一条已佚。案此二条仅见《水经注》引，倘今本前条辑自《水经注》，则后条亦当辑入。据此知今本前条乃原本所固有，并非辑文。

《水经·涑水注》："《竹书纪年》：晋献公二十五年正月，翟人伐晋。周阳有白兔舞于市。"今本周惠王元年（当晋献公元年）："周阳白兔舞于市。"惠王二十五年："春正月，狄人伐晋。"《水经注》所引两条皆系于二十五年，而今本分析于元年与二十五年，则今本此二条非辑自《水经注》明矣。此类例证尚多，不赘述。又《水经注》、《史记》三家注引用《纪年》最多，其中有些在今本之中，另外尚有三十多条为今本所无。蒙文通、鲁实先等虽谓今本为后人伪作，然亦不得不承认"伪作者为一博物君子"[33]。倘使今本果为宋人或明人之辑本，则于《水经注》、《史记》三家注所引《纪年》文不应疏漏若是！据此言之、今本绝非如王国维先生所说"无一不袭他书"[34]。

今本有些文字看似异乎古书所引《纪年》，遂被非今本者视为伪作之证。但在我们看来，这些问题还有重新认识的必要。

《御览》卷八二引《纪年》："自禹至桀十七世，有王与无王，用岁四百七十一年。”今本夏纪末大字注同。王国维《今本竹书纪年疏证》云：

> 综计上诸帝年数，……凡三百七十三年，……以岁名核之，……凡四百三十一年，而寒浞四十年亦在其中。……此书用《稽览图》说，以夏为四百三十一年，而无王之年仍入此中，遂与古《纪年》四百七十一年之都数不能相应。至诸帝在位年数，复与此四百三十一年之都数不合者，因作伪者复假设丧毕即位之说。

同夏代积年一样，商、西周积年也存在这个问题。《史记·殷本纪》集解引《汲冢纪年》曰：“汤灭夏以至于受，二十九王，用岁四百九十六年。”今本大字注同，且有小字注云：凡始癸亥，终戊寅。癸亥至戊寅实五百零八年，王国维先生又谓此与集解所引不同。《周本纪》集解引《汲冢纪年》曰：“自武王灭殷，以至幽王，凡二百五十七年。”今本则云“共二百八十一年”。

今本《纪年》夏商周积年果与“古本”不合吗？我们认为这不过是后人误解了“古本”，今、古本《纪年》并无不合。

《御览》所引《纪年》与今本附注均云“自禹自桀”凡四百七十一年。“自禹至桀四百七十一年”者，乃“自帝舜十四年禹代舜事，至桀放之年，共有此数也”[35]。帝舜十四年壬申至夏禹元年之前一年辛亥共四十年，加上夏世四百三十一年即得四百七十一年。古、今本《纪年》均云“禹立四十五年”，也是从帝舜十四年壬申算起，至禹八年已未，除为舜服丧三年，共计四十五年。

商代积年从成汤即王位之年癸亥算起，至帝辛四十年戊寅，共计四百九十六年。帝辛四十一年己卯，周文王死，明年即武王元年。此后十一年至纣之灭，其年数计在周纪内。所谓“汤灭夏以至于受”者，乃至于受之四十年，非至受之灭也。其所以然，盖古人以为此时殷人气数已尽，天命归周[36]。

近代研究西周积年者，大都要直接或间接地引据《史记集解》所引《汲冢纪年》之文。但我们仔细研究一下，就可以发现裴骃所引是不准确的。

今本《纪年》武王灭殷至幽王十一年庚午，凡二百八十一年。《新唐书·历志》引张说《大衍历议》云：

《竹书》：十一年庚寅，周始伐商。

武王十一年庚寅下距幽王十一年庚午，以干支岁名推算，恰好二百八十一年（前1051—前771年），与今本《纪年》同。为什么裴骃与张说所引不同？今本《纪年》大字注云：

武王灭殷，岁在庚寅。二十四年（成王十八年），岁在甲寅，定鼎洛邑。至幽王二百五十七年，共二百八十一年。自武王元年己卯至幽王庚午，二百九十二年。

据此，知裴氏所引有脱落。二百五十七年乃成王十八年定鼎洛邑至幽王十一年之数。《左传》宣公三年王孙满对楚王问鼎云："成王定鼎于郏鄏，卜世三十，卜年七百，天所命也。"刘恕《通鉴外记》卷三引此文后亦云："《汲冢纪年》，西周二百五十七年，通东周适合七百年之数。"可见这个"西周"乃是从成王定鼎洛邑算起。今本《纪年》自成王十八年定鼎洛邑至显王四十二年"九鼎沦泗"，恰好七百年（前1027—前327年），因此，今本关于西周积年的记载与唐、宋古本是完全一致的。

为什么今本《纪年》三代积年从表面上看似乎与"古本"矛盾而实际上完全一致呢？我们认为问题的关键是如何正确认识唐、宋以前古书所引的《纪年》。《纪年》原有荀勖、和峤、束皙、沈约等人的注释，已见上考。《史记集解》等书所引三代积年实际上都是《纪年》的注文，均见于今本附注中。这些注文都是注者自己根据《纪年》推算的结果，他们推算的方法代表了他们对古史的认识。如夏代服丧三年的说法自战国起就颇为流行，《纪年》的著者、整理者或注者自然就袭用了这种说法，并用以谱排《纪年》中各王的世系、推算他们在位的年数。他们推算三代起讫的方法也代表了他们自己对古史的理解。随着史学研究的不断深入，人们已经知道了服丧三年之制并非夏代所有。因此，如果我们用今天的眼光去看古代文献，自然就会发现其中的矛盾。但是，如果考虑到古人的认识水平，就会发现这些"矛盾"之中自有其内在的规律，乃是合乎情理的。因此，我们在进行古籍的辨伪时，必须注意到今人和古人在认识上的差异，只有这样，才能做到"去伪存真"。如果我们用今天取得的古史研究成果去找古籍中的"矛盾"，一发现"矛盾"就斥之为伪书，势必将大量原本不伪的古籍误认为伪书，王国维先生《今本竹书纪年疏证》的根本错误就在于此。

综上所述，我们认为今本《纪年》原本即有残缺，其于战国纪内尤甚。因此，后人在整理、刊刻此书时，时有补辑。今本中有些地方属于后人误解古书而误辑，还有些地方属于后人抄误或刊误，这就是今本中有一些矛盾、混乱的主要原因。如何正确对待这些矛盾？马培棠先生说得好：

> 吾谓王接而后，旧史与《纪年》日在调和蜕变中，其同者仍之，异者择善而从之，皆无所中，或以第三说代之，今本《纪年》特其大成而已。……吾人研究《纪年》，今本仍不失为宝贵材料，分析甄别，责在吾人。[37]

另一方面，汲冢书中尚有《琐语》，其中包括《夏殷春秋》、《周春秋》、《晋春秋》，内容及体例与《纪年》和《鲁春秋》相似，亦为编年体史书，只是其中多杂“诸国卜梦妖怪”之事。因其记事多与《纪年》相合，古人每每将二书混淆，故不能以古书所引而今本不载谓今本非唐宋以前人所见本，同时又因古人引书亦有疏误，故不可尽是“古本”而非今本。

今本《竹书纪年》的真伪

前面我们从《竹书纪年》的流传和今本《竹书纪年》的内容两个方面进行了初步的探讨。通过这些探讨，我们认为今本乃唐十四卷《纪年》之残本而经后人加以补辑而成。那么，今本的成书究竟在何时？

前已言之，雷学淇曾见元刊《竹书纪年》，卷数、注者、体例及内容皆与天一阁本同，然则今本《纪年》的编定成书不得晚于元代。

南宋金履祥《通鉴前编》屡引《纪年》，其中多有未见前人征引者，如：

> （帝尧）七十载，举舜登庸。（原注：用《尚书》及《竹书纪年》修）

> （后相）二十有八岁，寒浞使其子浇弑王于帝丘。后缗归于有仍。靡奔有鬲氏。（原注：用《左传》、《经世》、《汲郡

古文》修）

周公季历伐翳徒之戎。王赐之圭瓒、秬鬯，为侯伯。（原注：用《竹书》、《孔丛子》修）

《竹书纪年》曰：纣六祀，周文王初禴于毕。

以上四条，皆在今本中。战国以下，《前编》引《纪年》所系之周年，悉如今本，周、晋相当之年，皆误从《史记》。尤可注意者，其卷二引《日月有常歌》后云："此歌《汲冢竹书》亦有之，然误在伊尹祀桐宫之下。"《日月有常歌》明见于今本帝舜十四年下大字注，又见于沈约《宋书·符端志》。金氏谓"此歌《汲冢竹书》亦有之"，则金氏所见与今本同，皆有沈约附注，记事亦起自五帝，二本当同出一源。《前编》有景定甲子（公元1264年）序，则今本《纪年》的编定成书不得晚于南宋后期。

《路史·国名纪》戊注引《纪年》云：

（晋武公）八年，周师、虢师围魏，取芮伯万而东之。

……又云，桓王十二年。冬，王师、秦师围魏，取芮伯而东之。

据此，罗氏父子所见《纪年》有两种版本，一以晋魏纪年，一以周王纪年，二本字句间亦稍有差异。其用周王纪年者与今本同，仅多一"冬"字，洪颐煊因谓：

罗泌已见今本。㊳

方诗铭先生云：《路史》作于南宋初年，"果如洪氏所论，则今本《纪年》当在南宋初已出现。……洪氏所论疑是"㊴。《路史·发挥二》又云："襄王三年，雨金于晋，晋惠公二年。"今本《纪年》全同。《路史》所引虽不云出处，然其子襄王三年后注明当晋惠公二年，朱右曾、王国维皆以为出《纪年》，是。如洪颐煊、方诗铭所说，罗泌已见今本，则今本《纪年》的编定成书不得晚于南宋初年。

罗泌所引以周王纪年之《纪年》除上述两条外，还有一条。《路史·国名记》戊注："《纪年》：桓王十七年，楚及巴伐邓。"罗氏所引三条皆在北宋刘恕《通鉴外纪》中，字句全同。盖刘氏所见，实与罗本相同。又今本《纪年》周显王二年（当梁惠成王四年）："河水赤于龙门三日。"《水经·河水注》亦引《纪年》云："梁惠成王四年，河水赤于龙门三日。"可见今本《纪年》与《水经注》所引无异。刘恕《外纪》系此事于周考王二年(据《外记》当晋幽公元年)。为什么刘氏将梁惠成王四年事误系于考王二年?窃疑刘氏所见已是今本,只是将今本之显王二年误引作考王二年。

黄伯思于《东观余论·跋师春书后》谓其于中秘曾见《师春》一书,然其内容并不如杜预所云专载《左传》卜筮事,"疑今《师春》盖后人杂钞冢书《纪年》等篇耳"。又云:"然杜云《纪年》起自夏、商,而此自唐虞以降皆录之,杜云《纪年》皆三代王事无诸国别,而此皆有诸国;杜云《纪年》特记晋国,起殇叔,次文侯、昭侯,而此记晋国世次自唐叔始。"黄氏所见混入《师春》中之《纪年》内容与体例虽与杜预《后序》所记异,然与今本莫不符同,所谓"自唐虞以降皆录之"合于今本,自毋需多说;其记三代王事"皆有诸国"与"记晋国世次自唐叔始"亦皆与今本同。今本三代除记王朝事外,兼记列国历史。如夏纪中记先商史,殷商纪中记先周史,西周纪中记晋、鲁、齐、秦、宋,楚、郑、蔡、卫、陈、杞、燕、曹诸国史。记晋国世次亦起自唐叔:"成王十年,命唐叔虞为侯。"《中兴书目》、《直斋书录解题》著录之《师春》皆与黄氏所见同。元胡三省《资治通鉴音注》卷三云:

> 桉或曰一段事,与《师春》纪伊尹放太甲、太甲潜出自桐杀伊尹事颇相类。

伊尹篡位婴戮事,明载于《纪年》。黄伯思所见、混入《师春》中者之为《纪年》,信矣。

刘恕《通鉴外纪》成于北宋元丰元年(公元1078年)以前,黄伯思《跋师春书后》作于北宋政和三年(公元1113年)。既然刘恕所见、北宋中秘所藏《师春》中混入之《纪年》已同今本,则今本的编定成书不得晚于北宋后期。

北宋太平兴国二年(公元977年),诏令李昉等编撰大型类书《太平御览》。据《御览》卷首引用书目,《御览》引书共一六五九种,《竹书纪年》即在其中。《御览》引《纪年》不计重复者凡七十五条,除两条半外皆在今本中。以《御览》所引《纪年》与今本相校,二者字句几乎全同,而与他书所引《纪年》稍有差异,如《御览》卷八二引《纪年》曰:"后桀命扁伐山民,山民女于桀二人。"他书引"山民"皆作"岷山",独今本与《御览》所引同。或将谓今本与《御览》所引同者，皆辑自《御览》。管见恰恰相反，窃以为李昉等所见实同今本。此可由今本与《御览》所引互校以证明之。《御览》引而为今本所无者有：

《十道志》曰：……《竹书纪年》作鲂子。（卷一六一引）

《书纪年》曰：夏桀末年，社坼裂，其年为汤所放。（卷八八〇引）

第一条疑为李昉所见本无，故其转引《十道志》。第二条今本虽缺，然《御览》同卷所引另外两条《纪年》皆在今本之中：

梁惠成王八年，地忽长十丈有余，高尺半。

周隐王二年，齐地暴长，长丈余，高一尺。

以上两条南宋以前仅《御览》征引，与今本文字全同。若今本乃后人辑录《御览》等书而为之，则于同书同卷中不应取此舍彼。《御览》卷八三又云：

《纪年》曰：帝乙处殷。二年，周人伐商。

此条仅见《御览》征引，今本只存"帝乙处殷"四字，后句已脱。若今本"帝乙处殷"四字辑自《御览》，何不将后面六字一并辑入？陈逢衡《集证・补遗》谓后六字"定属《御览》误引。或曰即帝辛五十二年周始伐殷之事，后人传写脱去'五十'字，遂贻误为帝乙二年耳"。此足证今本与《御览》相同者并非辑自《御览》。

今本《纪年》与《御览》所引相异者仅两条，乃李昉等引书不谨及刊刻、传抄致误[40]。

《御览》所引不但在字句上与今本《纪年》基本相同，其东周以后亦同今本一样以周王纪年。

杜预谓《纪年》"唯特记晋国，起自殇叔"。换言之，自殇叔起，《纪年》始以晋魏纪年。然《御览》卷一四七云："《纪年》曰：幽王八年，立褒姒子曰伯服为太子。"卷九六八云："《书纪年》曰：幽王十年九月，桃杏实。"案晋殇叔元年当周宣王四十四年，而上两条皆晋殇叔以后仍以周王纪年者，与杜氏所见不同。方诗铭先生云："至《后序》所云'起自殇叔'，当谓《纪年》记晋国事起自殇叔，殇叔以前《纪年》无晋事而已。"[41]然《后汉书・西羌传》注引《纪年》云："后二年，晋人败北戎于汾隰。"此事在宣王四十年、晋殇叔以前，据此《纪年》殇叔以前非无晋事也，方说疑非。《御览》

所引《纪年》东周以后以周王纪年还有一铁证，即前引《御览》卷八八〇周隐王二年事。

《御览》所引《纪年》文字几乎与今本完全相同，东周以后仍以周王纪年，亦有附注。从体例到内容均与今本无异，则李昉等所见已同今本，因此今本《纪年》的编定成书不得晚于北宋初年。

明天一阁主人范钦嘉靖末归里后，搜求古籍不遗余力，于是宋、元旧椠纷纷流入天一阁。全祖望《天一阁藏书记》云：

> （天一阁）肇始于明嘉靖间，而阁中书不自嘉靖始，固城西丰氏"万卷楼"旧物也。……盖"万卷楼"之储，实自元祐（公元1086—1094年）以来启之。

"万卷楼"宋椠旧钞甚多，其后败落，所藏除为丰氏门生窃取者外，余皆归天一阁。因此天一阁所刊《纪年》当即宋代所传古本。张宗祥先生谓天一阁所刊《纪年》"出自宋本"[42]，是。

综上所考，今本《纪年》虽有讹脱及后人补辑，然其渊源有自，体例、内容无不与宋以前古本相合。既有外证，又有内证，则今本《纪年》为明人伪造之说可以休矣。

今本《竹书纪年》的史料价值

昔王静安先生以今本《纪年》为后人伪作，而谓今本"无用无徵"，欲废之而不惜。然其考成汤以前商人之迁徙，亦取证于今本，[43]是今本未可废也。

前已言之，今本《纪年》虽有错讹，然其主要内容与汲简无异，其于考校古史、阐发幽微可资者甚多，良可宝贵。

《史记·周本纪》记厉王奔彘前在位三十七年，然《卫世家》云："顷侯厚赂周夷王，夷王命卫为侯，顷侯立十二年，子僖侯立。僖侯十三年，厉王出奔于彘，共和行政焉。"即令卫顷侯之立在夷王末年，其至僖侯十三年也仅二十五年，显然与《周本纪》不合。《齐世家》亦云："哀公时，纪侯潛之周，周烹哀公而立其弟静，是为胡公。胡公徒都薄姑，而当周夷王之时。哀公之同母少弟山怨胡公，乃与其党率营丘人袭杀胡公而自立，是为献公。……九年，献公卒，子武公寿立。武公九年，周厉王出奔，居彘。"据此，胡公似立不久即被杀。献公元年至武公九年共十八年，因此厉王在位之年不得超过此数。今本《纪年》：

（厉王）十二年，王亡奔彘。

洪颐煊云："今以《世家》、《年表》推之，齐献公元年同厉王二十年，卫顷侯元年当厉王十三年，皆以夷王不相及。若如《纪年》之说，厉王十二年奔彘，则无龃龉矣。"[44]洪说甚是。考《周本纪正义》、《御览》卷八五引《纪年》及今本皆云："（夷王）三年，王致诸侯，烹齐哀公于鼎。"哀公既暴死，依例此年当献公元年。今本《纪年》夷王在位八年，厉王三年书"齐献公山薨"，雷学淇注云："盖夷王三年胡公立，未几，即为献公所杀。献公于自立之九年卒，在位实止八年也。"[45]据今本《纪年》，厉王四年为齐武公元年，厉王十二年恰当齐武公九年，今本《纪年》与《齐世家》若同符节，然则今本之说可以无疑矣[46]。

《周本纪》厉王奔彘以前年数之所以误，乃史迁将厉王之生寿误作奔彘前在位之年，今本《纪年》：

孝王七年冬，大雨电，江、汉水。（原注，牛马死，是年，厉王生。）

《御览》卷八七八引《史记》亦云："周孝王七年，厉王生。冬，大雨雹，牛马死，江、汉俱冻。"此《史记》非太史公书，乃宋以前人据《纪年》又参合他书而为之，故其所记多与《纪年》同。朱右曾、王国维、范祥雍等皆以此条为"古本《纪年》"文，《通鉴外纪》亦引之，未注出处，盖亦本之《纪年》。据此，今、"古"本《纪年》无异，厉王之生，在孝王七年。今本《纪年》记孝王在位九年、夷王八年、厉王奔彘前后共计二十六年。自孝王七年至共和十四年，恰为三十七年。

厉王奔彘前在位十二年之说，唯今本《纪年》主之，这对于研究西周史、铜器断代均有极大的参考价值。同时，若今本果为后人伪作，但取陈说而已，不必标新立异，此亦足证今本非后人伪作。

今本《纪年》载祖丁名新，此为他书所不载，然卜辞有云"……卜且丁召，新宗"，此祖丁与新宗连文。《佚》217 又云："且丁召，在弜，王受又？""之新宗，王受又。"此二辞虽似各为一事，然契于同版之中，实为同事异卜。《南明》688 云："王其又妣庚新宗?”据甲文祀谱，妣庚为祖丁之妻，故得配祀于祖丁之庙。甲、金文中，新同新。因祖丁名新，其庙故谓之新宗。以人名为宗庙名在卜辞中不乏其证。《后》上·18·5云：“癸卯卜，宾贞，井方于唐宗彘。”唐宗即天乙庙，杨树达先生云：“盖祖丁之庙称新宗，犹卜辞于成汤之庙称唐宗也。”又云：此“足证今本《纪年》祖丁名新之说为可信”㊼。

今本《纪年》记事详于东周以前，“古本《纪年》”则详于西周以后。二本各有所长，亦各有所短。若以二者相互发明、补充、订正，必将使先秦史的研究更加深入。

注释：

①《墨庄漫录》卷九。
③《隋书经籍志考证》。
③《竹书纪年集证·凡例》。
④《玉海》卷四七。
⑤《考订竹书纪年》。
⑥《史记·殷本纪》正义引。
⑦《十驾斋养新录》卷十三“竹书纪年”条。
⑧《北堂书钞》卷五七引。
⑨《史记·魏世家》集解。
⑩荀勖《穆天子传·序》。
⑪《春秋经传集解后序》正义引王隐《晋书》。
⑫《晋书·王接、束皙传》。
⑬《考古续说》卷上“竹书纪年辨伪”条。
⑭《考订竹书纪年》。又见朱希祖《汲冢书考·汲冢书来历考》。
⑮《六国纪年·六国纪年表叙》。
⑯参见《古本竹书纪年辑证》。
⑰同⑦
⑱《汲冢书考》附“周赧王周隐王考”。
⑲《汲冢书考·汲冢书篇目考》。
⑳同⑦
㉑同⑧
㉒《纬略》卷四“鉴古物”条。
㉓同③
㉔《今本竹书纪年辨伪》，载《复旦学报》第三期。
㉕见《史书占毕》、《三坟补逸》引。

㉖见《春秋地名考略》引。

㉗同⑪

㉘《隋书·经籍志》。

㉙陈、杨二先生以"古本《纪年》"同《史记》相校，发现《史记》魏惠王元年误上一年。二位先生的考证极是。但古人将《纪年》之晋魏年换算为周王年时，只能以《史记》为准，所以我们在讨论今本《纪年》有关问题时仍以《六国年表》为准。

㉚同⑤

㉛《六国纪年·六国纪年表考证》。

㉜以方诗铭《辑证》所辑与今本相校，战国以前今本所无者有二十多条，但其中多是注文或后人概括《纪年》之语，还有些是《琐语》文。

㉝鲁说见《今本竹书纪年辨伪》，载《复旦学报》第三期，蒙说见《论别本竹书纪年》，载《大公报》1937年2月18日图书副刊。

㉞《今本竹书纪年疏证·序》。

㉟《竹书纪年义证》卷十。

㊱参董作宾《殷历谱》上编卷四"殷之年代"。

㊲《禹贡与纪年》，载《禹贡》半月刊第二卷十期。

㊳《校正竹书纪年》卷下。

㊴《古本竹书纪年辑证》附录三。

㊵《御览》卷八二："《纪年》曰：……桀筑倾宫，饰瑶台，作琼室，立玉门。"今本仅帝桀三年书"筑倾宫"，桀十四年下大字注又有"于倾宫饰瑶台居之"语，而无作琼室立玉门事。然今本殷帝辛九年书"作琼室，立玉门"，与《文选》李善注引《纪年》文合。疑《御览》卷八二所引乃将殷纣事误植于夏桀下。《御览》卷一六三又云："《竹书纪年》曰，梁惠王九年，晋取泫氏。"今本作"周显王十七年（当梁惠王十九年），晋取玄武、濩泽"，《水经·沁水注》引同。陈逢衡《集证》卷五十云："或曰：显王十七之晋取玄武，即泫氏。盖泫以脱去水旁而为玄，武与氏又形相似而误耳。事在惠成十（七）（九）年，诸书引此脱去十字，故云九年。"雷学淇《义证》亦作"梁惠成王十九年，晋取泫氏、濩泽"。据此，《御览》所引"九年"乃"十九年"之误；今本"玄武"乃"泫氏"之误。

㊶《古本竹书纪年辑证》。

㊷《铁如意馆随笔》卷二，载《中华文史论丛》1981年第1辑。

㊸见《观堂集林》卷十二"说自契至于成汤八迁"。

㊹《竹书纪年补证·竹书后案》。

㊺《竹书纪年义证》卷二十三。

㊻《陈世家》云:"慎公当周厉王时,慎公卒,子幽公宁立。幽公十二年,周厉王奔于彘。二十三年,幽公卒,子僖公立。僖公六年,周宣王即位。"或据此谓厉王在位十三年以上。案《十二诸侯年表》周宣王即位在陈僖公四年,厉王奔彘在幽公十三年,皆与《陈世家》不同。可见《史记》关于陈国历史的记载本身就有矛盾,未可依据。

㊼《积微居小学述林》卷七《书古本竹书纪年辑校后》。

原载《四川大学学报丛刊》第28辑《研究生论文选刊》,1986年,后收入邵东方著《崔述与中国学术史研究》附录(人民出版社,1998年)、邵东方、倪德卫主编《今本竹书纪年论集》(台湾唐山出版社,2002年2月)。又译载于《中国社会科学》英文版1993年第3期

今古本《竹书纪年》之三代积年及相关问题

十余年前，笔者曾撰“今本《竹书纪年》研究”一文[1]，从今本《纪年》的流传、体例、注文、讹脱及辑文等方面探索今本《纪年》的真伪，以为今本《纪年》渊源有自，体例亦与宋代以前人所见本相合，故今本《纪年》并非宋代以后人所造伪书，而姚振宗指为明范钦伪造之说尤为无据。不过，该文于今本《纪年》与所谓“古本《纪年》”内容之异同、特别是最受人们重视的三代积年及相关问题，犹未能申论，因再考如次，以请教学界同仁。

就内容而言，清代以来，特别是近代学者，在指斥今本《纪年》为伪书时，都非常重视今、古本《纪年》所载三代积年之异同，并皆以今本所载不合于古本所述，从而认定为后人伪造之铁证[2]。但是，我们以为，这个问题还有继续深入探讨的必要。并且，廓清这一问题，对我们认识古书所引与传世文献之是非与真伪等等都有非常重要的参考意义。

事实上，各种唐宋以前古籍所引《纪年》即所谓“古本《纪年》”关于三代积年的记述即互有歧异，如《晋书·束皙传》谓《纪年》“夏年多殷”，而《史记集解》等书所引《纪年》记夏年为471年，而殷年为496年，则是殷年多夏。对此，朱右曾也只好说：

> 案《束皙传》云：“夏年多殷。”今据诸书所引，仍殷年多夏，未详。[3]

“古本《纪年》”“夏年多殷”与“殷年多夏”二说中，必有一误甚至二者皆误。盖古人之引书，省括原文者有之，以己意断章取义者有之，张冠李戴误引他书者有之，文字内容错讹者亦有之，此本属常事，凡此，皆须细加甄别，不应于今本《纪年》独为苛求。

今本《纪年》记事起于黄帝，此乃荀勖、和峤之旧[4]，但其有干支纪年,则始于帝尧元年。唐宋以前古书所引《纪年》,即所谓“古本《纪年》”,亦有干支岁名,亦始于帝尧元年。由于今、古本《纪年》皆有干支岁名,参以其他资料,则二者关于三代积年及其相关年代之异同,亦可由此大致推定。

干支岁名对于年代学来说有着非常重要的意义。因为干支岁名乃是一种时间坐标。有了干支岁名,即使有字句讹脱,但其年代关系仍可大致确定。今本《纪年》于诸帝即位及特别重大的事件等皆附有干支岁名。近人多以干支纪年法起于东汉以后,不但无视今本《纪年》中干支岁名的年代学意义,反以此作为今本伪作的证据,而于所谓“古本《纪年》”中的干支岁名,则一概简单地予以否定,这未免失之武断。

我们认为,干支纪年法起于何时,本来就是一个颇有争议的问题[⑤]。但问题的关键并不在此,而在于既然唐宋以前人所引《纪年》已有干支岁名,则其当日所见《纪年》,必已逐年附加了干支岁名,至少引用者在引用《纪年》时,已用当时通行之干支纪年法进行了换算。道理很简单,干支以六十为一周期,循环叠加,三代之积年及夏商西周各王在位之年都可以很容易地配上干支岁名,并且这样从习惯上也便于年代的表述。因此,唐宋以前古书所引《纪年》之干支岁名,无论是《纪年》所固有,还是西晋出土时整理者所加,抑或后世引用者之换算,都是研究夏商西周年代最重要的时间坐标。

今本《纪年》尧元年为丙子年,当公元前 2145 年。《隋书·律历志》引《竹书纪年》亦云:“尧元年景(丙)子。”“丙子”这一干支岁名,是一个非常重要的时间坐标,它虽然不能遽定唐尧之元年究为何年,但结合其他史料,所谓“尧元年丙子”必为公元前 2145 年或其前后一个或数个六十甲子[⑥]。

除了干支岁名可以作为研究今、古本《纪年》内容异同的资料外,一些唐宋以前人在引用《纪年》时的附加文字,也值得我们特别注意。只是由于清代以来辑“古本”者通常只取《纪年》原文,而将古人引用时的说明文字略去;而今日之研究者又大多只据辑本进行研究,而未核原书,以致这些说明附加文字未能得到足够的重视。

梁陶弘景《真诰》[7]卷十三云：

> 《诸历检课》谓尧元年戊戌，至齐之己卯岁，二千八百[四十]三年。高辛即尧父。说此语时又应在晋世，而已云三千年，即是尧至今不啻二千八百年，外历容或不定，如此丁亥之数，不将已过乎！《汲冢纪年》正二千六百四十三年，弥复大悬也。

由于《真诰》此处并无《汲冢纪年》之具体文字，所以诸家"古本《纪年》"皆未辑入，唯吴璵先生在论证《竹书纪年》为晋人伪造时曾经提及[8]。窃意此虽非《纪年》原文，但却是我们判定今、古本《纪年》关于上古年代最重要的材料。

齐之己卯岁，指齐东昏侯之永元元年，当公元499年。以公元499年逆推2643年（不计当年），正是公元前2145年，于干支岁名为丙子，既与今本《纪年》完全相合，又与《隋书·律历志》所引《纪年》"尧元年丙子"之文合。据此，陶弘景所见《纪年》及《隋书·律历志》等所引与今本《纪年》是完全一致的。

上述材料，既可证明今本《纪年》记事起于五帝实荀、和之旧，同时至少亦可证今本《纪年》尧元年的绝对年代与梁陶弘景、唐魏征等所见《纪年》是完全相同的。

下面我们再来看今、古本《纪年》关于夏商西周的年代问题。

关于夏商西周三代之积年，今本《纪年》有非常明确而系统的记载，其夏纪末注云：

> 自禹至桀十七世，有王与无王，用岁四百七十一年。（原注：始壬子，终壬戌。）

案夏禹元年壬子（公元前1989年）至夏桀三十年壬戌（公元前1559年），凡431年（不计桀亡之当年）；若加上禹为舜服丧之3年、桀亡之年，则夏年共计435年。所谓"用岁四百七十一年"者，乃自帝舜十四年（公元前2029年）夏禹受命之岁至桀之亡也。

又商纪末注云：

> 汤灭夏，以至于受，二十九王，用岁四百九十六年。（原注：始癸亥，终戊寅）

"汤灭夏，以至于受"者，乃至于受之四十年戊寅（当公元前1063

年)，明年己卯为西伯昌薨、武王即位之年，再明年即武王元年，越十一年庚寅(当公元前1051年)，即武王伐商之年。盖古人以为武王即位，则天命归周，是商年仅计至其前年，共得496年。若自汤灭夏之年至纣之灭，则共计508年。

又周幽王十一年下注云：

> 武王灭殷，岁在庚寅。二十四年，岁在甲寅，定鼎洛邑，至幽王，二百五十七年，共二百八十一年。自武王元年己卯[9]至幽王庚午，二百九十二年。

是据今本《纪年》，周之年代，有自武王受命之年起算者，有自武王克殷之年起算者，也有自成王定鼎洛邑之年起算者。

《史记集解》及《太平御览》等所引《纪年》也有相关文字，如：

> 自禹至桀十七世，有王与无王，用岁四百七十一年。[10]
>
> 汤灭夏，以至于受，二十九王，用岁四百九十六年。[11]
>
> 自武王灭殷，以至幽王，凡二百五十七年。[12]

比较二者的异同，我们认为似乎应该从两个方面去分析。第一，《史记集解》所引《纪年》文皆在今本《纪年》大字注中，如果以客观的态度并参考今本《纪年》的相关文字，那么我们就不得不提出如下疑问:《史记集解》等引《纪年》所谓“自禹至桀”，是否即是自夏禹元年至桀之亡？“汤灭夏以至于受”，是否即是至受之亡？至于“自武王灭殷，以至幽王”语意虽明，但其中有无字句讹脱，亦未可断言。第二，倘若《史记集解》所引《纪年》并无上述疑义，则它与今本《纪年》所记三代积年有何关系？造成它们之间差异的原因何在？

关于第一点，我们认为，今本《纪年》关于夏商西周年代的记载，不仅自有其内在的规律，同时还有一些相关资料可为佐证，更可与不少唐宋以前古籍所引《纪年》相映证。

如前所引，《隋书·律历志》引《纪年》有“尧元年丙子”之语，所谓尧元年丙子，当公元前2145年。传统载籍谓尧在位100年，舜在位50年，另加舜为尧服丧3年、禹为舜服丧3年，则夏禹元年当公元前1989年，此与今本《纪年》完全相同。

《易纬稽览图》托名郑康成注，但其中称“至今大唐”，则其显然作于唐代以后。其卷下记上古以来年数云：

……黄帝一千五百二十年，少昊四百年，颛顼五百年，帝喾三百五十年，尧一百年，舜五十年，禹四百三十一年，殷四百九十六年，周八百六十七年，秦五十年……[13]

案，记夏殷周年代者，唐宋以前较为通行的说法为夏年432岁[14]、殷年629岁[15]、周年867岁[16]，而谓殷年为496年者，唯《史记集解》引《纪年》、今本《纪年》。因此我们有理由相信，《易纬稽览图》所记殷年盖出《纪年》；至于《易纬稽览图》言夏年为431年，与其所记殷年一样，皆不取当时通行的说法，因此我们也有理由推测这同样出于《纪年》。如果我们的推测不误的话，则今本《纪年》所载自有相当依据，而《史记集解》所引《纪年》关于夏商西周积年有关文字，亦自有一个以历史的眼光全面、准确地理解的问题。至于《易纬稽览图》所记之周年，盖本之《世经》，与今、古本《纪年》皆不同，姑置勿论。

如果说《隋书·律历志》、《易纬稽览图》及其他相关文字所记夏代431年只是一个旁证的话，《新唐书·历志》所引《纪年》就是证明今本《纪年》所载渊源有自的最直接的证据。

《新唐书·历志》引《竹书》云：

十一年庚寅，周始伐商。

此处之岁名“庚寅”，也是与前面“尧元年丙子”同样性质的问题。按今本《纪年》武王伐商为殷纣王之五十二年即周武王之十一年庚寅，当公元前1051年，陈梦家先生谓此乃“后人据《纪年》推校出来的，因东汉以前无干支记年法”[17]。方诗铭先生亦谓《新唐书·历志》所载，“此唐代一行《历议》所引，‘庚寅’二字为一行推算所得，并非《纪年》原文”[18]。我们姑依陈、方先生之说，但问题是，唐代僧一行等既然是根据《竹书》推算得出武王伐商之十一年为庚寅[19]，则其当日所见《纪年》记武王伐商之年，必以公元前1051年为基点之前后六十年或其倍数[20]，如是，《纪年》所载伐商之年，参之以其他文献，亦可大致确定。

二十年代，日本学者新城新藏在其《周初之年代》一文中，对传统文献包括今、古本《纪年》进行了系统的分析，在许多方面都有值得重视的见解，例如论证《国语》武王伐商“岁在鹑火，月在天驷，日在析木之津，辰在斗柄，星在天鼋”一段乃战国中叶人本其当时天象之观测、以当时行用之历法,又以其所习闻之周初年代推算而成,然因斯时历法未臻完善,故所言之天象并非周初之事实。不过,他的另外一些观点尚可进一步推敲,例如对《竹书纪年》有关记载的分析。

新城新藏认为,《新唐书·历志》所引《竹书纪年》"十一年庚寅周始伐商"乃唐僧一行等以与刘歆同样之方法而处理同一史料,但因《三统历》之所载与《大衍历》所推朏魄之月相不合,而《竹书纪年》本又有"十一年周始伐殷"之语,故"改武王克殷之岁为庚寅(前1111),以己卯(前1122)当文王崩年,则上自《周书》之惟元祀二月丙辰朔、中与《武成》之惟一月壬辰旁死魄、终至于《召诰》、《顾命》、《毕命》上下五十余年间之朏魄及日名,皆无不合。反之,如《三统历》以武王克殷为己卯,则朏魄、日名之记事皆不合矣"。要之,新城新藏以为《竹书纪年》"十一年庚寅周始伐商"之岁名仍非《纪年》所固有,且其"未足单独主张决定克殷之年代"[21]。至于今本《纪年》,据新城新藏看来,"不过仅集出所不明之材料而成者也"。

我们以为,如果仅仅就考辨史事而言,新城新藏之说当然不无道理,因为即使"十一年庚寅周始伐商"确属《纪年》旧文,但也只能代表《纪年》作者之古史观甚至晋代整理者之古史观。不过,我们这里要讨论的主要是今本《纪年》与唐宋以前人所见《纪年》的异同问题,即考辨文献的真伪,因此其他问题我们暂且搁置一边。

另外,我们还有一些材料可以证明,今本《纪年》所谓西周257年为定鼎洛邑之岁至幽王十一年,而非武王克殷之岁至幽王十一年之说,也有较早的来源。

《左传》宣公三年王孙满对楚王问鼎云:

> 成王定鼎郏鄏,卜世三十,卜年七百,天所命也。

宋刘恕《通鉴外纪》卷三成王定鼎郏鄏下引《左传》此文后亦云:

> 《汲冢纪年》:西周二百五十七年,通东周适合七百年之数。

今本《纪年》自成王十八年定鼎洛邑至显王四十二年"九鼎沦泗",恰好七百年(公元前1027—公元前327年),可见刘恕所见

《纪年》的“二百五十七年”,也是从成王定鼎洛邑之年而并非自武王灭殷之年起算的,与今本《纪年》完全相同[22]。

还应该注意的是,夏商西周一些重大事件的年代特别是干支岁名,今本《纪年》与《新唐书·历志》颇多脗合,如:

> 夏后氏四百三十二年,……太康十二年戊子岁……(今本《纪年》夏年同,但太康在位仅四年,不同)
>
> 仲康五年癸巳岁……(今本《纪年》同)
>
> 成汤伐桀,岁在壬戌。(今本《纪年》同)
>
> 商六百二十八年(今、古本《纪年》皆不同),……太甲二年壬午。(今本《纪年》同)
>
> 纣六祀,周文王初禴于毕(今本《纪年》同,宋金履祥谓为《竹书纪年》旧文[23]),十三祀,岁在己卯,星在鹑火,武王嗣位(今本《纪年》不同)。
>
> 己卯,……武王成君之岁。(今本《纪年》同)
>
> 十一年庚寅,周始伐商。(今本《纪年》同)
>
> 革命六年而武王崩。(今本《纪年》同)
>
> 周公摄政七年。(今本《纪年》同)
>
> 成王正位三十年。(今本《纪年》同)
>
> 成王三年,岁在丙午,星在大火,唐叔始封。(今本《纪年》同)
>
> 康王十二年,岁在乙酉。(今本《纪年》同)
>
> 自伐纣及此(康王十二年),五十六年。(今本《纪年》同)

《大衍历议》除了周始伐商之年明载出于《竹书》而外,余皆不注出处,但《晋书·束皙传》谓《纪年》载“自周受命至穆王百年”,且《初学记》引《纪年》有“周昭王十九年,天大曀,雉兔皆震,丧六师于汉”之语[24],此正与《史记·周本纪》“昭王南巡不返”的故事相映证,因此现在一般学者都相信周昭王在位十九年为《纪年》旧文。如此,《新唐书·历志》载武王受命十一年周始伐商、革命六年而武王崩、周公摄政七年、成王正位三十年、康王在位二十六年,加昭王之十九年,至穆王元年,适得百年之数。因此,我们有理由相信,上引《新唐书·历志》所记周初史事皆出《纪年》,而今本《纪年》与之若合符节,则今本所载,有自来矣。

由于今本《纪年》与《新唐书·历志》所载基本相同(《新唐书·历志》所载夏商西周积年乃据刘歆《三统历》,今本《纪年》自然与之不同),王静安先生因谓今本《纪年》系据《大衍历议》辑录而成,并据《史记集解》所引《纪年》与今本不同而谓为今本伪造之证据。对此,我们认为,首先,王先生自己就已经陷于一个矛盾之中了:《史记集解》所引《纪年》自武王灭殷至幽王共二百五十七年,推其干支岁名,则其灭殷之年必不为“庚寅”;而《新唐书·历志》所引《纪年》,亦属“古本”之范畴,但明载灭殷之年为“庚寅”,二者必有一误。以客观的眼光来看,《新唐书·历志》所引《纪年》含义较为明确,不太容易引起误解,而《史记集解》所引,乃概括《纪年》之文,因此有一个是否准确以及我们应该如何正确理解的问题。第二,我们既已初步证明这些文字皆属《纪年》旧文,这至少说明今本《纪年》所载乃唐宋以前传本之旧,并非后人向壁虚造。至于今本《纪年》之与《大衍历议》,前者与后者之间既存在着前者辑自后者的可能,但同时也存在二者同出一源的并列关系的可能,如果不从多方面综合研究,难免失之片面;而判断二者之间的关系,则需进一步分析今本《纪年》的版本渊源,关于这一点我们将在后面讨论。

前面就今、古本《纪年》夏商西周积年的有关文字应如何理解作了一些初步的分析,我们认为,今本《纪年》关于夏商西周积年的记载,与唐宋以前古籍所引《纪年》旧文颇多相合,且三代年数的计算,也不能以今人的眼光来看待,而应将其放在特定的历史环境中,根据古代人们的思想观念对其所载加以诠释和还原。

对古籍所引《纪年》文字的正确、全面理解是我们研究今、古本《纪年》时应该注意的一个方面,而今本《纪年》与某些古籍所引《纪年》是否出于同一系统,这是我们应该注意的另一个方面。因为,根据文献记载,《纪年》在出土后即迭经整理,诚如清代学者林春溥所言:“《竹书》之出,其定之非一人,则传之非一本。”[25]各种传本之间,文字内容有差异。今本《纪年》与《史记集解》所引《纪年》关于夏商西周年代的不同记载,也许就有这方面的因素。

如果简单地从字面上理解,《史记集解》所载夏商西周年代即是三代从立国到亡国(西周至幽王十一年),那么,我们就会得到另一个结论:今本《纪年》及《新唐书·历志》等所引《纪年》与《史记集解》所引《纪年》文字之异,并不完全是一个理解的问题,而是由于二者出于不同系统的整理本所致。

以《史记集解》所引《纪年》关于三代积年相加,则夏商西周三代积年为1224年,从幽王十一年即公元前771年逆推,则得夏禹元年当公元前1994年。而据今本《纪年》,夏禹元年当公元前1989年,因禹为舜服丧三年,故夏禹之即位,实当公元前1992年,今本《纪年》与《史记集解》所引《纪年》三代积年似有两年之差,但如果按照中国人的传统观念,商革夏命与周革商命,前朝之末年实际上就是新朝之元年,中间应减去二年,因此,据《史记集解》所引《纪年》,夏禹之元年实当公元前1992年,夏商西周之积年应为1222年[26],与今本《纪年》所载完全相同,见下表:

	"古本《纪年》"积年	公元纪年	今本《纪年》积年	公元纪年
夏	471	-1992—-1522	434[27]	-1992—-1559
商	496	-1522—-1027	496	-1558—-1063
西周	257	-1027—-771	292	-1062—-771
总计	1224-2=1222		1222	

从上表我们不难看出,尽管夏年之始、夏商西周三代之积年今本《纪年》与《史记集解》所引《纪年》皆同,但夏代之年数今本《纪年》与《史记集解》所引实际上相差40年。盖《史记集解》所引《纪年》于夏年431年之外,另有羿、浞篡位之40年,而今本《纪年》羿、浞篡位之年并在431年之中。因此,《史记集解》所引《纪年》与今本《纪年》虽然夏年皆始于公元前1992年(这大概是汲简旧文),夏代积年亦皆为431年(这大概也是汲简旧文),但由于汲简出土时本已篇残简缺,不同的整理者对"无王"之40年是否应该包括在431年之内产生了意见分歧。因此,我们有理由怀疑,今本《纪年》与《史记集解》所引《纪年》乃出于两种不同的整理本。我们更可以进一步推想:当初在整理《竹书纪年》时,整理者在重新编排竹简时,带有很大的主观成分,掺进了整理者对古史的认识。并且,由于对夏年认识的不同,他们对于一些相关的年代特别是商周年代进行了调整,夏含夷先生对武王克商后在

位年数及今本《纪年》错简的研究[28],更加强了我们这一推测。

前面我们讨论了今、古本《纪年》三代积年及其相关问题,肯定了今本《纪年》的有关记载有着较早的来源,但这并不意味着今本《纪年》或者古本《纪年》即是汲简之旧。我们只是想要说明,《纪年》自西晋以后即有不同的整理本,而它们之间有相当大的差异,从表面上看,其原因似乎在于整理方法的不同,但实际上在许多方面特别是关于夏商西周的年代问题上,乃是因整理者出于不同的历史观或经学思想而对汲简重新编排所致,这中间自然有一个有意无意改篡汲简原文的问题;同时,如何以历史的眼光客观、全面地认识古籍所引《纪年》即所谓"古本《纪年》"原意,也是值得我们深思的。

由于所谓"古本《纪年》"系后人从各种唐宋以前古籍中所辑出者,各条记载是否属于同一系统?有无文字的讹脱?有无前人误引?凡此种种,今皆难于考定,因此我们在使用这些资料时,自然应该特别审慎;而今本《纪年》所载史事特别是关于夏商西周年代的记载与唐宋以前学者所引多相符合,也许,由于今本《纪年》首尾基本完具并且自成体系,较之只言片语的"古本《纪年》",可能更具参考价值。至于《纪年》自晋代以来不同的整理本和传本之间的关系、今本《纪年》的渊源以及今本《纪年》与古本《纪年》的史料价值,限于篇幅,当另为文考证。

注释:

①该文发表于《四川大学学报丛刊》第28辑《研究生论文选刊》,1985年10月;又译载于《中国社会科学》英文版1993年第3期。

②参见王国维《今本竹书纪年疏证》. 上海古籍书店影印商务印书馆1940年《王国维遗书》本,1983

③转录自《古本竹书纪年辑校订补》,上海人民出版社,1957

④说详陈梦家先生《六国纪年·六国纪年表叙》(上海人民出版社,1956年)、朱希祖先生《汲冢书考·纪年写定年月》(中华书局,1960年),另参见拙文"今本《竹书纪年》研究"。

⑤朱右曾《汲冢纪年存真》释"尧元年景(丙)子"云:"案古人不以甲子名岁,自王莽下书言:'始建国五年,岁在寿星,仓龙癸酉。'又云:'天凤七年,岁在大梁,仓龙庚辰。'是始变古。原古人之法,以岁星定太岁之所舍,星有超辰,则太岁亦与俱超,故不可以甲子名岁也。东汉以来,步历家

废超辰之法，乃以甲子纪年，以便推算。此‘丙子’二字，疑荀勖、和峤等所增也。”（转引自范祥雍《古本竹书纪年辑校订补》）近人吕子方先生则以为至迟于战国末年人们便开始以干支纪年。（详见《中国科学技术史论文集》上册第138—147页，四川人民出版社1983年）李学勤先生亦指出：“近年出土文物已经证明，（干支纪年始于王莽）这种看法是错误的，汉初已有系统的干支纪年，因此《纪年》有这一纪年法是完全可能的。”（《走出疑古时代·论古代文明》，辽宁大学出版社1994年）我们认为，战国时代可能确已有了干支纪年，不过，就《纪年》所附的干支岁名而言，以今本《纪年》整篇文字与“古本《纪年》”及其他古史细加排比推敲，特别是结合战国史事，我们认为今本《纪年》所附之干支确非汲简所原有，而是由西晋以后人所加。

⑥《隋书·袁充传》：“自放勲以来，凡经八上元，……唐尧丙辰生，丙子年受命，……”此与《律历志》引《竹书纪年》“尧元年丙子”同，大概亦出于《纪年》。

⑦清照旷阁刻学津讨原本。

⑧“竹书纪年系年证伪”，台湾省立师范大学国文研究所集刊第九号，1965

⑨今本《纪年》帝辛四十二年庚辰下大字注云：“周武王元年”，故此“武王元年己卯”当为“武王即位”之误。

⑩《太平御览》卷八十二皇王部，中华书局重印上海涵芬楼影宋本，1960年。另见《史记·夏本纪》集解、《史记·夏本纪》索隐及《通鉴外纪》卷二等。

⑪《史记·殷本纪》集解，中华书局标点本。本文凡引用廿四史及注释者皆为中华书局标点本。

⑫《史记·周本纪》集解。

⑬《易纬稽览图》卷下，安居香山、中村璋八辑《纬书集成》本，河北人民出版社，1994

⑭《汉书·律历志》卷下引《世经》，《初学记》卷九引“皇甫谧云”（《帝王世纪》）、《通鉴外纪》同。

⑮同⑭

⑯同⑭

⑰《六国纪年》，第9页。

⑱方诗铭、王修龄：《古本竹书纪年辑证》第40页，上海古籍出版社，1981

⑲劳榦先生认为《竹书纪年》在萧梁亡国后就名存实亡了，因此僧一行等所见已是残本，而庚寅灭商之说更是出于一行的凭空推算（见“殷周年代的问题——长期求证的结果及其处理的方法”，载台湾“中央研究院”历史语言研究所集刊第六十七本第二分册，1996年）。力案，从唐司马贞《史

记索隐》、宋初《太平御览》等书系统引用《纪年》文字来看,至迟在宋初《纪年》还有非常完整的传本,因此劳氏之说实过于牵强。至于庚寅灭商纯系一行凭空推算之说,则更为无据。董作宾先生指出:"'庚寅'乃晋人据各王积年依东汉以来'干支纪年法'推算注入者,(如杜预曾'推校襄王二十年,太岁在壬戌'之类,可见纪年中干支纪年之推校,晋人已为之。)"(见"武王伐纣年月日今考",《董作宾先生全集》甲编第一册,艺文印书馆,1977)董先生此说甚是。不过,董先生据以为《竹书》所记庚寅当公元前1111年,不仅与今本不合,亦与古书所引《纪年》之其他相关文字不能相应,说详后。

⑳《新唐书·历志》所指武王十一年庚寅实较今本《纪年》多一甲子,即为公元前1111年。这大概是因为一行等只取干支岁名,而并未注意其所推之年实较《纪年》所载多六十年,颇有"断章取义"的味道,这也是古人一个习见的毛病。又,倘依《史记·周本纪》集解、《通鉴外纪》引《纪年》西周二百五十七年之说,武王十一年庚寅只能如今本《纪年》所载为公元前1051年。

㉑见"周初之年代",戴家祥译,《国学论丛》第二卷第一号。力按,实际上新城新藏在推算西周年代时,并未遵循他自己所提出的这一观点,说见李仲操《西周年代·西周年代综述》(文物出版社,1991)。

㉒据《通鉴外纪》,武王克商之年当公元前1122年,其成王定鼎之年当公元前1109年,至公元前327年九鼎沦泗共计772年,因此刘恕所称自成王定鼎加东周之年适合七百年之数必据《纪年》而言。又,《通鉴外纪》卷三共和行政下引《汲冢纪年》曰:"自武王至幽王二百五十七年。"此当系转引《史记集解》之文而又有节略,不足据。

㉓《资治通鉴前编》卷五,清乾隆中率祖堂刻本。

㉔《初学记》卷七地部下引,中华书局,1962

㉔《竹书后案》,清道光二十年竹柏山房刻竹柏山房丛书本

㉖今本《纪年》所载三代积年的计算,即非以建国之年起算至灭国之年止,而是各按其受命之年或后一朝受命之年分别计算积年。

㉗包括禹为舜服丧三年。

㉘参见夏含夷"也谈武王的卒年——兼论《今本竹书纪年》的真伪",《文史》第29辑,中华书局,1988

原载《四川大学学报》1997年第4期,又收入邵东方、倪德卫主编《今本竹书纪年论集》(台湾唐山出版社,2002年)、刘复生主编《川大史学·中国古代史卷》(四川大学出版社,2006年)

《红楼梦》东观阁本小议

《红楼梦》一书脍炙人口，古今小说无其匹，故其版本之多、评者之众亦无有出其右者。在《红楼梦》之众多版本、评语中，四川大学图书馆所藏《红楼梦》嘉庆十九年东观阁本（以下简称川大本）及所附徐瓙之批语颇具特色，值得学术界加以重视。

川大本为小字巾箱本，共百二十回，首有绣像二十四幅，封面题“嘉庆甲戌重镌绣像红楼梦”，次高鹗叙，次目录，次绣像，半页十行，行二十二字。此本即日本学者伊藤漱平所谓嘉庆十九年本。伊藤氏未指明此即东观阁之重刻本，盖因此本并无东观阁刻之明显证据。我们之所以指称其为东观阁之重刻本依据有二：一是王卫民先生在《谈刘履芬东观阁本〈红楼梦〉批语》一文（载《文献》第十一辑）中提到的东观阁于嘉庆十六年所刻之《红楼梦》版式与川大本完全一致，并且王文中又附有书影二帧，其中一页书影为目录，与川大本有小异，但就其字体判断，很明显，川大本此页原缺，乃后人据嘉庆十六年本覆刻。另一页为第二十七回首一页，此页则与川大本完全一致，所不同者，嘉庆十六年本有东观阁主人之行间批，而嘉庆十九年本不知何故已将行间批铲去（书中个别地方仍有一些行间批漏铲而被保留了下来）；二是四川大学图书馆还藏有同治元年宝文堂覆刻东观阁本，此本版式、字体也与嘉庆十九年本相同。

东观阁本《红楼梦》曾在红学史上产生过重大作用，不过令人遗憾的是，直到不久以前，人们对东观阁主人的情况还不甚清楚，甚至也不知道东观阁地处何方，只是有学者提出东观阁可能在江浙一带。胡适在给苏雪林、高阳的信中提到，程甲本“一到了南方，就被苏州的书坊在乾隆五十七年的冬天雕刻翻印”，他这里所说的苏州书坊，就是指的东观阁。（《胡适〈红楼梦〉研究论述全编》第293页)伊藤漱平曾经根据乾隆时期从事中日贸易的日本商人村上家的出纳账中记述有宽政五年(当清乾隆五十八年)十一月二十三日中国船主王开泰由浙江乍浦出航,于十二月九日在长崎进港,所带货物中有"《红楼梦》九部十八套",谓此九部《红楼梦》即东观阁本。赵冈先生则提出东观阁在北京("程高刻本《红楼梦》之刊行及流传情形",胡文彬、周雷编《海外红学论集》),不过并无确证。不久前,伊藤氏终于为我们提供了有关东观阁及其主人情况的线索。他在《〈程伟元刊新镌全部绣像红楼梦小考〉补说》一文(载《东方学》第五十三辑)中引用法式善《梧门诗话》的一段话指出东观阁在北京琉璃厂。《梧门诗话》卷二云:

> 琉璃厂东观阁书肆中偶见架上五言诗一册,未著姓氏。询之贾人,对曰:"鄙人素好吟咏,闻先生工五言,录稿度此,特求正耳。"《咏琴》云:"桐月一轮满,秋涛万壑深"十字殊可爱。因忆李实君(日华)赠书贾云:"行藏半是衔书鹤,生计甘为食字鱼",斯盖过之。其人姓王名德化,字珠峰,江西人。(台湾文海出版社"清代稿本百种汇刊"本)

从上述文字来看,东观阁主人王德化并非一位普通书商,此人精通文墨,只是迫于生计才做了"食字鱼",当起了书商。结合东观阁嘉庆十六年本《红楼梦》中东观主人的行间批语等情况来看,我们有理由相信,王德化就是刊刻《红楼梦》的东观主人,而《红楼梦》东观阁本的刊刻地自然就是北京了。

我们已经了解了东观阁主人的基本情况,现在再来分析一下东观阁本《红楼梦》及其在《红楼梦》流传史中的地位。

众所周知,《红楼梦》在其问世之初,只是以抄本的形式流传,并且仅有前八十回,直到清乾隆五十六年(公元1791年),才有程伟元、高鹗以萃文书屋名义用木活字本排印出版,并补上了后四十回,此即后世所称之"程甲本"。明年,程、高二人又将甲本正文删削修改重新排印出版,此本即所谓"程乙本"。程甲、程乙出版之后,立即受到世人的热烈欢迎,但二本皆以活字摆成,其成本较高,售价亦昂。并且由于技术方面的原因,每次排版之后印数有限,不能如木刻本那样大批量印行并长期保存版片,所以在程本问世后不久，即有书坊用刻本的形式翻印。从乾隆末年至民国十六年（公元1927年），《红楼梦》之木刻本、石印本、铅印本不下百种，它们都属于"程甲本"的系统，之所以会出现这种局面，我们以为，《红楼梦》之东观阁本在其中起了重要的作用。

根据已有的材料，东观阁本是《红楼梦》的第一个刻本。在程甲本问世后不久，东观阁便据以重刻，其时大约在乾隆末年。东观阁之初刻本题名《新镌全部绣像红楼梦》，东观阁之初刻本现已极难见到，一粟《红楼梦书录》曾予著录，另外台湾胡天猎曾藏有一部，1977年台湾广文书局将其影印行世。

到了嘉庆十六年，东观阁主人又重新镂版，并于正文行间加注及圈点，题名《新增批评绣像红楼梦》，此本即是前面提到的王卫民在《谈刘履芬东观阁本〈红楼梦〉批语》一文中所介绍者。此本封面题"嘉庆辛未重镌，东观阁梓行，新增批评绣像红楼梦"，背面有东观阁主人题识。书中有圈点、重点、重圈及行间批。一粟先生在《红楼梦书录》中介绍《新增批评绣像红楼梦》时，称此本为嘉庆十六年东观阁重刊本，但其封面却题"嘉庆辛未重镌，文畲堂藏板，东观阁梓行，新增批评绣像红楼梦"，其中也有圈点、重点、重圈及行间评。我们虽未见到一粟先生所著录的原书，但从上面一粟先生的记述来分析，此本并非东观阁十六年本，而很可能是文畲堂翻刻东观阁十六年本（其情形与宝文堂翻刻东观阁本相似），刊刻时间自然在嘉庆十六年之后。到嘉庆十九年前后，北京琉璃厂的东观阁大概已经歇业（笔者曾另见有一部东观阁于道光五年刻印的柴绍炳撰《省轩考古类编》，但无迹象可以证明此东观阁即刻《红楼梦》之东观阁）或者由于其他缘故，其嘉庆十六年所刻之书版转归他人，这批书版的新主人将残缺的书版修补重刻并剜去原有的重点、重圈、行间评等后重新刷印（少数重点、重圈、行间评仍未剜尽，并且书框的上下栏剜痕历历可辨），所以封面不记刻书处，并抽去了东观阁主人的识语，此即川大本和伊藤所见本。

东观阁本虽据程甲本重刻，但正如东观主人在识语中所说的那样，"（程氏）原刻系用活字摆成，勘对较难，书中颠倒错落几不成文。……爰细加厘定，订论正舛"，故尔其文字内容与程甲本有些差异。例如：

第十八回回目，程甲本作：皇恩重元妃省父母天伦乐宝玉呈才藻

东观本作：皇恩重元妃省父母天伦乐宝玉逞才藻（回首同程甲）

第二十七回回目程甲本作：滴翠亭杨妃戏彩蝶埋香冢飞燕泣残红

东观本作：滴翠亭宝钗戏彩蝶埋香冢黛玉泣残红（回首同）

第五十二回回目程甲本作：俏平儿情掩虾须镯勇晴雯病补雀毛裘

东观本作：俏平儿情掩虾须镯勇晴雯病补雀金泥（回首同程甲）

第六十六回回目程甲本作：情小妹耻情归地府冷二郎一冷入空门

东观本作：情小妹耻情归地府冷二郎心冷入空门（回首同程甲）

第七十四回回目程甲本作：惑奸谗抄检大观园矢孤人杜绝宁国府

东观本作：惑奸谗抄检大观园矢孤介杜绝宁国府（脂评本亦作“矢孤介”）

第八十九回回目程甲本作：人亡物在公子填词蛇影杯弓颦卿绝妆（回首“妆”作“粒”。程乙本回目、回首均作“粒”）

东观本作：人亡物在公子填词蛇影杯弓颦卿绝粒

第九十四回回目程甲本作：晏海棠贾母赏花妖失宝玉通灵知奇祸

东观本作：宴海棠贾母赏花妖失通灵宝玉有灾咎（回首同程甲）

第一百一回回目程甲本作：大观园月夜警幽魂散花寺神签占异兆

东观本作：大观园月夜惊幽魂散花寺神签占异兆

在正文中，东观阁本与程甲亦有差异，如

第一回 1A：程甲：忽念及当日所有之子女，……

程乙：忽念及当日所有之女子，……

东观：忽念及当日所有之女子，……

第一百二十回 2B：

程甲：又闻得有恩旨赦的旨意，……一日，行到昆陆驿地方，……

程乙：又闻得有恩赦的旨意，……一日，行到毗陵驿地方，……

东观：又闻得有恩旨赦的旨意，……一日，行到昆陵驿地方，……

其前同程甲，后同程乙，可能是据程乙校正。

东观本以程甲本为底本，在文字上作了一些修订，有些自然是东观主人自己的见解，但很明显，东观阁本也曾参考了程乙本。我们曾经用人民文学出版社 1973 年版（此本以程乙本为底本）、程甲本和东观阁本相校，发现如东观阁本与程甲本文字有相异时，多数与程乙本相合；如东观阁本与程甲、程乙本均异时，除手民之误外，则很可能是程甲、程乙本均误。从这些情况来判断，东观阁本是参考了程乙本的。东观阁本曾据程乙本校改，还有一个明显的例证就是脂本系统和程甲本《红楼梦》第十三回写秦可卿死时有这么一段文字："彼时合家皆知，无不纳闷，都有些疑心。"程乙本刊行时，便将"疑心"改为"伤心"，而东观阁本正作"伤心"，显然，这是据程乙本校改。

在《红楼梦》的传播过程中，不仅东观阁本再版次数多，本身印数巨大，读者众多，更为重要的是有相当多的书坊就是以东观阁本为底本加以翻刻，例如文畬堂本、宝文堂本、善因楼本等都是据东观阁本翻雕而成，抱青阁本、三让堂本则是据东观阁本重刻而成，同文堂本、纬文堂本、翰选楼本、五云楼本、文元堂本、忠信堂本、经纶堂本、务本堂本、经元升记本、登秀堂本等又都是三让堂本的重刻本或重印本（参见韩进康《红学史稿》第 93 至 94

页）。而一般认为是直接从程甲本翻刻而来的藤花榭本、王希廉评本实际上也都与东观阁本有一些联系。例如：

第 92 回东观阁本：

宝玉道："那文王后妃是不必说了，想来是知道的。……若是那些艳的：王嫱、西子、樊素、小蛮、绛仙等，……妒的是：秃妾发、……"巧姐儿道："我还听见我妈妈昨日说……"

藤花榭本、王评本、妙复轩本同。而程甲则夺"樊"字、"妒"字误作"姑"，其末一句又作；"我还听见我妈妈昨儿说"。这也与东观阁本小异。

我们根据 1982 年人民文学出版社版《红楼梦》后四十回所标出的校勘记同东观阁本对照，藤花榭本、王希廉本几乎与东观阁本完全一样，因此我们怀疑藤花榭本、王希廉本的母本也都是东观阁本，至少藤花榭本、王希廉本当初都曾经据东观阁本参校，关于这一点有如下例证可以说明：

第 92 回程甲本：

那知道司祺这东西糊涂，便一头撞在墙上，……他表兄也奇，"你们不用着急……"

程乙本：

那知道司祺这东西糊涂，便一头撞在墙上，……他表兄也奇，说道：……

东观阁本：

那知道司祺这东西糊涂，便一头撞在墙上，……他表兄说道：……

藤花榭本、王希廉本同东观阁本。

第 94 回程甲本：

应着小阳春的开花也天气因为和暖。

程乙本：

应着小阳春的天气，因为和暖，开花也是有的。

东观阁本：

应着小阳春的天气，这花开因为和暖是有的。

藤花榭本、王希廉本同东观阁本。

第102回程甲本：

披上九宫八卦的驱衣

程乙本：

披上九宫八卦的法衣

东观阁本：

披上九宫八卦的仙衣

藤花榭本、王希廉本同东观阁本。

第105回程甲本：

李御史今早参奏平安州奏京官，上司迎合。

程乙本：

李御史今早又参奏平安州奏迎合京官上司。

东观阁本：

李御史今早参奏平安州奉承京官，迎合上司。

藤花榭本、王希廉本同东观阁本。

此类例证尚多，不赘。

第一个批评《红楼梦》的红学界公认即是与曹雪芹同时的脂砚斋，而第一个在程本系统上批评《红楼梦》的人学术界就未必有了公论。韩进康先生在其《红学史稿》中这样写道：道光间刻印的三让堂本《绣像批点红楼梦》"其特点是有圈点、重点、重圈及行间评"，《中国通俗小说总目提要》也说三让堂本是第一个程本系统的批点本。而台湾学者徐仁存、徐有为则认为东观阁嘉庆二十三年重刻本最先有评点(《程刻红楼梦新考》第1页)。以上这两种说法都不确切，因为就我们现在所掌握的材料来看，至迟在嘉庆十六年，东观阁所刻之红楼梦就有评点。

东观阁嘉庆十六年刻本之批评圈点，因笔者僻处蜀中，未能得见原本，深以为憾。所幸四川大学图书馆所藏嘉庆十九年东观阁本尚有部分批注未被铲去，同时还藏有一部同治元年宝文堂覆刻嘉庆十六年东观阁本，故犹能得见东观主人遗文。东观阁本的批注同明代以来小说话本的批注差不多，大多是批者对具体情节及人物所发的一些议论，有些则是帮助读者了解故事将来发展的情况。如第六十三回怡红院夜宴时众人抓签，宝钗之签云："伊(当是'任'字之误)是无情也动人。"下有双行批云："每句各有深意，预为他日之兆。”探春之签云：“日边红杏倚云栽。”后批云：“预兆好。”李纨之签云：“竹篱茅金(舍)自甘心。”小字批云：“恰切。”黛玉之签云：“莫怨东风当自嗟。”小字批云：“只好顾影自怜耳。”袭人之签云：“桃红又见一年春。”后注云：“合蓄下文。”就对书中人物的评价来看，东观主人似乎对林黛玉的评价甚低，其于书中常常批道：林黛玉“舌上有刀”，指出其为人尖刻，“本非福像”。

胡适先生对扬《水浒传》而抑《红楼梦》，同时认为程甲本不如程乙本，而事实上在《红楼梦》的流传史上，直到 1927 年一直是程甲本系统的天下，胡适在归结其原因时说是由于东观阁本翻刻了程甲本、而后其他书商又纷纷翻刻东观阁本所致。程甲本与程乙本孰优孰劣这是一个见仁见智的问题，不过，东观阁本对于《红楼梦》的广泛流传曾经起了极其重要的作用，则是一个不争的事实。

川大本还有民国徐瀛手批四千余条，限于篇幅，当另为文介绍。

原载于《四川大学学报》，1993 年第 4 期

《红楼梦》东观阁本再考

十年前,笔者曾撰《〈红楼梦〉东观阁本小议》[1],对《红楼梦》东观阁本作了初步的探讨。斯时僻处蜀中,所见甚寡,对有些问题尚存疑惑。去岁卜居日下,得窥天禄,更蒙友朋之助,稍益见闻,因不揣浅陋,再考如次。

一、东观阁与东观阁主人

《红楼梦》原以抄本行世,到乾隆末年,才有了排印本和刻印本。所谓排印本,即世人熟知的"程甲本"与"程乙本"[2],学术界对此二本的研究也比较深入,但对于《红楼梦》早期刻本的研究,则非常有限。应该说,《红楼梦》排印本的出现,是《红楼梦》走向大众的第一步,但由于排印本的印数有限,真正使《红楼梦》普及化的还是刻印本。因此,《红楼梦》早期刻本的情况值得我们进行深入的研究。

最早提到《红楼梦》刻印本的,据现在已有的材料,应该是周春。他在《阅红楼梦随笔》一书中有这么一段文字:

> 乾隆庚戌秋,杨畹耕语余云,雁隅以重价购钞本两部,一为《石头记》八十回,一为《红楼梦》一百二十回,微有异同,爱不释手。监临省试,必携带入闱,闽中传为佳话。时始闻《红楼梦》之名,而未得见也。壬子冬,知吴门坊间已开雕矣。兹茗估以新刻本来,方阅其全。

胡适之先生据此对东观阁的情况提出了推测,他在给苏雪林、高阳的信中说,程甲本"一到了南方,就被苏州书坊在乾隆五十七年(1792)的冬天雕刻翻印"。他这里所说的苏州书坊,就是指的东观阁[3],伊藤漱平先生也曾将周春所提吴门开雕的《红楼梦》与日本江户时代的《村上文书》中所载乾隆五十八年十月二十日

(1793 年 11 月 23 日)“王开泰”寅 2 号船载《红楼梦》九部十八套由浙江乍浦港出发,十一月初六日(12 月 9 日)抵达日本长崎港之事联系起来,认为这就是东观阁最早的刻本,其刻书的地点在苏州。赵冈先生则提出东观阁在北京,[④]但并无确证。20 世纪 70 年代,伊藤漱平先生发现了新的线索,也修正了他过去的看法。他在《〈程伟元刊《新镌全部绣像红楼梦》小考〉补说》一文[⑤]中引用法式善《梧门诗话》的一段话,指出东观阁在北京琉璃厂,其主人为王德化(字珠峰,江西人),其说可从。

二、东观阁之初刻本、重刻本与覆刻本

东观阁初刻《红楼梦》究在何时,现在并不清楚,一般认为应该在乾隆末年或嘉庆初年。至于胡适之先生将乾隆五十七年苏州书坊翻刻《红楼梦》与东观阁刻《红楼梦》混为一事,并无实据,且东观阁非苏州书坊之证据,已见上文,因此东观阁本刊刻于乾隆五十七年之说难以成立。

《红楼梦》东观阁之初刻本题名《新镌全部绣像红楼梦》,无注,半叶十行二十二字,白口,书口下镌“东观阁”。前有东观主人识语,云:

> 《红楼梦》一书,向来只有抄本,仅八十卷。近因程氏搜辑刊印,始成全璧。但原刻系用活字摆成,勘对较难,书中颠倒错落,几不成文;且所印不多,则所行不广。爰细加釐定,订讹正舛,寿诸梨枣,庶几公诸海内,且无鲁鱼亥豕之误,亦阅者之快事也。东观主人识。

东观阁初刻本系据程甲本重刻,但在文字上与程甲本颇有异同。一方面是由于程甲本本身有明显的排字错误,另一方面也是东观阁初刻本曾据他本如程乙本进行了校勘,关于这一点,笔者曾在《〈红楼梦〉东观阁本小议》一文中进行过分析,不赘[⑥]。

东观阁初刻本为白文本,到了嘉庆十六年,东观阁又刻了一版,这就是所谓嘉庆十六年本。东观阁嘉庆十六年本封面题“嘉庆辛未重镌,东观阁梓行,新增批评绣像红楼梦”,也是半叶十行二十二字,白口,开本较初刻本稍小,卷首的插图也与初刻本不同,最明显的就是初刻本的插图边框为直角,而嘉庆十六年本为波纹曲角。

东观阁嘉庆十六年之重刻本在红学史上有着重要的意义，其最重要的一点就是它在正文行间加批注及圈点，这是今天已知《红楼梦》的第一个有注的刻本。同时，东观阁初刻本和嘉庆十六年批注本问世后，衍生出了不少的覆刻本和重刻本，对于《红楼梦》的传播也起到了非常重要的作用。

一粟先生在《红楼梦书录》中著录有《新增批评绣像红楼梦》，其封面题“嘉庆辛未（十六年）重镌，文畲堂藏板，东观阁梓行，新增批评绣像红楼梦”，其中也有圈点、重点、重圈及行间评。一粟先生称此本为嘉庆十六年东观阁重刊本[⑦]。窃意东观阁嘉庆十六年重刻本与文畲堂本并不能完全划等号，这里有三种可能：一、文畲堂本乃文畲堂借东观阁嘉庆十六年所刻书板刷印者；二、文畲堂本乃东观阁嘉庆十六年本转板后由文畲堂刷者；三、文畲堂覆刻或重刻东观阁嘉庆十六年本，如同治元年宝文堂覆刻嘉庆东观阁本题“东观阁梓行，宝文堂藏板”。因未见文畲堂本原书，姑妄言之[⑧]。

在东观阁本中，还有嘉庆十九年本。此本笔者曾在《〈红楼梦〉东观阁本小议》一文中作了初步的介绍。笔者所见为四川大学图书馆和杜春耕先生所藏，小字巾箱本，共一百二十回，首有绣像二十四幅，封面题“嘉庆甲戌重镌绣像红楼梦”，次高鹗叙，次目录，次绣像，白口，半叶十行二十二字，亦即日本学者伊藤漱平所谓嘉庆十九年本者。伊籐氏未指明此即东观阁之重刻本，盖因其并无东观阁刻之明显证据。

东观阁嘉庆十九年本的情况比较复杂，笔者以东观阁嘉庆十六年本与之比勘，它的一部分是东观阁嘉庆十六年本但铲去了行间批、重点、重圈者，这部分版式及字体笔画等都与东观阁嘉庆十六年本无异，只是行间批等被铲去，其上下边框尚遗斑斑铲痕，但仍有少量行间批及重点、重圈漏铲而被保留了下来。除此之外，这部分在刷印前还做了一些校勘的工作，例如东观阁嘉庆十六年本第六回第二页 B 第七行：

> 因这年秋尽冬初，天气冷将上来，……

东观阁嘉庆十六年本“冷”字之“冫”大概在刻板时被误铲去而作

"令",而杜春耕先生藏嘉庆十九年本已改为"冷",并且此字略向右下方倾斜,显系剜改;又,东观阁嘉庆十六年本第六回第三页A第九行:

我又没有收税的亲戚、教尔的朋友,有什么法子可想的?

按程甲本、程乙本、东观阁初刻本"教尔"均做"做官",杜春耕先生藏嘉庆十九年本改作:

我又没有收税的亲戚、做官的朋友,有什么法子可想的?

"做官"二字略向右下方倾斜,亦显系剜改,其他的字体等与东观阁十六年刻本完全相同(但铲去了行间批和重点、重圈)。

嘉庆十九年本的另一部分则是据东观阁嘉庆十六年本覆刻,但基本上没有行间批、重点和重圈。这部分字体笔画与东观阁嘉庆十六年本大致相同,但细细审之,仍可判定它们并非如前述据嘉庆十六年本铲去行间批、重点、重圈而刷印者。例如东观阁嘉庆十六年本第一回第四页B:

这东南有个姑苏城,城中阊闔最是红尘中一二等富贵风流之地,这阊闔外有个十里街,……

十九年本"闔"则作"门";东观阁嘉庆十六年本第一回第五页A:

枕书伏几盹睡。

嘉庆十九年本则将"几"误作"凡";东观阁嘉庆十六年本第七十九回第三页B:

宝玉却未曾会过这孙[绍祖]一面的。

"绍祖"二字作合文。而嘉庆十九年本则作:

宝玉却未曾会过这孙[绍且]一面的。

"绍祖"二字虽仍作合文,且字体亦与嘉庆十六年本极为相似,但"祖"误作"且"。这些都显系覆刻之误。

笔者曾经在《〈红楼梦〉东观阁本小议》一文中推测,"到嘉庆十九年前后,北京琉璃厂的东观阁大概已经歇业或者由于其他缘故,其嘉庆十六年所刻之书板转归他人,这批书板的新主人将残缺的书板修补重刻并剜去原有的重点、重圈、行间评等后重新刷印,所以封面不记刻书处,并抽去了东观阁主人的识语,此即川大本和伊藤所见本"[⑨]。最近见到的杜春耕先生藏嘉庆十九年与川大藏本一样,封面也没有刻书处。根据上面的讨论,看来当初的推测应该是不错的。因为书版仍属东观阁的话，东观阁主人似乎没有必要铲去原来的批注，同时又另行覆刻部分书版补配。综上所考，嘉庆十九年本乃东观阁嘉庆十六年本之剜改并补配者。

还有一些本子，虽题名为东观阁梓行，但并不一定就是东观阁所刻，而有可能为其他书坊据东观阁本重刻，如嘉庆二十三年刻本、道光二年刻本、道光十年储英堂刻本和同治元年宝文堂刻本等。

嘉庆二十三年、道光二年刻本，此二本版式相同，正文及注文与东观阁嘉庆十六年刻本相同，但行款、开本则与嘉庆十六年刻本不同，为半叶十一行二十二字，白口，开本较十六年本宽。一粟先生将嘉庆二十三年本列在东观阁嘉庆十六年刻本下，意其亦出于东观阁[10]。王三庆先生也认为，此本系东观阁据嘉庆十六年本重刊，即东观阁的第三版[11]。管见以为，嘉庆二十三年本虽题"嘉庆戊寅重镌，东观阁梓行"，但并非东观阁所刻，而可能是其他书铺据东观阁重刻。理由如下：此本有重点、重圈、行间批，与东观阁十六年刻本相同，但行款却完全不同，这意味着需要重新写样、刻板，工程较大，如果不是板片完全漫漶不能继续刷印或者内容有重大变动，一般书商是不会重新刻板的。即或是要重新刻板，也可据上一版直接覆刻，如此可免写样与校对之劳。至于道光二年本，虽然行款与嘉庆二十三年本相同，字体也极为相近，但细审其版式和字体笔画，二者并非同一版刷印，道光二年本显然是据嘉庆二十三年刻本覆刻。

关于储英堂本，笔者所见为辽宁省图书馆所藏，扉页题"道光庚寅重镌，东观阁梓行，储英堂藏板，新增批评绣像红楼梦"。后附东观阁主人识语，行款及行间批、重点、重圈等与东观阁嘉庆十六年本同，字体风格与东观阁嘉庆十六年本相似，但将二本进行对比，储英堂本显然是据东观阁嘉庆十六年本覆刻，第六回第三页 A 第九行："我又没有收税的亲戚、教尔的朋友，有什么法子可想的？"储英堂本"做官"二字亦误作"教尔"，但将部分重圈改成了长点。

据嘉庆十六年本覆刻并且流传很广的还有同治元年宝文堂刻本。宝文堂本封面题"同治壬戌重镌，东观阁梓行，宝文堂藏板，新增批评绣像红楼梦”，后附东观主人识语及程伟元序。宝文堂本行款与东观阁嘉庆十六年本相同，也是半叶十行二十二字，除部分重圈改作重点外，其余如行间批、字体风格等与嘉庆十六年本相同，细审其版面，可以清楚地看出它实际上是据东观阁十六年刻本覆刻[12]，但插图与东观阁本完全不同，而与道光十二年双清仙馆刻王希廉评本相同。宝文堂本虽系据东观阁嘉庆十六年本覆刻，但较底本也有一些改动，除了一些错字外，宝文堂本覆刻时也将大部分重圈改成了长点，这一点与储英堂本相同。笔者比较了储英堂本与宝文堂本，似乎宝文堂本字形更接近东观阁嘉庆十六年本，可以大致认定宝文堂本非据储英堂本覆刻，而是直接据东观阁嘉庆十六年本覆刻。

据一粟先生《红楼梦书录》，善因楼本也出自东观阁本。善因楼本也是半叶十行二十二字，有重点、重圈及行间批，第九至十四回书口下更有东观阁字样[13]，曹立波博士有较详细的介绍[14]，善因楼本乃据东观阁嘉庆十六年刻本覆刻[15]，并且，善因楼本似乎并不止一个刻本，至少有扉页题“批评新奇，绣像红楼梦，东观阁梓行”与题“批评新大奇书红楼梦，善因楼梓行”两种。

还有一些本子虽然没有署明系据东观阁本重刻和覆刻，但仍同东观阁刻本有着直接的关系。

三让堂本是程甲本系统中一个非常著名的本子。三让堂本扉页题“新增批点红楼梦，三让堂藏板”，半叶十一行二十七或二十八字，白口，书口下或镌“三让堂”，插图与东观阁本完全不同。就其内容来看，系据东观阁本嘉庆十六年本重刻。关于这一点，各家均无异说。三让堂本有重点、重圈和行间批，这是最受人注目的地方。王三庆先生云：“（三让堂本）从圈点形式而言，属于东观阁本系统，而把高序省略，目录移在图赞之后，又绣像十五页正文每面十一行，似受籐本的影响。然而采取每行二十至二十八字更袖珍的板式，加上评语作号召是这一系列刊本的特色。”[16]韩进廉先生亦云：道光间刻印的三让堂本《绣像批点红楼梦》“其特点是有圈点、重点、重圈及行间评”[17]，魏绍昌先生更明确地提出：“程甲本、程乙本都是删去脂批的白文本，自三让堂本起，才又加批语”[18]。《中国通俗小说总目提要》也说三让堂本是程本系统的第一个批点本[19]。而台湾学者徐仁存、徐有为则认为东观阁嘉庆二十三年重刻本最先有评点[20]。以上这几种说法都不确切，如前所述，《红楼梦》刻本系统中，最早有批评的应该是嘉庆十六年东观阁刻本。笔者核对了三让堂本的重点、重圈和行间批，基本上就是据东观阁十六年本重刻。当然，三让堂本与东观阁本也有一些不同，如行款、插图都与东观阁本不同，文字上也作了少量的校勘。至于徐仁存、徐有为先生大概没有看到东观阁嘉庆十六年刻本，因而误将嘉庆二十三年重刻东观阁本当作了最早的批点本。

关于三让堂本的刻印时间，据王三庆先生研究，三让堂刊刻的年代"上限大概在嘉庆廿三年(1818)，下限则到同治初年"。与三让堂同属一个系统的有经纶堂本、文元堂本、忠信堂本、同文堂本、纬文堂本、右文堂本、三元堂本、务本堂本、经元升记本、登秀堂本、佛山连元阁本、翰选楼本、五云楼本等，它们有些是借三让堂本书板刷印，有些是三让堂本转板后的印本，有些有补刻，有些则是重刻[21]。

籐花榭本也是红楼梦众多刻本中一个非常重要的本子，它与东观阁本也有着密切的关系。籐花榭本封面题"绣像红楼梦，籐花榭藏板"，无注，半叶十一行二十四字。关于籐花榭本的刊刻时间，清道光三年曹耀宗《红楼梦百咏词跋》云："予昔游金陵，适籐花榭板初刊，偶携一册，杂置书丛，今越五载，长夏无事，检取评点之。"嘉庆二十四年，籐花榭还刊行了归锄子撰《红楼梦补》，一粟及王三庆先生据此断定《红楼梦》籐花榭本当刊行于嘉庆二十三年左右[22]。杜春耕先生藏有一部籐花榭本，封面题"嘉庆庚辰镌，绣像红楼梦，藤花榭藏板"，按嘉庆庚辰为嘉庆二十五年，但此本版面模糊，显系后印，未知封面所题是否为后来补刻。不过，据此可以确定籐花榭本的刊刻时代必在嘉庆二十五年或其前。关于籐花榭本的底本，一粟先生并未明确指出，韩进廉、魏绍昌先生均谓据程甲本翻刻[23]。王三庆先生谓"此本如非直以程本覆刻，即据东观阁原刊本翻刻，并以程甲本订正"[24]。韩、魏、王诸先生之说都有些问题，我们不妨对此稍作分析。

籐花榭本的插图与三让堂本基本相同，而三让堂本的文字内容与东观阁十六年刻本基本相同，据此看来，籐花榭本应该与东观阁十六年本有着某种联系。更重要的是，籐花榭本的文字本身也与东观阁嘉庆十六年本有些关系，甚至错字亦沿袭东观阁嘉庆十六年刻本之误，如第十三回第九页A第一行，程甲本作：

王夫人道：心哥既这么说

程乙本作：

王夫人道：你大哥既这么说

《红楼梦》的另一个早期刻本——"本衙藏板"本作：

王夫人道：珍哥既这么说

东观阁初刻本作：

王夫人道：珍哥既这么说

东观阁嘉庆十六年刻本则作：

王夫人这：珍哥既这么说

"王夫人这"显系"王夫人道"之误，而籐花榭本文字全同东观阁嘉庆十六年刻本，"道"亦误作"这"。籐花榭本与东观阁嘉庆十六年本同误，大概不是出于巧合，因此这样的例子并非个别，如：第七十六回第11页B第10行，程甲本作：

小嬛忙去开门看时，却紫鹃翠缕与几个老嬷嬷来找他姊妹两个

"本衙藏板"本、东观阁初刻本同。东观阁嘉庆十六年本"找他"却误作"我他"，籐花榭本文字全同东观阁嘉庆十六年刻本，"找"字亦误作"我"字。在我们下面所列的程甲本、程乙本、"本衙藏板"本、东观阁初刻本、东观阁嘉庆十六年刻本异文对照表中，除一条籐花榭本与诸本文字都不同外，其余全同东观阁嘉庆十六年刻本。因此，籐花榭本之底本应当是东观阁十六年刻本，而非如王三庆先生所言为东观阁之初刻本，也非程甲本。

据籐花榭重刻的有同治三年耘香阁刻本、济南会锦堂、济南聚和堂、凝翠草堂本等。

三、东观阁本与程甲系之早期刻本

乾隆末年至嘉庆初年，根据程甲本重刻的白文本不只一两种，现在所知者，除东观阁初刻本外，还有抱青阁本、题"本衙藏板"者（以下称"本衙藏板"本）和《绣像红楼梦全传》。

抱青阁本见一粟先生《红楼梦书录》,“一百二十卷。扉页题:‘嘉庆己未年镌,绣像红楼梦,抱青阁梓。’首程伟元序,高鹗序,次目录,次绣像二十四页,前图后赞。正文每面十行,行二十四字。无题记,余同本衙藏版本”。关于抱青阁本的具体情况,以及与程甲本、东观阁本的关系等,因未见原书,不敢妄言。

“本衙藏板”本封面题“新镌全部,绣像红楼梦,本衙藏板”,其插图全仿程甲本,版框与程甲本相同,作波纹曲角,而与东观阁初刻本作直角完全不同。其中“秦氏”一幅插图壁上有“海棠春睡图”及“嫩寒锁梦因春冷”字样,与程甲本同而与东观阁初刻本(无字)不同。“本衙藏板”本行款也与程甲本同,半叶十行二十四字,左右双边。与大多数红楼梦刻本不同的是,“本衙藏板”本回首、书口或作“红楼梦第×”、“卷第×”。其识语云:

> 红楼梦一书,向来只有抄本,仅八十卷。近因程氏搜辑刊印,始成全璧。但原刻系用活字摆成,勘对较难,书中颠倒错落,几不成文。且所印不多,则所行不广,爰细加釐定,订讹正舛,寿诸梨枣,庶几公诸海内,且无鲁鱼豕亥之误,亦阅者之快事也。

此识语内容与东观主人识语基本相同,版式亦同,但无“东观主人识”字样,王三庆先生根据《后红楼梦》、《红楼复梦》、《补红楼梦》、《增补红楼梦》等都署有“本衙藏板”,因而推论:“足以证明‘本衙藏板’一系列刊物,都是在嘉庆初年到道光四年间,专门从事《红楼梦》、《金瓶梅》等说部的生意,可能在翻刻后赚到了钱,于是再有‘后梦’、‘复梦’、‘补梦’、‘增补梦’等的翻刻。”由于嘉庆十六年东观阁带评本的出现,夺走了《红楼梦》的市场,因此这家书坊就歇业了,故“可以断定‘本衙藏板本’应是直接翻刻东观阁本的第一个本子,而其下限不得晚于嘉庆十六年东观阁带评本的出现”[25]。至于为什么是“本衙藏板”本翻刻东观阁本,而不是东观阁本翻刻“本衙藏板”本,或二者之间并无翻刻与被翻刻的关系,王三庆先生并未深究,也没有从二者的文字内容来进行更深入的分析比较,因此只是一个猜想而已。特别是他将署“本衙藏板”的书简单地都视为同一书坊所刻,更是靠不住的。魏绍昌先生谓“本衙藏板”本乃据抱青阁嘉庆四年刻本翻刻[26],但未知何据。

要厘清"本衙藏板"本与东观阁本之间的关系以及两者的版本来源，需要作更细致的分析。笔者以中国国家图书馆所藏"本衙藏板"本与程甲本、程乙本、东观阁初刻本以及嘉庆十六年刻本略作比勘，从诸本文字之异同上似可寻出一些端倪：

程甲本、程乙本、"本衙藏板"、东观阁初刻本、东观阁嘉庆十六年刻本异文对照表

回(V)、页(A面B面)、行(L)	程甲	程乙	本衙藏板	东观阁初刻本	东观阁嘉庆十六年刻本
1V1A5L	忽念及当日所有之子女	忽念及当日所有之女子	忽念及当日所有之子女	忽念及当日所有之女子	忽念及当日所有之女子
5V12B4L	一味的骄奢淫荡贪還搆	一味的骄奢淫荡贪欢媾	一味的骄奢淫荡贪還搆	一味的骄奢淫荡贪欢媾	一味的骄奢淫荡贪欢媾
13V9A1L	王夫人道：心哥既这么说	王夫人道：你大哥既这么说	王夫人道：珍哥既这么说	王夫人道：珍哥既这么说	王夫人这：珍哥既这么说
17V10A2L	芜满院斜泣阳	芜满院斜泣阳	芜满院泣斜阳(注："斜阳"二字似为后来剜改。)	芜满院泣斜阳	無满院泣斜阳
65V11B4L	说句顽话，就唬得这个儿。	说句顽话儿，就唬的这个样儿	说句顽话，就唬得这个儿。	说句顽话，就唬得这个儿。	说句顽话儿，就唬得这个儿。
69V5B4L	在园中厨内另做了荡水与他吃	在园中厨内另做了汤水给他吃	在园中厨内另做了荡水与他吃	在园中厨内另做了汤水与他吃	在园中厨内另做了汤水与他吃
70V2B8L	到明年冬天也都家去了，更那才冷清呢。	到明年冬天也都家去了，更那才冷清呢。	到明年冬天也都家去了，更那才冷清呢。	到明年冬天也都家去了，那才更冷清呢。	到明年冬天也都家去了，那才更冷清呢。
70V5B1L	说六月准遥京等语	说六月准进京等语	说六月准进京等语	说六月准进京等语	说六月准还京等语

（续表）

回(V)、页(A面B面)、行(L)	程甲	程乙	本衙藏板	东观阁初刻本	东观阁嘉庆十六年刻本
72V11B1L	把这些出过力的老人家,用不着的,开恩放几家出去	把这些出过力的老家人,用不着的,开恩放几家出去	把这些出过力的老家人,用不着的,开恩放几家出去	把这些出过力的老人家,用不着的,开恩放几家出去	把这些出过力的老家人,用不着的,开恩放几家出去
73V11A4L	没有砍两颗的头理	没有砍两颗头的理	没有砍两颗的头理	没有砍两颗头的理	没有砍两颗头的理
73V11B6L	只该在外头伺侍	该在外头伺候	只该在外头伺侍	只该在外头伺侍	只该在外头伺候
75V3A9L	探春和他畏事,不肯多言	探春知他怕事,不肯多言	探春和他畏事,不肯多言	探春和他畏事,不肯多言	探春知他畏事,不肯多言
76V6B5L	只坐笛韵悠扬起来	只听笛韵悠扬起来	只听笛韵悠扬起来	只听笛韵悠扬起来	只听笛韵悠扬起来
76V11B10L	小嬛忙去开门看时,却紫鹃翠缕与几个老嬷嬷来找他姊妹两个	小丫嬛忙开门看时,却是紫鹃翠缕和几个老嬷嬷来找他姊妹两个	小嬛忙去开门看时,却紫鹃翠缕与几个老嬷嬷来找他姊妹两个	小嬛忙去开门看时,却紫鹃翠缕与几个老嬷嬷来找他姊妹两个	小嬛忙去开门看时,却紫鹃翠缕与几个老嬷嬷来我他姊妹两个
77V19A1L	二人跟了藏地菴圆信,各自出家去了	二人跟了地藏菴圆信,各自出家去了	二人跟了藏地菴圆信,各自出家去了	二人跟了地藏菴圆信,各自出家去了	二人跟了地藏菴圆信,各自出家去了
78V6B10L	不但花有一花神,还有总花神,但他不知做总花神去了	不但花有一花神,还有总花神,但他不知做总花神去了	不但花有一花神,还有总花神,但他不知做总花神去了	不但一花有一花神,还有总花神,但他不知做总花神去了	不但一花有一花神,还有总花神,但他不知做总花神去了

（续表）

回(V)、页(A面B面)、行(L)	程甲	程乙	本衙藏板	东观阁初刻本	东观阁嘉庆十六年刻本
79V3A9L	宝玉却未曾会过这孙祖一面的	宝玉却未曾会过这孙绍祖一面的	宝玉却未曾会过这孙绍祖一面的	宝玉却未曾会过这孙[绍祖]一面的	宝玉却未曾会过这孙[绍且]一面的
79V9A3L	问香菱家卿父母	问香菱家乡父母	问香菱家乡父母	问香菱家卿父母	问香菱家乡父母
82V10B4L	自得拉着宝玉哭道	自得拉着宝玉哭道	自得拉着宝玉哭道	只得拉着宝玉哭道	只得拉着宝玉哭道
83V2B10L	人走的脚步步声	人走的脚步步声	人走的脚步响声	人走的脚步步声	人走的脚步步声
84V2B3L	只是我看他那生来的模样儿也还举整，……我看着横竖比环儿好略些	只是我看他那生来的模样儿也还齐整，……我看着横竖比环儿略好些	只是我看他那生来的模样儿也还端正，……我看着横竖比环儿略好些	只是我看他那生来的模样儿也还齐整，……我看着横竖比环儿略好些	只是我看他那生来的模样儿也还齐整，……我看看横竖比环儿略好些
85V2B9L	说着呈上谢宴并请午安的子来	说着呈上谢宴并请午安片子来	说着呈上谢宴并请午安的子来	说着呈上谢宴并请午安帖子来	说着呈上谢宴并请午安帖子来

我们可以从两个方面来解读上表：首先，我们可以很清楚地看出，程甲本有误者，“本衙藏板”本多仍袭其误，而东观阁本已多有改正。如果“本衙藏板”本系据东观阁初刻本重刻，就不会出现表中所列那么多东观阁本已经改正的明显错误，据此可以判断“本衙藏板”本绝非据东观阁本重刻，而是直接据程甲本重刻。

其次，“本衙藏板”本虽较东观阁初刻本更接近于程甲本，但并不意味着东观阁本乃据“本衙藏板”本重刻，表中有两例可以证明：79V9A3L：程甲本：

问香菱家卿父母

“卿”显然乃“乡”之误，因此程乙本、“本衙藏板”本皆改作：

问香菱家乡父母

而东观阁初刻本仍袭程甲之误，作“问香菱家卿父母”，只是嘉庆十六年刻本才改正为“问香菱家乡父母”，由此可知东观阁初刻本并非据“本衙藏板”本重刻。

83V2B10L：程甲、乙本：

人走的脚步步声

“脚步步声”显然有误，因此“本衙藏板”本校改为：

人走的脚步响声

倘若东观阁本乃据“本衙藏板”。本重刻，自当据后者校改，但东观阁初刻本、十六年本皆仍程甲、乙本之误，作“人走的脚步步声”，据此知东观阁本非据“本衙藏板”本重刻。

我们认为，“本衙藏板”与东观阁初刻本的母本都是程甲本，二本并无因袭的关系。另外值得注意的是，“本衙藏板”本扉页之识语、版式、字体风格与东观阁初刻本之东观阁主人识语完全一样，只是版框较东观阁初刻本稍高（宽度完全一样），“本衙藏板”本识语之字迹刀法流畅，而东观阁本刀法涩滞，很可能是仿刻“本衙藏板”本，这种现象在古代的刻书中是很常见的，若此说不误的话，这大概可作“本衙藏板”本早于东观阁本之一证。

关于《绣像红楼梦全传》本，最早由伊藤漱平先生著录，此本刊行时间不详，扉页题“绣像红楼梦全传”，回首及中缝均题“红楼梦”。首高鹗序、程伟元序，次目录，次绣像二十四页，前图后赞，正文半叶十行，行二十四字，左右双边，卷首和书口标“卷”而不标“回”，目录同程甲。据伊藤漱平先生介绍，此本“刻字比东观阁本精细，从时间上看，推测为乾隆五十八、九年，或嘉庆初年间刊行”，刊刻的地方为苏州，并谓即享和三年（清嘉庆八年）亥拾号船运往日本长崎之《绣像红楼梦全传》二部各四套者[27]，王三庆先生谓即乾隆五十八年十一月二十三日自乍浦出发运往日本长崎的南京商人王开泰的寅贰号船所运《红楼梦》九部十八套者[28]。

《绣像红楼梦全传》系据程甲本重刻，因此内容与之相同，如第一回1A程甲本作：

忽念及当日所有之子女，……

程乙本改作：

忽念及当日所有之女子，……

东观阁初刻本同程乙本。《绣像红楼梦全传》与"本衙藏板"本仍同程甲,"女子"作"子女"。

根据伊藤漱平先生《〈程伟元刊《新镌全部绣像红楼梦》小考〉补说》一文所附半叶书影,《绣像红楼梦全传》本版式完全与"本衙藏板"本同,卷首题"红楼梦第一",书口题"卷第一"亦完全与"本衙藏板"本同,字体也极为相似,连卷首题字与书口题字的相对位置也与"本衙藏板"本同,显系一本覆刻另一本,然"本衙藏板"本与《绣像红楼梦全传》何者为底本,尚不敢必。

道光十二年壬辰王希廉评本《新评绣像红楼梦全传》刊行,光绪七年辛巳张新之妙复轩评本《绣像石头记红楼梦》刊行,光绪十年甲申王希廉、姚燮合评本《增评补图石头记》刊行,稍后,王希廉、姚燮、张新之合评本《增评补像全图金玉缘》刊行,这几种本子的评语内容远较东观阁评本丰富,也更符合大众的阅读需要,因此,大致从光绪以后,东观阁系列的刻本逐渐淡出市场。但是,东观阁本作为《红楼梦》最早的刻本之一和最早带批注的刻本,它本身拥有相当多的直接读者,其众多的重刻本和覆刻本,几乎占领了《红楼梦》的市场,成为嘉庆至咸同间最常见的印本,对《红楼梦》的普及起到了重要的作用。更由于东观阁主人第一次给《红楼梦》加上了批注,不仅赢得了读者,还对以后的王希廉和姚燮等产生了重要的影响,在姚燮的评语中,更是大量地引用东观阁批注[29],这些都奠定了东观阁本在红学史上的重要地位。

本文在写作过程中,承蒙杜春耕、王清原、李国庆、殷梦霞诸君惠借资料,特此致谢。

注释:

①《四川大学学报》1993 年第 4 期,《红楼梦学刊》1994 年第 2 期转载。

②当然也有学者提出在甲、乙两种本子之外,还有程丙本甚至程丁本,因其与本文关系不大,姑置不论。

③《胡适红楼梦研究论述全编》第 293 页,上海古籍出版社,1988

④"程高刻本《红楼梦》之刊行及流传情形",胡文彬、周雷编《海外红学论集》第 466 页,上海古籍出版社,1982

⑤《东方学》第 53 辑,1977

⑥参见拙稿《〈红楼梦〉东观阁本小议》,《四川大学学报》1993 年第 4 期,

《红楼梦学刊》1994 年第 2 期转载。

⑦《红楼梦书录》第 37 页，上海古籍出版社，1981

⑧杜春耕先生所藏有题为嘉庆十六年东观阁文畲堂版者，但缺前四回。笔者细核原书，实为同治元年宝文堂覆东观阁十六年本。

⑨《四川大学学报》1993 年第 4 期，《红楼梦学刊》1994 年第 2 期转载。

⑩《红楼梦书录》第 38 页，上海古籍出版社，1981

⑪《红楼梦版本研究》第 620 页，台北石门图书公司，1981

⑫宝文堂本系据东观阁嘉庆十六年刻本覆刻的证据，除字体风格和版式等全同东观阁嘉庆十六年本外，还沿袭了东观阁嘉庆十六年本的一些文字错误，如前面提到的第六回第三页 A 第九行："我又没有收税的亲戚、教尔的朋友，有什么法子可想的？"宝文堂本"做官"二字亦误作"教尔"。魏绍昌先生谓宝文堂本乃据东观阁初刻本翻印，误。魏说见《红楼梦版本小考》第 59 页，中国社会科学出版社，1982

⑬同⑩

⑭《〈红楼梦〉东观阁本研究》第 30—31 页，北京师范大学研究生院，2002

⑮查东观阁嘉庆十六年本第九回至第十四回书口并无"东观阁"字样，善因楼本为何有"东观阁"字样，因未见原书，不敢妄言。

⑯《红楼梦版本研究》第 629 页，台北石门图书公司，1981

⑰《红学史稿》第 94 页，河北人民出版社，1981

⑱《红楼梦版本小考》第 60 页，中国社会科学出版社，1982

⑲江苏省社会科学院明清小说研究中心、江苏省社会科学院文学研究所编《中国通俗小说总目提要》第 512 页，中国文联出版公司，1990

⑳《程刻本红楼梦新考》第 1 页，台湾编译馆，1982

㉑参见一粟先生《红楼梦书录》第 41—44 页，上海古籍出版社，1981；王三庆先生《红楼梦版本研究》第 629 页，台北石门图书公司，1981；曹立波女士《〈红楼梦〉东观阁本研究》第 37—38 页"东观阁——三让堂系统评本见知表"，北京师范大学研究生院，2002

㉒一粟先生说见《红楼梦书录》第 39 页，上海古籍出版社，1981。王三庆先生说见《红楼梦版本研究》第 620 页，台北石门图书公司，1981

㉓韩说见《红学史稿》第 93 页，河北人民出版社，1981；魏说见《红楼梦版本小考》第 59 页，中国社会科学出版社，1982

㉔《红楼梦版本研究》第 628 页，台北石门图书公司，1981

㉕《红楼梦版本研究》第 620—621 页，台北石门图书公司，1981

㉖《红楼梦版本小考》第 59 页，中国社会科学出版社，1982

㉗《程伟元刊〈新镌全部绣像红楼梦〉小考》，《鸟居久靖先生华甲记念论集：

中国之言语与文学》,1972

㉘王三庆先生《红楼梦版本研究》第623页,台北石门图书公司,1981。伊藤漱平先生在《二十一世纪红学展望——一个外国学者论述〈红楼梦〉的翻译问题》一文中亦同此说,见《红楼梦学刊》1997年第1期。

㉙关于这一点,参见杜春耕先生"《增评补像全图金玉缘》序",北京图书馆出版社,2002年3月;曹立波博士《〈红楼梦〉东观阁研究》下编"评点研究",北京师范大学研究生院,2002年5月。

原载于《文献》,2003年第1期

《金川纪略》及其相关问题

清代乾隆年间，清政府对外曾先后有十次重大战役，其中有两次是在今天四川西北部的金川地区进行的。两次金川之役对该地区社会的发展产生了重大的影响，值得我们认真加以研究。但是，由于今天人们所能见到的有关这两次战役特别是乾隆十二年至十四年第一次金川之役的史料无多，因而使得学者们很难对战争的起因、过程、后果、性质作出全面的叙述、深刻的分析和正确的评价。最近，我们在整理四川大学图书馆所藏线装古籍时，发现了一部至今还鲜为人知、有关第一次金川之役的重要史料——程穆衡著《金川纪略》。

四川大学图书馆藏《金川纪略》系清代抄本。上下卷共二册，无框栏，半叶九行，行二十三字，间有小字双行夹注，行亦二十三字。卷前有手绘"大金川图"一幅，题"乾隆十二年九月绘呈"，详绘金川地区山川形势、当地藏民战碉及清军驻扎营防分布并乾隆十二年九月以前之战事简况。卷首题"(乾隆丁巳进士原任榆社县知县臣程穆衡撰"。书中有"溪山小农口置"及"王文贞先生遗书图记"等藏书钤记。案王文贞字祖畲，字岁三，江苏太仓镇洋人，光绪九年进士。畲晚年自号"溪山老农"，故溪山小农当为其早年自号。盖《金川纪略》一书为王祖畲早年所得，而后又辗转流入四川大学图书馆。

关于《金川纪略》著者程穆衡的身世，王祖畲《太仓镇洋县志》卷九记："程穆衡，字惟淳，先世安徽休宁人，父继墨始徙居太仓。穆衡，乾隆二年进士，授榆社知县。邑多盗，亲缚其魁。为治勤约，不病民，以耿介忤上，官罢，归，贫如诸生时。穆衡博闻多识，工诗文，生平著述甚富，卒年九十三。"穆衡号迓亭，《鹤市志略》有《程迓亭先生小传》，记穆衡罢官归里后，"贫过诸生时，卖文谀墓间所不免。然其学宏深渊博，无所不通，以著述绝续之寄五十年"[1]。穆衡亦自谓其"著书满屋"[2]，据我们所知，其平生著述不下二十种，今日通行之《吴梅村编年诗笺注》即其代表作。穆衡虽著书满屋，但因家贫其著作大多未曾付梓，并且书稿当其在世时就有散佚，今天所能见到的惟有《梅村诗笺》、《考定檀弓》、《太仓州名记》、《太仓风俗记》、《迓亭杂说》等数种。《金川纪略》一书向未刊行，据笔者所知，各公私藏书目亦未见著录，实为海内孤本[3]。

《金川纪略》一书的价值，不仅在其版本的珍贵，更在于它所记史事的翔实。该书详细记述了清朝初年用兵瞻对和第一次征讨金川的全过程，正文记事自乾隆八年十二月始，终于乾隆十四年二月，注文记事则有至乾隆二十一年者，凡五万余言。有清一代，详细记述用兵瞻对者惟有《清实录》，他书不过偶尔提及；记首次金川之役者，则有乾隆中官修的《平定金川方略》、乾隆朝《清实录》以及乾隆五十七年赵翼所撰之《皇朝武功纪盛》、嘉庆中昭梿所撰之《啸亭杂录》、道光中魏源所撰之《圣武记》和清末赵尔巽主编之《清史稿》等，至于他书如《清稗类钞》等虽间有记述，亦不过抄撮前人著述而已。官修之书若语涉皇帝朝廷，则不免要曲为徊护，如《清实录》、《平定金川方略》等。同时，由于体例所限，这些书大多叙事冗杂，线索不清。私家著作则常因记事过于简略令人难窥全豹，并且资料来源多系后世传闻，每有讹误。程穆衡之《金川纪略》虽亦为私家著作，但其所据多系奏章上谕，并参以当时亲身见闻，史料颇为可靠；其叙事于前因后果皆能娓娓道来，文笔简洁流畅，分析亦颇中肯綮。尤为可贵的是，作者叙事皆秉笔直书，不为曲笔，颇有良史之材，读其书便可知前引《太仓镇洋县志》谓其为人耿介以至忤上罢官之说并非虚语。

《金川纪略》一书的史料价值，主要在于它就第一次金川之役的起因、过程和结果提出了新的资料、新的见解和详细的描述。

金川，有大小之分，为大渡河上游的两条支流，地处四川西北部，汉为冉駹外徼，隋置金川县，唐属维州，明隶杂谷安抚司，与绰斯甲等九土司接壤，为嘉绒藏族聚居之地。清顺治七年(1650)朝廷授小金川头人卜尔吉细土司职，清康熙五年(1666)朝廷授促浸头人嘉勒塔尔巴“演化禅师印”，雍正元年(1723)，嘉勒塔尔巴之孙莎罗奔随岳钟琪征羊峒有功被授为安抚司。莎罗奔所居之地称大金川，而原土司泽旺所居之地称小金川。

关于第一次金川之役的起因，赵翼《皇朝武功纪盛》云：大金川莎罗奔得土司封号后，不久即“以女阿扣妻泽旺，泽旺懦，为妻所制。乾隆十一年，莎罗奔劫泽旺归，夺其印。总督庆复檄谕始还泽旺于故地，十二年又攻革布什咱及明正土司，巡抚纪山遣副将张兴率兵弹治，不奉约，反伤我官兵，纪山奏请进剿”，于是战争开始。此后人们大多沿袭赵说，把战祸归咎于当时的四川巡抚纪山轻启战端，于此，程穆衡的《金川纪略》却提出了不同的看法，认为乾隆皇帝之欲用兵金川，最直接的原因是此前用兵瞻对劳师糜饷而未收其功，且有损国威，乾隆于此始终耿耿于怀，而当莎罗奔侵扰邻封之事发，即亟欲通过用兵金川以雪前恨并借机加强清政府在该地区的统治。

瞻对，地近金川，正当打箭炉通往西藏的要衢。瞻对分为上、下，上瞻对土司名肯朱，下瞻对土司名班滚。乾隆“十年夏，两瞻对于其地筑夹霸，略邻地行人之经其域者。驻防西藏台站官兵过之，有把总张凤被劫去行李资装。移夹霸人索赃盗，夹霸人抗不禽献”[④]。乾隆得川陕总督庆复、四川巡抚纪山奏报后，认为瞻对人竟敢袭劫换防官兵，有犯“天威”，遂决出兵。庆复、纪山率兵二万余众进剿，上瞻对土司肯朱很快降服，而下瞻对土司班滚却凭借天险与碉楼同官军抗衡。乾隆十一年五月，重庆总兵马良柱擒获一名藏民，供称班滚藏匿于丫鲁河边的泥日寨内。四川提督李质粹调大兵包围泥日寨，乘风纵火烧毁泥日寨，孰料班滚已于此前乘夜色冲出了包围圈。李质粹以班滚焚毙上报，后虽证实班滚已经逃脱，但庆复严令不准将实情上奏。程穆衡述其原因说：“盖是时诸将在行者，羊马成群，香皮细毡珍毳之属不胜驮载。下至士卒，皆腰有精金、藏佛、藏香以贻其家，谓班滚釜底游鱼，不足介意，俱无心追讨。而庆复既遂所求，亦偷惰求逸，思苟且完局，遂以班滚焚毙上闻。”更有甚者，庆复还让班滚之子改名为德昌喇嘛，将班滚原来居住之大碉楼冒称“经堂”让班滚之子居往，听其招戢余众。庆复又谎报战绩邀功。乾隆闻奏后，将信将疑。

当金川之事起后，乾隆调张广泗入川，其中一个任务便是让他打探班滚实情。当听说班滚果然已经逃脱，更坚定了用兵金川、希望借此消灭班滚，以“一举而收二功”。据《金川纪略》卷下记，乾隆十三年，乾隆皇帝“又谕各省督、抚云：‘从前瞻对之役，庆复若实心办理，必不致金川复生反侧……’”可见，金川之役的发生，确与瞻对之事有关。

至于大金川土司莎罗奔之攻打明正土司，也与瞻对之事有关。《金川纪略》卷上记班滚逃出后，“使人至大金川说色勒奔细，使出兵扰打箭炉（即明正土司驻地）所属土司，以缀我师之后.....班滚既得大金川之助，势复炽，仍取如郎，招收旧众”。

以上是金川之役的直接原因，若更进一步分析，我们还可以找出更深层次的原因。

当清代雍正、乾隆时，云贵总督张广泗、云南巡抚张允随（后授云南总督）在贵州、云南推行改土归流，并乘机搜刮。《金川纪略》卷上记：“贵督张广泗自雍正时坐镇滇黔，前后用兵剿灭番蛮，所得精鏐玉环、夷锦珍丽直万万以上，复掠苗夷童男女，选尤美者充备内室。而云督张允随亦废顺宁府属之猛缅长官司奉氏，疏请改土归流，没入其重宝金银珍货无算。”当时任川陕总督的庆复、四川巡抚的纪山“羡彼滇、黔二人所为，争以开夺番地、掠其畜聚为事，惟欲寻衅为兵端”。程穆衡把战争的起因同改土归流一事联系起来，的确颇有见地。

自明代以来，中央政府便开始在西南少数民族地区实行改土归流即以中央政府委派的流官代替当地世袭的土司。到清雍正以后，这一政策更得到了大规模的推行。张广泗在贵州、张允随在云南大力推行改土归流政策，并取得了很大的成就，而对于四川的金川地区，由于历史和社会的原因，清政府则倾向于“以蛮治蛮”。“以蛮治蛮”的核心是以大分小，维持各股力量的均势，使其互相制约，不与朝廷为敌。雍正元年川陕总督年羹尧请授大金川莎罗奔安抚司的目的便是为了让其“分小金川土司之势”⑤。一旦有一方势力过大，朝廷便要兴兵讨剿。今金川土司势力扩张，朝廷自然要予以抑制。

金川之役的结果，在清廷官修的《平定金川方略》中得到了大肆渲染。书中对乾隆皇帝竭尽吹捧之能事，着力表现乾隆皇帝"运筹帏幄之中，决胜于千里之外"的雄才大略。乾隆本人也毫不掩饰地自我吹嘘，他在其晚年称自己在位期间进行的十次重大战役为"十全武功"，并自号"十全老人"，乾隆十二年至十四年的金川之役就是其中之一。实际上，清政府在这场战争中劳师糜饷、损兵折将，到后来只得草草收场，并未达到预期的目的。关于这一点，他书多语焉不详，且多有讹误，而《金川纪略》却有大量翔实的记述。

大金川地虽辽阔，人却稀少。据估计，在乾隆初年该地区人口在五六千户左右，瞻对还要少一些，上下瞻对各二十余寨[⑥]，至于其参战人员，前之瞻对暨后之金川，二处相加，总数不到一万。而在第一次金川之役中，清政府用兵却逾十万。金川之役不惟用兵数多，所费银粮亦颇惊人。赵翼云："上凡用兵四五次，乾隆十二、三年用兵金川至十四年止，共军需七百七十五万（自注：实销六百五十八万），移驳百十七万。"[⑦]四川大学图书馆藏清代钞本《全蜀土司记》则谓："征抚金川（自注：乾隆十三年）共用银七百六十四万四千八百四十四两零（自注：内核减银四十万六千六百九十四两零，米豆麦面六十三万五千九百石价即在内）。"另乾隆十四年二月户部尚书舒赫德奏称"川省旧管新收，共军需银七十七万二千九百余两，部拨及外省协济银八百七十九万一千一百余两，现存一百五十万三千余两。军兴以来，用司库及府州县酌留存贮银五十七万一千余两"计共用银八百六十三万二千余两。[⑧]以上三个数字与实际用费相距甚远。因为它并没有将各地私人捐输的银钱及动用原各地库存粮食计算在内。乾隆十三年十二月辛丑，乾隆皇帝谕称："金川小丑，初不意靡费如许物力。两年之间，所用几及二千万。"[⑨]而《金川纪略》卷上记：乾隆十三年十一月，"川督策楞奏：'自十年以后，瞻对、金川相继用兵，节年动拨仓谷已及二百五十余万石'"。案当时粮价加挽运杂费，每石至少需银十五两（纪山负责粮运时，曾浮报至每石三十两），则仅粮食一项即至少用银三千七百五十万两，加上所拨银钱，整个金川之役耗银在四千万两以上。显然，乾隆皇帝所说的"几及二千万"也没有完全包括动用的库存粮食价钱，也没有包括用兵瞻对的费用。至于由于战争给老百姓带来的经济损失以及乾隆皇帝下令免征的钱粮就更未计在内了。

在金川之役中,清军以十数万之师敌金川数千之众,劳师糜饷,最后不得不草草收场,充分暴露了清政府官员的腐败和清军的无能。先后任四川总督的庆复、张广泗因贪赃枉法、敲诈勒索、信用汉奸等事发被杀,大学士纳亲贪生怕死、乖张退缩被斩于军前示众,四川巡抚纪山因贪污粮款等事被杀,钦差内大臣、署川陕总督、四川巡抚班第因办事不力被撤职,四川提督李质粹、松潘总兵宋宗璋、建昌镇总兵许应虎被杀,阜和营游击罗于乾被逮下狱自杀,其他中下级军官被杀者无数。泰宁协副将张兴、重庆镇总兵马良柱、陕西督标游击孟臣、陕西固原镇中军参将署重庆镇总兵任举、四川参将买国良战死,至于战死之汉土官兵则难计其数。至乾隆十四年金川之役结束时,仅参战之土兵中战死及伤重而死者即达一千七百余名,带伤者二千二百余名,[10]至于伤亡之绿旗及满洲官兵因文献不足难以详言。在战争中,领兵之各级官员或贪赃枉法,或赏罚不公,或临阵畏缩,或各行其是不顾大局互相拆台。这些在程穆衡的《金川纪略》中都有翔实的记载。

金川之役不仅劳师糜饷,同时也对当时的社会经济产生了巨大的影响。由于清军大兵云集,所耗粮饷甚多。程穆衡云:“自瞻对、大金川用兵以来,川省糜食腾贵,公私糜弊,西南为之重困。”[11]因四川素为产粮之区,每年均有大量粮食外运,而自瞻对、金川战事开,所产粮食不仅不能外运,且需大量调进,一时之间,国内粮价猛涨。四川又因连年用兵,民力凋困,战争所用夫役杂派,使百姓难以承受。纪山在一道奏折中称:“川省前后册报共雇过夫役已不下一万余名,除远之川东州县外,如成都、雅州等府,每州县陆续雇募,多者一、二千名,少者二、三百名。”[12]乾隆十二年十一月,“番民因不肯赴炉(指打箭炉)应役,拆毁桥路准备对敌”,后因镇压未果。[13]

金川之役也给当地藏族同胞带来了极大的灾难。清军进兵该地区后,烧杀抢掠,无恶不作。乾隆十三年闰七月纳亲会同张广泗在一道奏折中说:“近据番民供称,官兵已到之处,麦禾俱不得收,余又被田鼠所伤,收成大减,精壮贼人不过二三千众,甚虞乏食……”⑭而在战前,金川有精壮男丁七八千人。大概在这场战争中,金川地区仅精壮男丁就伤亡了四五千人,而死亡之妇孺老残恐怕也不在此数之下。至于被清兵烧毁之碉楼平房,则难以计数。

《金川纪略》作为一部颇具史料价值的著作,我们有必要探究一下该书的史料来源,而要完全弄清楚这一点就目前我们所掌握的情况来说是颇为困难的,因此,我们只能作一些大致的推测。

我们估计,《金川纪略》的史料来源主要是军机处档案,理由主要有两点:第一,根据《镇洋县志》等书所记,程穆衡于乾隆二年被授山西榆社知县,二年后即被罢官,旋即归里,主要以卖文为生,直到去世。但据他本人的《梅村诗笺·跋》,他罢官之后曾在北京住过一段时间,至于是闲居还是做官,他并未明言,我们推测他有可能是在军机处任职。第二,他在《金川纪略》一书中大量引用上谕奏章,而这些资料在当时并不是一般人所能见到的,特别是他在书中还引用了一些超出如《平定金川方略》甚至《清实录》之类书籍的史料,如在北京处决汉奸王秋时所发布的布告,像这些资料如果他不是在军机处任职是很难获得的。

注释:

①《吴梅村编年诗笺注》附《鹤市志略·程迓亭先生小传》,《太昆先哲遗书》本。

②北京图书馆藏抄本《吴梅村诗笺·跋》。

③曾见某图书馆藏有《金川纪略》,实系近人据川大藏本重抄,并缺《大金川图》。

④《金川纪略》卷上。

⑤《清高宗纯皇帝实录》卷一〇五,乾隆四年十一月壬申。

⑥庄吉发《清高宗十全武功研究》第 111 页谓当时两金川地区人口约为三万户,但据《清高宗纯皇帝实录》卷三〇九、乾隆十三年二月甲申张广泗奏:“查大金川介众土司之中……贼众不过五、六千户……”据此,两金川人口大约在一万户左右。又《清高宗纯皇帝实录》卷二三五、乾隆十年二月庆复奏云:“上、下瞻对,在鸦笼江东西夹江而居,各二十余寨。”

⑦《檐曝杂记》卷二。

⑧《清高宗纯皇帝实录》卷三三五。

⑨《清高宗纯皇帝实录》卷三三一。

⑩《金川纪略》卷下。

⑪同④

⑫同④

⑬同④

⑭同④

原载于《四川大学学报》,1992 年第 3 期

新出《钦定皇舆全览》记

四川大学图书馆藏《钦定皇舆全览》稿本无卷数约十余册(因尚未装订,故具体册数未定),系笔者不久前于馆藏明万历刻本《海录碎事》一书的衬叶中发现捡出者。新发现的这批稿本可分清稿和草稿两种,清稿全部题为《钦定皇舆全览》,而一部分草稿则题为《钦定方舆路程考略》,盖是书编纂之初名为《钦定方舆路程考略》,其后又改名为《钦定皇舆全览》。王重民先生《中国善本书提要》记其曾于美国国会图书馆见《钦定方舆路程考略》残本三册,其第三册题《钦定方舆路程考略》,又用朱笔改为《钦定皇舆全览》,此亦可证该书前后更名之事。

关于《钦定皇舆全览》暨《钦定方舆路程考略》的著录,《清朝文献通考》卷二百二十三"经籍考"云:

> 《钦定方舆路程考略》不分卷。臣等谨案:是书无刊本,康熙中中允汪士鋐等奉敕撰进。以各直省为经,以府州县为纬,各直省及各府州县皆序以次。首考至京师路程,次考四境壤接之道里远近,兼详历代建置沿革,旁及山川关梁古迹寺观祠墓。至若皇朝肇建之规模、圣制诗文之美富,敬谨记载,用昭明备,而古今艺文足资考证者,亦间录云。

是修《通考》时清宫中尚存完帙,而其后便逐渐流入私人手中。据王重民先生所记,美国国会图书馆所藏《钦定方舆路程考略》中的第三册封面有签记云:"此三册系武英殿开馆纂修底稿,乃寿光李琪园故物也。"李琪园,乾隆二十八年进士,钦点清书庶吉士,散馆授翰林院检讨,兼武英殿、国史馆、三通馆纂修起居注官,美国国会图书馆所藏《钦定方舆路程考略》或即经他之手流入民间者。此外,陶湘《清代殿本书目》记其曾于光绪元年购得《钦定方舆路程考略》不分卷残本十六册,系莫友芝故物;又于光绪二十九年购得《钦定皇舆全览》残本三十九卷。《国立北京图书馆由沪远回中文书籍金石拓本舆图分类清册》地理类著录《钦定方舆路程考略》清抄本九十三册，《国立北平图书馆善本书目乙编》地理类著录《钦定方舆路程考略》清抄本七十九册，《北京图书馆善本书目》地理类著录《钦定皇舆全览》不分卷稿本三册，《上海图书馆善本书目》卷二著录《钦定皇舆全览》不分卷抄本不记册数。

四川大学图书馆新发现的这批《钦定皇舆全览》稿本的篇目大致如下：

> 卷七直隶第□"京师至喜峰口陆路"
> "京师至古北口陆路"
> "畅春园至密云县"
> "京师至独石口陆路"
> 卷□陕西第□"蒲城县至山西河津县"
> 卷□陕西第六"西安府至凤翔路"
> 卷□陕西第七"巩昌府至湖广郧阳陆路"
> 卷□陕西第八"西安八府各州县卫四至交界路程"
> 卷□四川第□"成都县由新繁县达郫县界路程"
> 卷□四川第□"四川十二府各州县卫所土司四至交界路程"

此外，尚有关于河南、广东等省内容的草稿若干。

《钦定皇舆全览》的作者，据前引《清朝文献通考》文有汪士鋐，沈彤《果堂集》卷十一"右春坊右中允汪先生行状"亦云：

> 先生所撰书，其奉敕纂修者，《全唐诗》外有《皇舆全览》陕西省若干卷。

又据"行状"，汪士鋐于"康熙四十六年夏赴京，特升右春坊右中允，兼翰林院编修，充日讲官起居注，未几转左。四十七年以丁继母忧去官，遂不复补"。是汪氏参与编纂《钦定皇舆全览》时在康熙四十六、七年间。《钦定皇舆全览》篇帙浩大，远非一人一时所能完成，汪氏所编纂者亦不过狭西省若干卷耳。顾嗣立《春树闲抄》卷上记康熙四十三年：

> ……又于南熏殿开局编定《方舆路程考略》，命翰林彭

会淇、仇兆鳌、顾图河纂辑，派考取进士杨开沅、贡举监生俞长策、宫鸿历、郭元釪、杨士徽、布衣高不骞等共十二人纂录。

据此，《钦定方舆路程考略》亦即《钦定皇舆全览》的编纂始于康熙四十三年。陶湘《清代殿本书目》“《钦定皇舆全览》”条下云：

光绪二十七年辛丑见此残本，尚有首册，职官名中有揆叙。

案揆叙曾于康熙四十三年奉敕修刻《皇舆表》，其编纂《皇舆全览》或即与此同时。

参与编纂《钦定皇舆全览》者除上列诸人外，尚有钱名世。《国立北平图书馆善本书目乙编》以及《国立北京图书馆由沪运回中文书籍金石拓本舆图分类清册》所著录的《钦定方舆路程考略》即题“清钱名世等撰”。钱名世，康熙四十二年一甲进士，授编修，曾为王鸿绪、万斯同所修《明史》属辞润色，后因投诗谄年羹尧夺职。

《钦定皇舆全览》的编纂及成书年代，前引《春树闲抄》已明记其始于康熙四十三年，至于其何时成书，由于资料缺乏，已难确言。不过，根据书中内容，我们还是可以作出大致的推测。

据《钦定皇舆全览》“四川十二府各州县卫所土司四至交界路程”，遵义府属四川布政使司，领州二县四：遵义县、桐梓县、绥阳县、真安州、仁怀县、会理州。查乾隆《大清一统志》，遵义府于雍正七年改隶贵州省，领州一县四“遵义县、桐梓县、绥阳县、正安州、仁怀县，原会理州于雍正六年入宁远府，雍正二年为避雍正皇帝讳改真安州为正安州。据此，《钦定皇舆全览》的成书或取材的时间下限不会晚于雍正二年。又《大清一统志》记四川顺庆府领州二县八：南充县、西充县、蓬州、营山县、仪陇县、广安州、渠县、大竹县、邻水县、岳池县，然《钦定皇舆全览》记顺庆府领州二县七，无岳池县。查岳池县于康熙七年并入广安州，六十年复置，属顺庆府。据此，《钦定皇舆全览》的成书或取材下限不会晚于康熙六十年。

作为一部全国性的大型地理志书，《钦定皇舆全览》在体例上与《大清一统志》迥然不同，颇具特色。《大清一统志》的体例，为“每省皆先立统部，冠以图表，首分野，次建置沿革，一次形势，次职官，次户口，次田赋，次名宦，皆统括一省也者。其诸府及直隶州又各立一表，所属诸县系焉，皆首分野，次建置沿革，次形势，次风俗，次城池，次学校，次户口，次田赋，次山川，次古迹，次关隘，次津梁，次堤堰，次陵墓，次寺观，次名宦，次人物、次流寓、次列女、次仙释、次土产……而外蕃及朝贡诸国别附录焉”（《四库全书总目》）。《钦定皇舆全览》的内容虽不如《大清一统志》广博，但也自成一体。该书以京师至各省州县道里为经，并录各省州县建置沿革、四至交界路程，古迹形胜附历代诗文，各地区之间的大小陆路、水路、山路、驿路及所经集镇关隘等，莫不一一详载。二书体例之所以不同，可能是因为其编纂的目的不同：《大清一统志》的编纂主要是为“资治”，而《皇舆全览》的编纂则主要是备皇帝巡游之需。

陶湘《清代殿本书目》记其所购《钦定皇舆全览》残本三十九卷时说：“是书当为康熙年刻”，并在其所编《故宫殿本书库现存目》中附书影四帧，谓该书“既为内府刻本，当不能只此一残帙而已，借印书影以事搜补”。四川大学图书馆新发现的这批散叶中相当大一部分已用宋字抄清，抄工精整，点画一丝不苟，其字体、版式与陶书书影相同，唯刊本中书名皆以框廓识之，而前者无。盖康熙时并未能刊刻全书，一部分书稿虽已抄好准备上板付刻而终未能刊印，这批新出稿本或者即属此类。

关于《钦定皇舆全览》一书的学术价值，前已言之，它成书于康熙时代，《大清一统志》的编修虽始于康熙二十五年，但其最后成书却是在乾隆以后，今日所能见到最早的本子也只是雍正重编残本（见王重民《中国善本书提要》）。因此，《钦定皇舆全览》实际上是现存清代最早的官修地理总志。就其内容而言，该书与《大清一统志》体例不同，所录各有侧重，如其水陆道里途程以及相关诗文等正是后者所略，二书完全可以相互补充，傅增湘先生于其《藏园群书经眼录》中谓《钦定皇舆全览》“编辑次第颇有法，采录尤为繁富，真有用之书”，诚哉斯言。

原载于《四川大学学报》（哲学社会科学版），1990 年第 1 期

西晋灭吴时日考异并中华版《晋书》校勘体例商兑

古书校勘整理,殊非易易。确定体例,诸本对勘之外,考证史事,补遗正讹尤为难事,请以西晋灭吴事证之。

西晋灭吴历程,古书记载纷繁,矛盾互见。诸书之中,尤以《晋书》所载最详,然矛盾亦最多。为便于讨论,姑不惮烦猥,抄录中华书局标点本《晋书·武帝纪》太康元年正月至五月之文字如下:

太康元年(即咸宁六年)春正月己丑(正月初一)朔,五色气冠日。癸丑(正月二十五日),王浑克吴寻阳、赖乡诸城,获吴武威将军周兴。

二月戊午(二月初一),王濬、唐彬等克丹杨城。庚申(二月初三),又克西陵,杀西陵都督、镇军将军留宪,征南将军成璩,西陵监郑广。壬戌(二月初五),濬又克夷道乐乡城,杀夷道监陆晏、水军都督陆景。甲戌(二月十七),杜预克江陵,斩吴江陵督伍延;平南将军胡奋克江安。于是诸军并进,乐乡、荆门诸戍相次来降。乙亥(二月十八),以濬为都督益、梁二州诸军事,……濬进破夏口、武昌,遂泛舟东下,所至皆平。王浑、周浚与吴丞相张悌战于版桥,大破之,斩悌及其将孙震、沈莹,传首洛阳。孙皓穷蹙请降,送玺绶于琅邪王伷。

三月壬寅,王濬以舟师至于建邺之石头,孙皓大惧,面缚舆榇,降于军门。濬杖节解缚焚榇,送于京都。……乙酉,大赦,改元,大酺五日,恤孤老困穷。

夏四月,河东、高平雨雹,伤秋稼。……

五月辛亥,封孙皓为归命侯,拜其太子为中郎,诸子为郎中。……

丙寅，帝临轩大会，引皓升殿，群臣咸称万岁。丁卯，荐酃渌酒于太庙。郡国六雹，伤秋稼。庚午，诏诸士卒年六十以上罢归于家。庚辰，以王濬为辅国大将军、襄阳侯，杜预当阳侯，王戎安丰侯，唐彬上庸侯，贾充、琅邪王伷以下增封。于是论功行封，赐公卿以下帛各有差。

壬寅，各本均作壬申，《太平御览》卷九十六引《晋书》文亦作"壬申"，唯《晋书·王濬传》作"壬寅，濬入于石头"。中华书局标点本《晋书·武帝纪》校勘记以为三月戊子朔，无壬申，并据《晋书·王濬传》濬入石头后上书中有"以十五日至秣陵"语，而壬寅恰为十五日，因改正文中壬申为壬寅。

力案，晋师灭吴，各书所记月份互有歧异，大致可分三月与四月二说。

言在三月者，最早记载当属《三国志·吴书三·三嗣主传》："四年春，立中山、代等十一王，大赦。濬、彬所至，则土崩瓦解，靡有御者。预又斩江陵督伍延，浑复斩丞相张悌、丹杨太守沈莹等，所在战克。三月丙寅，殿中亲近数百人叩头请皓杀岑昏，皓惶愦从之。戊辰，陶濬从武昌还，即引见，问水军消息，对曰：'蜀船皆小，今得二万兵，乘大船战，自足击之。'于是合众，授濬节钺。……壬申，王濬最先到，于是受皓之降，解缚焚榇，延请相见。"《晋书·武帝纪》所记略同。此外，杜预《春秋经传集解后序》有云："太康元年三月，吴寇始平，余自江陵还襄阳，解甲休兵。"按杜预为当事之人，而陈寿亦当时之人，其说自有相当的权威性。

三月之说，其矛盾在于干支日名之误。按咸宁六年三月戊子朔，以历推之则三月无丙寅、戊辰、壬申，故清潘眉《三国志考证》以三月戊子朔推之，十五日恰得壬寅，与《晋书·王濬传》"壬寅入于石头"合，因改"丙寅"为"丙辰"，并改戊辰为戊戌，改壬申为壬寅。此外，《晋书·武帝纪》除三月壬申外，乙酉及五月丙寅、丁卯、庚午、庚辰等干支日名亦皆与月份不能相应。

言在四月者，则有干宝《晋纪》等。《文选·晋纪总论》注、《辩亡论》注引干宝《晋纪》曰："咸宁五年十一月，命安东将军王浑、龙骧将军王濬帅巴、蜀之卒，浮江而下。太康元年四月，王濬鼓噪入于石头,吴主孙皓面缚舆榇降于濬。”干宝生活的年代去西晋灭吴不远,且其学识渊博,堪称通人,曾领修国史,其说亦自有根据。此外,沈约《宋书》、萧方等《三十国春秋》所记与干宝《晋纪》同。《宋书·五行志五》载:“晋武帝太康元年正月己丑朔,五色气冠日,自卯至酉。占曰:‘君道失明。丑主斗、牛,斗、牛为吴地。’是时孙皓淫暴,四月降。”(不过,《宋书·天文志一》又云:“太康元年三月,大破吴军,孙皓面缚请死,吴国遂亡。”与之相矛盾)《资治通鉴考异》引《三十国春秋》载:“四月甲子,王浑斩张悌。丙寅,杀岑昏,与何桢书。庚午,送降书。壬申,濬入石头。甲申,封归命侯。丁亥,至洛阳。”如依《晋纪》、《宋书》、《三十国春秋》,则月份与干支日名完全相合,并无矛盾。

西晋灭吴日程,北宋司马光等所见史料即已互有歧异,《资治通鉴考异》考之曰:“《皓传》:天纪四年三月丙寅,杀岑昏。戊辰,陶濬从武昌还。壬申,王濬到,受皓降。五月丁亥,集于京邑。四月甲申,封归命侯。《晋武纪》:太康元年二月,王濬等破武昌,王浑斩张悌。三月壬申,濬下石头,皓降。乙酉,大赦改元。四月,遣朱震等慰抚。五月辛亥,封归命侯。丙寅,引皓升殿,诏士卒六十归家。庚辰,以濬为辅国将军。《王濬传》:二月庚申,克西陵。又云:壬寅,濬入石头,而无月。又上书曰:臣十四日至牛渚,十五日至秣陵,亦无月。又曰:去二月武昌失守,皓左右皆得宝散走。《三十国春秋》:四月甲子,王浑斩张悌,丙寅,杀岑昏。与何桢书。庚午,送降书,壬申,濬入石头。甲申,封归命侯。五月丁亥,至洛阳。《晋春秋略》与之同。按《长历》,去年闰七月,今年二月戊午朔、三月戊子朔、四月丁巳朔、五月丁亥朔、六月丙辰朔,然则三月无戊辰、丙寅、壬申,五月无庚午、庚辰,与《吴志》、《晋书》不合。若依《三十国春秋》,月日虽合,然二月武昌失守,皓左右离散,不容四月十六日王濬乃至秣陵而皓降。又皓以四月十六日降,举家西上,至五月一日未能至洛。今事之先后,并依《吴志》、《晋书》,但削去其日之不与历合者。”

盖司马光等所考,亦未能究其根底,不过折衷异说而已。众说之中,有需特别注意者:诸家记载,尽管有三月、四月之异,但除《晋书·王濬传》外,干支日名几乎完全相同。案古书中干支日名之误与日月数字之误,所在恒有,如《三国志》、《晋书》等一段文字之中,竟有多个干支日名与月份不能相应,则显然月份错误的可能性要大得多。

综合《三国志·三嗣主传》、《晋书·武帝纪》、《三十国春秋》、《资治通鉴》等,姑作四月灭吴日程表以备参考:

正月二十五日(癸丑),王浑克吴寻阳、赖乡诸城(《晋书》)

二月初一(戊午),王濬、唐彬等克丹杨城(《晋书》、《资治通鉴》)

二月初三日(庚申),王濬、唐彬等克西陵(《晋书》、《资治通鉴》)

二月初五日(壬戌),王濬克荆门、夷道,杜预袭乐乡(《晋书》、《资治通鉴》)

二月初八日(乙丑),王濬击杀吴水军都督陆景(《资治通鉴》)

二月十七日(甲戌),杜预克江陵(《晋书》、《资治通鉴》)

二月十八日(乙亥),诏王濬都督益、梁二州诸军事(《晋书》、《资治通鉴》)

三月,吴丞相张悌等济江,围王浑部将城阳都尉张乔于杨荷,乔伪降,诸葛靓欲屠之,悌不许。(《资治通鉴》)

三月至四月,吴丞相张悌与晋王浑、周浚战于版桥,张乔自后夹击,吴兵大败(《资治通鉴》)

四月初八日(甲子),王浑斩张悌(《三十国春秋》)。

四月初十日(丙寅),孙皓杀岑昏(《三十国春秋》,事另见《三国志》)。

四月十二日(戊辰),陶濬从武昌还,欲乘大船与晋师战,明日当发,其夜众悉逃走(《三国志》)

四月十四日(庚午),王濬顺流将至,司马伷、王浑皆临近境。孙皓用光禄勋薛莹、中书令胡冲等计,分遣使奉降书于濬、伷、浑(《三十国春秋》。事另见《三国志》、《资治通鉴》)

四月十六日（壬申），王濬入石头，皓降（《三十国春秋》、《三国志》、《晋书》事在三月）

四月二十八日（甲申），诏赐孙皓爵归命侯（《三国志》、《资治通鉴》。《晋书》作五月辛亥，即五月二十五日）

四月二十九日（乙酉），晋大赦，改元（《资治通鉴》，《晋书·武帝纪》记其事在三月，然干支日名为乙酉）

五月初一日（丁亥），孙皓至洛阳。（《三国志》、《资治通鉴》）

五月初四日（庚寅），晋武帝会文武及四方使者，引见归命侯孙皓，孙皓对晋武帝及贾充之问（《资治通鉴》）

晋之灭吴究在三月或四月，今虽不敢必，以上所列，聊备异说而已。然窃以为中华书局标点本《晋书》"改字解经"之法殊不可取；一书之中，三月壬申、乙酉、五月丙寅、丁卯、庚午、庚辰，干支日名皆与月份不协，同类问题，或改或不改，似有体例不纯、顾此失彼之嫌；《三国志》与《晋书》，同为中华书局标点整理本，同一事件，同一问题，或改或不改，则恐徒滋纷扰。

古书问题多多，有可考者，亦有不可考者；有知其误并可考订者，亦有虽知其误而因书缺有间无从考订者，凡此种种，不如以照录原文并于存疑处另出校记更为稳妥。清代学者朱一新尝云："国朝人于校勘之学最精，而亦往往喜援他书以改本文。不知古人同述一事、同引一书，字句多有异同，如非今之校勘家，一字不敢窜易也。今人动以此律彼，专辄改订，使古书皆失真面目，此甚陋习，不可从。凡义可通者，即有他书显证，亦不得轻改。"（《无邪堂答问》卷三）此或者可以为古书校勘之通例欤？

原载《点校本"二十四史"及〈清史稿〉修订工程简报》第10期，又载《古籍整理出版情况简报》，2007年第9期（总第439期）

中国史学史上的正史与野史

在中国史学史上,“正史”与“野史”是两个常常被人们提到的名词,但由于它们的意义颇为含混,并且不断变化,很少有学者进行专门的研究。“正史”与“野史”的问题关系到了中国思想史与学术史上的一些重要问题,因此值得我们进行认真的探讨。

顾名思义,“正”即正统的、官方的;“野”即非正统的、民间的。因此,有不少学者将“正史”与“野史”与作者的身份等同起来,以官方所修之史为“正史”,以私人所修之史为“野史”,当代著名史学家谢国桢先生就说:“凡不是官修的史籍,而是由在野的文人学士以及贫士寒儒所写的历史纪闻,都可以说是野史笔记,也可以说是稗乘杂家。”[①]我们以为,“正史”与官史、“野史”与私史确有相当密切的关系,但二者却不能等同起来,其间的问题是相当复杂的。

官史与私史的分异,比“正史”与“野史”两个概念的出现要早得多;而在中国史学史上,官史与私史的分异,也有一个逐步演进的过程,并且它们之间也存在着不断变化的辩证关系。

中国自有文字以来,史学便已发生。《礼记·玉藻》谓天子“动则左史书之,言则右史书之,御瞽几声之上下”。《汉书·艺文志》亦云:

> 古之王者世有史官,君举必书,所以慎言行,昭法式也。左史记言,右史记事。事为《春秋》,言为《尚书》,帝王靡不同之。

言,主要是诰誓之类的官方文件,属于史料的范畴;事,即后世一般人所称的史书。《礼记·玉藻》和《汉书·艺文志》所说的左史与右史的分工,是史学发展到了一定阶段的情况,左史与右史所记的言与事,都属于官史的范畴。除了“王者”以外,一般的贵族也都有自己的历史记载。在甲骨文中,有所谓"家谱刻辞",记载了名"吹"的贵族十一代的世系,[②]这是今天我们所能见到的最早带有史书性质的东西了。1976 年陕西省扶风县法门公社周原宫庙遗址附近曾出土过大量的西周青铜器,其中《墙盘》铭文达二百八十二字,首叙西周文王、武王、成王、康王、昭王、穆王的重要史事,次叙作者高祖自"甲微"归顺周武王至作者时所经历的重大事件。[③]在许多商周青铜器中,都或多或少地记述了当时的一些重要史事。这些都是我们今天还能见到的历史文献。此外,自西周以来,贵族在宴饮、祭祀时常常要吟咏诗歌,这些诗歌后来被编辑起来,就是我们今天熟知的《诗》。在《诗》中,有相当多的诗篇如《雅》、《颂》的一些篇章,都追述了先代的历史,属于史诗的范畴。

甲骨刻辞、青铜器铭文和《诗》中的史诗,都只是些历史事件的记述,基本上没有反映出作者的历史观念,用今天的眼光来看,还算不上是严格意义上的"史学"著作。今日所能见到的最早算得上是"史学著作"的,就是春秋鲁国国史《春秋》。

春秋时期,各国之官史通名曰"《春秋》",如周之《春秋》、燕之《春秋》、宋之《春秋》、齐之《春秋》,晋之《春秋》等等,有些诸侯国史亦有专称,如晋之国史又曰《乘》、楚之国史曰《梼杌》。这些史书,都出于官方修纂,并且都有一定的编纂体例和叙事规则,这就是后来人们常常提到的"《春秋》书法"。"《春秋》书法"的一个重要原则,就是通过特定的文字来表达作者的思想感情和价值观。《春秋》宣公二年记:"秋九月乙丑,晋赵盾弑其君。"史载因晋灵公不君,大臣赵盾屡谏不听,并多次寻机刺杀赵盾,皆未果,后来反而被赵盾之弟赵穿[④]所杀。赵盾因避晋灵公之害而逃亡,尚未出晋境,即被赵穿迎回。《左传》记载说:"大史书曰:'赵盾弑其君',以示于朝。宣子(即赵盾)曰:'不然。'对曰:'子为正卿,亡不越境,反不讨贼,非子而谁?'……孔子曰:'董狐,古之良史也,书法不隐;赵宣子,古之良大夫也,为法受恶,惜也,越竟(境)乃免。'"《春秋》襄公二十五年又记:"夏五月乙亥,齐崔杼弑其君。"史载齐大臣崔杼娶齐棠公之遗孀,貌美,齐庄公多次到崔家与之通奸,并将崔杼之冠赐人,结果被崔杼杀死。于是"大史书曰：'崔杼弑其君。'崔子杀之。其弟嗣书，而死者二人。其弟又书，乃舍之。南史氏闻大史尽死，执简以往。闻既书矣，乃还"[⑤]。这两段著名的故事中，史官书"赵盾弑其君"、"崔杼弑其君"，所谓"弑"，根据"《春秋》书法"，即以下犯上，如臣杀君、子杀父等皆是。同时，在《春秋》中，"弑"的不同用法也具有不同的含义，如《公羊传》文公十八年："称国以弑者，众弑君之辞。"《左传》宣公四年："凡弑君称君，君无道也；称臣，臣之罪也。"宣公十八年："凡自内虐其君曰弑，自外曰戕。"此外，在叙事的详略、技巧等方面，都表现出了作者强烈的思想感情和历史观念。

春秋以前，官史与私史的界限并不像后世那样明显。因为，在春秋以前的宗法社会里，统治阶级内部的等级关系既是政治性的，又是血缘性的。《左传》桓公二年云："天子建国，诸侯立家，卿置侧室。"以血缘关系而言，国、家、室为亲属组织；以政治关系而言，则国、家、室皆为封建制度下的政权机构，因此诸侯之国史与大夫之家史就其家族而言为家族之私史，但对于社会而言，这些家族实际上就是一级政权组织，因此又都有官史的性质。至于如《春秋》等列国史官所修之史，则完全是官史，它们多深藏官府，除国君及大臣而外，一般人难以寓目。《左传》昭公二年载韩宣子聘鲁，方得"观书于太史氏"，见其所藏之"《易象》与《鲁春秋》"。

春秋末年，礼崩乐坏，世官世禄制解体，社会结构发生了很大的变化，一个以知识分子为主体的"士"成为一个独立的社会阶层，这大大推动了文化事业的发展，也推动了史学的进步。原来深藏于官府的官史散落民间，因此人们有机会接触到这些史书，孔子即曾以鲁国之《春秋》作为授徒的课本[⑥]，还有一些学者对春秋各国的官史进行过整理，并重新编订，《左传》便是其中最著名者。司马迁谓战国时"学者多称五帝，尚矣。然《尚书》独载尧以来，而百家言黄帝，其文不雅驯，荐绅先生难言之"[⑦]。所谓"言黄帝"之百家，大概都是当时学者纂修的历史著作。到了这时，才有了真正的私史。

官修史书，它所反映的史学观念一般是代表统治阶级立场的，因而常常被认为是正统的。但是，仅仅看到这一点是远远不够的。以《春秋》而论,"《春秋》书法"所反映的是一种封建的等级观念,它基本上是春秋时期各国官方和社会所公认的正统观念,但又并非官方意志的绝对体现,如前述晋国太史董狐、齐国太史和南史都能不畏权势,秉笔直书,他们的行动,与当时晋、齐两国的官方意志是有所不同的;同时,董狐等人的精神是超越时代的,它不仅受到了《左传》的作者崇敬,在以后的两千多年中,也一直被认为是中国优秀的史学传统,也是史学"正统"性的一个重要方面。从这个意义上说,"正史"与官史,虽然有一定的关联,但又完全是两个具有不同意义的概念。

在中国史学史上,"正统"的意义,主要体现在两个方面:一是被记述的王朝在统绪上的正统,二是史学著作中所表现出来的历史观念的正统。

关于王朝统绪上的正统观念,最早是从战国时期开始的。战国以前,在人们的思想观念中,夏、商、周皆一脉相承,虽然春秋时期王道微缺,但周王仍然是天下名义上的共主。到了战国时代,周王名义上的共主地位也丧失了,公元前334年,魏、齐徐州相王,其后各国相继称王,并开始了兼并战争。孟子曾有感于当时的形势,谓天下将"定于一"[⑧]。由谁来统一天下?这就产生了正统的问题。经过长期的战争,秦始皇统一了天下,不过"正统"的问题却给秦始皇带来了深深的困扰。秦人本起西戎,文化较之东方各国相对要落后一些,直至战国时秦国人还保留了一些为东方人所蔑视的习惯,所以秦始皇统一中国在不少东方人看来是"以夷乱夏"。《史记·六国年表》云:

> 秦既得意,烧天下《诗》、《书》,诸侯史记尤甚,为其有所刺讥也。

焚毁东方各国史书的目的就在于抹去人们对秦人历史的记忆,以维护秦王朝统治的"正统"性。同时,秦始皇用战国邹衍终始五德之说,从理论上证明其统治的正统性。史载:

> 秦始皇既并天下而帝,或曰:"黄帝得土德,黄龙地螾见。夏得木德,青龙止于郊,草木畅茂。殷得金德,银自山溢。周得火德,有赤乌之符。今秦变周,水德之时。昔秦文公出猎,获黑龙,此其水德之瑞。"于是秦更命河曰"德水",

以冬十月为年首，色上黑，度以六为名，音上大吕，事统上法。[9]

以秦为“水德”，并代周之“火德”，就是为了说明秦王朝在统绪上的正统性。此后，王朝的“正统”问题一直为统治者和史学家们所关注，特别是当几个政权并立时史书当以何为正统就了一个史家无法回避的问题。于此，饶宗颐先生曾进行过专门的研究[10]，不赘。

关于历史观念的正统，与前者相比，是一个更为复杂的问题。在中国古代，史学创作和存在的主要价值，并非在其记录的史实上，而在于它们所蕴含的思想观念，它们通常被人们视为一种通过“故事”来表达一定社会和一定社会群体行为规范的作品，其在伦理学上的价值，远远超过了在史学上的价值，此即《四库全书总目》所谓“苟无事迹，虽圣人不能作《春秋》；苟不知其事迹，虽以圣人读《春秋》，不知所以褒贬”[11]。以什么作为褒贬的标准，也就是采用什么样的历史观念。《四库全书总目》谓为《春秋》，这正触及到了中国古代史学史上历史观念中“正统”问题的核心。

自汉武帝“罢黜百家，独尊儒术”，儒家思想便成为社会上占统治地位的主流思想，学习和研究儒家经典的“经学”成为学术的主流，它几乎囊括了古代社会的一切科学，如哲学、伦理学、法学、文学、语言学、历史学、天文学、农学、工程技术等等。自汉以来的两千多年中，经学始终是封建社会中思想和学术的主流，虽然经学本身一直在发生着变化，但人们仍然总是站在各自的立场上，根据自己对经学的认识和诠释，并将其作为史学创作的指南和对历史事件、历史人物以及朝代更替、社会变化等进行分析和价值评判的标准。被列为儒家经典的《春秋》以其完善的体例、特别是“《春秋》书法”所蕴含的历史观念及其示范意义，对史学的发展产生了巨大的影响。

唐代史学家刘知几《史通·古今正史》述正统史学发展的渊源时说：

当周室微弱，诸侯力争，孔子应聘不遇，自卫而归。乃与鲁君子左丘明观书于太史氏，因鲁史记而作《春秋》。上遵周公遗制，下明将来之法。

《春秋》是否如刘氏之说为孔子所作，但《春秋》可以“明将来之法”，的确说明了正统史学与经学的关系。

除《春秋》以外，儒家最主要的经典《易》、《书》、《诗》、《礼》不仅本身就记述了先秦的一些历史事件，同时，经过后世儒者的诠释，对于史学研究来说，它们虽然不如《春秋》对后世史学那么直接和全面的影响，但对于史学家的思想同样有着重要的规范意义。

“六经皆史”是中国古代史学史和思想史上的一个重要命题，它实际上谈的就是经与史的关系问题。明代思想家王阳明曾说：“以事言谓之史，以道言谓之经，事即道，道即事。”⑫明末思想家李贽更是直截了当地提出：

经、史，一物也。史而不经，则为秽史矣，何以垂戒鉴乎？经而不史，则为说白话矣，何以彰事实乎？故《春秋》一经，春秋一时之史也；《诗经》、《书经》，二帝三王以来之史也。而《易经》则又示人以经之所自出，史之所从来，为道屡迁，变易匪常，不可以一定执也，故谓六经皆史可也。⑬

清代著名史学家章学诚，他在《文史通义》的卷首即开宗明义地提出了“六经皆史”的口号，并用大量文字讨论了经学与史学的关系，云：

史之大原本乎《春秋》，《春秋》之义昭乎笔削。笔削之义，不仅事具始末、文成规矩也。以夫子“义则窃取”之旨观之，固将纲纪天人，推明大道，所以通古今之变而成一家之言者，必有详人之所略，异人之所同，重人之所轻，而忽人之所谨，绳墨之所不可得而拘，类例之所不可得而泥，而后微茫杪忽之际有以独断于一心。及其书之成也，自然可以参天地而质鬼神，契前修而俟后圣，此家学之所以可贵也。⑭

对此，周予同先生曾分析道：在章氏看来，“六经之所以‘皆史’，是因为它是先王的‘政典’，其中有‘史意’存在，‘六经特圣人取此六种之史以垂训者耳’”，至于章氏《文史通义》外篇三《报孙渊如书》中所提到的“盈天地间凡涉著作之林皆是史学”，“虽和史学有关，但不具‘史意’，不足以‘经世’，只能称为史纂、史考、史例、史选、史评,而不得称为'史学'"[15]。周先生的这一见解是非常精辟的。无论是王阳明还是章学诚,他们所强调的都是历史与经学在"道"上的一致即史学观念的一致,只有与六经同"道"的,才是正统史家所承认的"史",而与"六经"不同"道"或所言未及于"道"者,则为"稗史"。

应该看到,随着时代的不同和社会的变化,六经的"道"和"史意"的内涵也在不断变化,因为,不同的时代有着不同的社会主流思想,人们对儒家经典的"微言大义"的认识自然也是不同的。与之相应,史学上的"正统"思想也是不断变化的。特别值得注意的是,在不同时代,不同阶层和有不同利益的人们总是站在自己的立场上来对"经义"进行阐释,因此,人们对"正统"的史学精神的认识是不同的。谁来认定"正统"的史学精神?一般情况下总是由最高的封建统治者来认定的,只有基于政治上与思想上的"正统"才能得到封建王朝的认可。《四库全书总目》所列之"正史"凡二十四种,均为皇帝"钦定","凡未经宸断者,则悉不滥登"。

经学对史学的影响,还表现在对史学地位的影响上。如前所述,经学的正式成立,在西汉以后,而史学在此之前即已达到了相当高的水平。由于汉代以后经学成为学术的主流,原本独立的史学,变成了经学的附庸。即使是原本纯粹是史学著作的《春秋》,也失去了自己的本色。周予同先生说:

> (《春秋》)不仅含有客观的时间、空间、人事历史的三大要素,而且无可否认的还含有史家的主观的史观。但是不幸得很,这部残缺的初期的历史竟被西汉的腐儒硬捆上经部的宝座。从这以后,史学家虽也曾继续地挣扎着,图谋史学的独立;虽也曾创立什么纪传、编年和纪事本末诸体,扩大史学的领土;但终于受了中国社会本质的限制,不是低头于学术上的权威的经典,就是屈膝于实际政治上的权威。[16]

从数量上看,《汉书·艺文志》仅著录史学著作六种,附著于"六艺"的《春秋》家。

东汉末年,郑玄兼采今古文说偏注诸经,混淆汉学家法,经学为之一变,清末学者皮锡瑞云:"经学盛于汉,汉亡而经学衰。"

“郑学出而汉学衰,王肃出而郑学亦衰。”[17]汉学的衰微表现在其学术上一统地位的削弱,这给历史学提供了良好的发展空间。明代学者胡应麟说:

> 夏、商以前,经即史也,《尚书》、《春秋》是已。至汉而人不任经矣,于是乎作史继之。魏、晋其业浸微,而其书浸盛,史遂析而别为经。[18]

胡氏已经看到了史学地位的消长与经学的盛衰是密切相关的。

东汉以后经学地位的变化,特别是三国时期战乱频仍,政权不断更替,一些学者将研究的重点转向了史学,因而史学著作的数量大增。西晋初,荀勖、张华编《中经新薄》,将天下书分为甲乙丙丁四部,丙部包括“史记、旧事、皇览簿、杂事”等。梁普通四年,阮孝绪纂《七录》,其《序》云:

> 刘(歆)、王(俭,刘宋时纂有《宋元徽元年四部目录》和《七志》)并以众史合于春秋,刘氏之世,史书甚寡,附见春秋,诚得其例。今众家记传,倍于经典,犹从此志,实为繁芜。

目录学为辨章学术、考镜源流之学,中国目录学上“四部分类法”的产生,说明历史学已从经学中分离了出来,逐渐恢复了它在学术上的独立地位。阮孝绪之《七录》“记传录”分国史部、注历部、旧事部、职官部、仪典部、法制部、伪史部、杂传部、鬼神部、土地部、谱状部、簿录部等。唐初所编之《隋书·经籍志》则将史部书分为正史、古史、杂史、霸史、起居注、旧事、职官、仪注、刑法、杂传、地理、谱系、簿录等,在中国目录学史上,第一次出现了“正史”之名。

《七录》之“国史”即是《隋书·经籍志》的“正史”。自《隋书·经籍志》到清代的《四库全书总目》,传统的史志目录大都设有“正史”一类,列入其中者,一般应具有三个基本条件:一是叙述的对象必须是“正统王朝”的历史;二是撰著者的思想观点必须是“正统”的;三是体例应该是纪传体史书。前二点我们已经作了分析,至于体例的问题,刘知几曾分析过纪传体的优点:

> 《史记》者,纪以包举大端,传以委曲细事,表以谱列年爵,志以总括遗漏,逮于天文、地理、国典、朝章,显隐必该,洪纤靡失。此其所以为长也。[19]

由于纪传体史书可以较为全面地叙述历史因革、人物传记和典章制度，适合纂修一代之全史，并且“人皆以纪传便于披阅”[20]，故《四库全书总目·史部·正史类·序》谓“正史体尊”。

与“正史”不同的是，在传统的史志目录中，“野史”从来就不是一个单独类别，它只是民间（甚至包括官方）的一种习语[21]。

中国传统的目录学与现代目录学有很大的不同，其分类原则是很不确定的。对于历史著作，既可以根据体裁进行分类，如纪传、编年、纪事本末；也可以根据文献的内容进行分类，如地理、时令、职官、政书、史评、目录等；也可以根据史料的来源进行分类，如史抄。除上述几种外，人们也根据自己的立场来对史学著作作出价值判断（包括思想的和学术的）并将其归入单独的类别，如“国史”、“正史”、“伪史”、“霸史”、“载记”、“别史”、“杂史”等。

《七录》之“伪史”，即《隋书·经籍志》之“霸史”。《隋书·经籍志》云：

> 自晋永嘉之乱，皇纲失驭，九州君长，据有中原者甚众。或推奉正朔，或假名窃号，然其君臣忠义之节，经国字民之务，盖亦勤矣。而当时臣子，亦各记录。

这些“假名窃号”之国的记录，就是《七录》之“伪史”和《隋书·经籍志》之“霸史”。清代官修之《四库全书总目》则改称为“载记”，并述其理由说：

> 五马南浮，中原云扰，偏方割据，各设史官，其事迹亦不容泯灭，故阮孝绪作《七录》，“伪史”立焉。《隋·志》改称“霸史”，《文献通考》则兼用二名。然年祀緜邈，文籍散佚，当时僭撰，久已无存，存于今者，大抵后人追记而已。曰‘霸’曰‘伪’，皆非其实也。案《后汉书·班固传》称撰平林新市公孙述事为载记，《史通》亦称平林、下江诸人《东观》列为‘载记’。又《晋书》附叙十六国，亦云‘载记’，是实立乎中朝以叙述列国之名。今采录《吴越春秋》以下述偏方僭乱遗迹者，准《东观汉纪》、《晋书》之例，总题曰“载记”，于义为允。惟《越史略》一书，为其国所自作，僭号纪年，真为伪史。然外方私记，不过附存以声罪示诛，足昭名分。固无庸为此数卷别区门目焉。

四库馆臣所谓的“载记”，都是指后世人所撰正统国家之外的历史，而“伪朝”人或站在“伪朝”的立场上所撰的“伪朝史”才是真正的“伪史”。文中所提到的《越史略》，乃为安南（今越南）之通史，《四库全书总目》说：“安南自宋以后，世共职贡，乃敢乘前代失驭之际，辄窃号国中，至著之简策，以妄自夸大，实悖谬不足采。”特别应该注意的是，《四库全书》所谓的“真伪史”，只此一种，收录的原因乃是为了“以著其罪，且以补《宋》、《元》二史《外国传》之所未备焉”。至于记述明朝边事者、明末清初之李自成、张献忠事迹者、清兵入关之事者以及南明历史者，数量十分巨大，但《四库全书总目》根本就不予著录，原因是这些书都是清朝政府严加禁毁的图书，当然不会提及，而这些书在清朝的官方文件里，都统称为“野史”，这在《清实录》等书中有很多的记载，例如《明季南略》一书，乾隆四十六年二月两江总督的奏文中称：该书“内纪福王僭位四、五两月事实，查系野史，应请禁毁”[②]。

“杂史”，《隋书·经籍志》云：

> 其属辞比事，皆不与《春秋》、《史记》、《汉书》相似，盖率尔而作，非史策之正也。灵、献之世，天下大乱，史官失其常守。博达之士，愍其废绝，各记闻见，以备遗忘。是后群才景慕，作者甚众。又自后汉已来，学者多钞撮旧史，自为一书，或起自人皇，或断之近代，亦各其志，而体制不经。又有委巷之说，迂怪妄诞，真虚莫测，然其大抵皆帝王之事。

《四库全书总目》之意基本相同，谓杂史为“大抵取其事系庙堂、语关军国，或但具一事之始末，非一代之全编，或但述一时之见闻，只一家之私记”。可见，“杂史”与“正史”的区别，主要在于“真实性”与“完整性”上，而真实性又往往同立场、观点有关。《四库全书》另有“别史”一类，乃依宋陈振孙《直斋书录解题》，“以处上不至于正史，下不至于杂史者”。

“野史”，或称“稗史”、“稗官”，《汉书·艺文志》云：“小说家者流，盖出于稗官。街谈巷语，道听涂说者之所造也。”唐颜师古注引如淳曰：“街谈巷说，其细碎之言也。王者欲知闾巷风俗，故立稗官使称说之。”稗官既是小说的同义语，也是野史的同义语。野史、稗官与小说等，这就给人们一种信息：它或者是“体制不经”，或者是“委巷之说，迂怪妄诞，真虚莫测”，它一般不具有思想上的教化作用，可能还是“异端诐说”，甚至“诋諆朝廷”，与“义与经配”的“正史”是不能相提并论的。

从今日所知最早名为“野史”的唐代《大和野史》起[23]，历代对“野史”的认识和界定都是非常宽泛的。就其内容而言，除去如《株林野史》之类的小说外，记述掌故、闻见的书可以称为“野史”[24]，私家纂修的胜国遗闻可以称为“野史”，宫闱秘史可以称为野史，前面提到的“诋毁本朝”和记述“伪朝”历史的更可称为“野史”。就其体裁而言，纪传体、编年体、纪事本末体、日记、考证等等都有。就史料来源而言，“野史”既可以是亲身闻见，也可以是道听途说。大致而言，与“正史”相对的“野史”主要指中国传统目录学上归入“霸史”（或“伪史”、“载记”）、“杂史”、“杂传”等类别的历史著作，也包括一些四部分类法中归入“子部杂家类杂考之属”的著作。

从表面上看，“正史”与“野史”是一个意义相对的概念，但是从史学史的角度来看，它们之间却有着非常密切的联系。司马光所撰《资治通鉴》，历来被视作正统史学，然其多取资野史，《纬略》称光作《通鉴》，“一事用三四出处纂成，用杂史诸书几二百二十二家”。关于野史与正史的关系及对野史的评价，清初学者潘耒云：

> 国史之敝，其由野史之杂乎？野史者，国史之权舆也。微野史，则国史无所依据。然古之书苦少，今之书苦多。古之作史者，难于网罗；今之作史者，难于裁择。汉魏多纂言之书，纪事者盖寡。六朝以降，稗官盛行，大抵齐谐志怪之流，不侵史事。宋元人著书，始多及朝政，后人因采以作史，史称最劣。至明而无人不有劄记，其见存者，无虑千百家，专纪时事者，尚三四百种，可谓多矣。然体亦滋杂，类多荒诞不根，鄙俚舛错，可裨正史供采掇者，十不得一二。其病原于世之文士，速求名而好著书，不得之目见耳闻，影响传说，辄著于篇，取增卷帙，资谈论而已，乱事实而误正史，不暇计也。夫所为作野史者，正以身不当史官之职，惧贤人杰士，奇节异能之日就泯没，故及时书之，以待后之人。苟不详慎，且将以吾

书之纰漏，而反疑所纪之人之事为虚，其害可胜道哉！善著书者则不然，必亲见其人，灼知其事，度非吾不能纪也，而后为书。必覆覈较量，无一言不核也，而后成书，斯其书可行于今，可据于后，即与国史相表里可也。[25]

潘氏所述中国古代野史发展的脉络大致不差。据潘氏之意，野史可补正史之阙，然只有"覆覈校量"，"无一言不核"者，方可与国史相表里。潘氏之师、明末清初著名的思想家、学者顾炎武尝纂《熹朝庙谅阴记事》、《三朝纪事阙文》、《圣朝记事》、《圣安纪事》等，虽其所据多为明朝邸报、政府文告，他自己也将其归入"正史"之列，但后人则视之为"野史"，这不但说明了"野史"与"正史"在史料来源上有着相似的地方，也说明了"野史"与"正史"之间的辩证关系。

前已言之，史学之脱立经学而独立，大约始于魏晋南北朝时期。"正史"与"野史"的分异，也开始于这一时期。在中国古代史上，野史纂作之风最盛的是魏晋南北朝时期、两宋之际、宋末元初、明末清初和清末民初。这几个时期恰好是中国历史上战乱频频、社会动荡最剧烈的时期，也是中国古代学术思想特别是经学发生重大转折的时期。宋南渡前后，野史甚多，《三朝北盟会编》仅记宋徽宗、钦宗、高宗数十年间事，即采录野史二百余种。明代后期，社会矛盾激化，民变屡生，党争迭起，至于明清鼎革，所造野史尤多，清初学者全祖望谓"明季野史凡千余家"[26]。顾炎武述其缘由云：

先朝之史，皆天子之大臣与侍从之官承命为之，而世莫得见。其藏书之所，曰皇史宬。每一帝崩，修实录，则请前一朝之书出之，以相对勘，非是，莫得见者。人间所传，止有《太祖实录》。国初人朴厚，不敢言朝廷事，而史学因以废失。正德以后，始有纂为一书附于野史者，大抵草泽之所闻，与事实绝远，而反行于世。世之不见实录者从而信之。万历中，天子荡然无讳，于是实录稍稍传写流布。至于光宗而十六朝之事具全，然其卷帙重大，非士大夫累数千金之家不能购，以是野史日盛，而谬悠之谈徧于海内。[27]

顾氏扬官修之实录而抑民间私修之野史虽不无可议，但谓野史之兴与明代社会风气变迁有关则颇有见地。正德之后，世人之敢言朝廷事而纂为野史，除了朝廷权威日蹇而外，也与思想的逐步开放有关[28]。至于明清易代，中原学者书清兵屠城之惨及亡国之痛、记南明之史寄故国之思者，更是这一时期"野史"大量创作的原因。

关于"野史"的地位和价值，历来人们就有不同的看法。这里面既有思想观念的问题，如前面提到的"正统史观"等等，也有纯学术的问题。许多史学家都注意到了野史多出于作者的亲见亲闻，但又颇感其言多鄙俚，事多不经，司马迁谓记黄帝以来之"百家言"为"不雅驯"，大概便是就其内容太离奇、不可信而言。刘知几云：

> 大抵偏纪小录之书，皆记即日当时之事，求诸国史，最为实录。然皆言多鄙朴，事罕圆备，终不能成其不刊，永播来叶，徒为后生作者削稿之资焉。[29]

章学诚云：

> 史乘而有稗官小说，专门著述而有语录说部，辞章泛应而有猥滥文集，皆末流之弊也。其中岂无可取！然如披沙检金，贵于精审，否则沿流忘源，汩其性而不可入德矣。[30]

至于"野史"与"正史"的史料价值，傅斯年先生曾指出："大约官书的记载关于年月、官职、地理等等，有簿可查有籍可录者，每校私记为确实；而私家记载对于一件事的来龙去脉，以及'内幕'，有些能说官书所不能说，或不敢说的。""官家的记载时而失之讳"，"私家的记载时而失之诬"[31]，这可以说是对"正史"与"野史"相当客观的评价了。

注释：

①《明清野史笔记概述》，载《明末清初的学风》，人民出版社，1982

②参见陈梦家先生《殷墟卜辞综述》第 499 页，科学出版社，1956

③参见徐中舒先生《西周墙盘铭文笺释》，《考古学报》1978 年第 2 期

④赵穿与赵盾的关系，史书所载互有歧异，《史记·晋世家》谓为赵盾之昆弟，此从之。

⑤《左传》宣公二年，通行本。

⑥参见徐中舒先生《左传的作者及其成书年代》，《历史教学》1962 年第 9 期。另见《左传选》，中华书局，1963；杨伯峻先生《春秋左传注·前言》，

中华书局,1981

⑦《史记·五帝本纪》中华书局标点本。

⑧《孟子·梁惠王上》通行本。

⑨《史记·封禅书》。

⑩详见《中国史学上之正统论》,上海远东出版社,1996

⑪《四库全书总目》卷四十五"史部总叙",中华书局影印本,1964

⑫《传习录上》,台湾商务印书馆影印文渊阁《四库全书》本,1986

⑬《焚书·读史·经史相为表里》,中华书局排印本,1975

⑭《文史通义》内篇四《答客问》上,仓修良新编本,上海古籍出版社,1993

⑮《章学诚"六经皆史说"初探》,《周予同经学史论著选集》(增订本)第714页,上海人民出版社,1996

⑯《治经与治史》,《周予同经学史论著选集》(增订本)第621页,上海人民出版社,1996

⑰《经学历史》五《经学中衰时代》,中华书局排印本,1959

⑱《少室山房笔丛》卷二《经籍会通》,中华书局,1958

⑲《史通》卷二《二体》,上海古籍出版社,1978

⑳《郡斋读书志校证》卷五《史类总论》,孙猛校证,上海古籍出版社,1990

㉑在明代高儒的《百川书志》"史部"有"野史"一类,但高氏本系一介武夫,其分类方法每每别出心裁,且其列为"野史"者,皆小说之类。清代学者周中孚批评该书说:"……然以道学编入经志,以传奇为外史、琐语为小史,俱编入史志,可乎?"(《郑堂读书记》卷三十二,中华书局影印商务印书馆《国学基本丛书》本,1993)

㉒雷梦辰编《清代各省禁书汇考》第66页,书目文献出版社,1989

㉓参见缪钺、胡昭曦先生《〈中国野史集成〉序言》,巴蜀书社,1993

㉔在宋代著名学者洪迈的《容斋随笔》中,多次提到"野史",包括以记述掌故和闻见为主的沈括的《梦溪笔谈》、孔毅的《野史》等。

㉕《遂初堂文集》卷六《交山平寇本末序》,《四库全书存目丛书》影印清康熙刻增修本.齐鲁书社,1997

㉖《鲒埼亭集外篇》卷四十四《与卢玉溪请借钞续表忠记书》,中华书局《四部丛刊》本,1929

㉗《亭林文集》卷五《书吴潘二子事》,中华书局《中国古典文学基本丛书》本,华忱之校点,1959

㉘参见拙著《中国图书史》第七章,台湾文津出版社,1996

㉙《史通》卷十《杂述》,上海古籍出版社,1978

㉚《文史通义》外篇一《立言有本》,仓修良新编本,上海古籍出版社,1993

㉛《史料论略》第二节《官家的记载对民间的记载》,《史料论略及其他》第26页,辽宁教育出版社《新世纪万有文库》本,1997

原载于《四川大学学报》,1999年第2期

中国文献编目规则序

中国是一个具有悠久历史的文明古国,几千年来文明的积淀表现在汗牛充栋的历史文献上。当文明发展到一定阶段,当文献积累到一定程度,自然就会出现对文明成果的分类与总结,对文献的整理、归类。在中国古代,第一次对文献的系统整理大概是从孔子开始的。传说孔子曾经编定六经,对《尚书》、《诗经》、《春秋》等文献进行过系统的整理。他对《春秋》进行整理时,特别强调对其文字表述的规范性,这就是所谓的"《春秋》书法"。"《春秋》书法"的一个重要原则,就是通过特定的文字来表达作者的思想感情和价值观,这与我们现在所说的基于客观描述的著录标准是完全不同的。到了西汉时期,由于文献的大量增加及使用的需要,西汉末年刘向、歆父子等人对皇家藏书进行了一次系统的整理,其内容包括篇目的选定、次序的编排以及文字的是正。除此之外,刘向等人还在各书前附上叙录,简单介绍各书的作者生平、学术渊源,并评介其思想内容。这种图书整理方法对后世影响极大,清代编纂的《四库全书总目》即参仿刘向叙录而成。这个传统,我们至今仍在部分沿用。

中国古代的文献整理工作,重视的是对内容的价值性判断,即清代学者章学诚所谓"辨章学术,考镜源流",因此对于文献的分类和提要是比较重视的。相反,对于文献著录的格式则不十分讲究。这种情况当然是与中国古代的历史文化传统有关的。

近代以来,不仅文献的数量激增,文献的内容、类型都发生了很大变化,特别是反映西方各种思想、各种学科、各种类型的文献纷纷进入中国,中国传统的文化价值观发生了动摇,在这种历史背景下,对不同思想、不同内容、不同类型的文献进行客观的描述逐渐成为文献整理工作最重要的原则。另一方面,随着中国图书馆事业的发展,文献资源的共知、共建、共享逐步成为人们的共识,对文献进行标准著录以便信息的交换、传播逐渐深入人心，因此标准化、规范化也成为图书馆员在进行文献整理时的一个基本原则。正是在这种背景下，按照西方现代编目思想进行文献著录规则的制订、修订，得到了业界的高度重视。自20世纪30年代初刘国钧先生编《中文图书编目条例草案》以及稍后的《国立中央图书馆编目规则》问世以来，不少的图书馆也都编制了本馆的文献编目规则。1996年，由黄俊贵先生主编、中国文献编目规则编撰小组编纂的《中国文献编目规则》问世，并成为全国情报文献工作标准化技术委员会、中国图书馆学会推荐使用的工具书，对于中国文献编目工作标准化、规范化产生了极大的推动作用。

《中国文献编目规则》出版近十年了，在这期间，中国的图书馆事业得到了飞速的发展，特别是随着现代技术的进步、国际交流的增加，又出现了许多新的问题需要解决。在这种情况下，根据业界的要求，2002年，由国家图书馆牵头，组织业内专家着手对《中国文献编目规则》1996年版进行修订补充。

《中国文献编目规则》应该如何修订？这本是编目专家考虑的问题。愚也不才，虽在图书馆供职有年，但对于文献编目尚未入门径。不过，作为一位图书馆工作者，也作为一位图书馆的使用者，对于图书馆文献编目的根本大法，在我想像中似应体现以下几点原则：

首先，《中国文献编目规则》，其适用范围虽然主要是中国文献，但其编制似应遵循国际化的原则。《中国文献编目规则》，从书名上限定了文献的内容是中国的文献，这表示中国文献与外国文献在形式与内容上都有其特殊性，因而二者应该是有所区别的。但是，中国是世界的一部分，就整个人类社会来说，一切知识构成了一个完整的体系，哪怕它内部有这样或那样的矛盾、差异，中国文献与外国文献都是整个人类知识体系的组成部分，因此，从总体上说，共同性是主要方面，而差异性则是次要方面。因此，在编纂、修订《中国文献编目规则》时，我以为首先应该体现中外文献的共性，只有将中外文献都置于一个大的框架内进行处理，才能给读者提供一个体系完整的文献信息服务平台。另一方面，中国文献的历史源远流长，它与外国文献由于历史传统的不同，即使是相同类型的文献，也有其不同的特征。如果一切照搬，全盘西化，不能体现中国文献的特色，必然也会背离在编目工作中对文献应该进行客观描述的原则。20 世纪 20 年代末到 30 年代初，刘国钧先生先后编制的《中国图书分类法》和《中国图书编目条例草案》之所以在此后的几十年里对中国图书馆界产生广泛而深远的影响，其根本原因就在于他很好地处理了文化民族性和时代性的关系。他的编目规则在充分尊重中国图书特点、解决中国特有问题的前提下，也充分体现了西方现代编目思想所倡导的描述的客观性、形式的规范性、概念的精确性和逻辑的严密性。我以为，刘国钧先生的思想和方法对于今天我们的《规则》修订工作依然具有很强的指导意义。

中国历史源远流长，文化多彩多姿，从甲骨金文，到竹简帛书，从碑帖拓片到线装古籍，不同类型的文献，自有不同的外部特征和内涵，既要根据每一种不同类型的文献作客观描述，但又不能将其完全割裂开来，求同存异，融会古今似乎也应该作为图书馆文献编目工作的原则。因此，《中国文献编目规则》，其适用范围还应该涵盖中国古代与现代不同类型的文献。

一部符合时代要求的《中国文献编目规则》，其适用范围还应该涵盖印刷型文献与非印刷型文献，涵盖实体型文献与数字型文献。近几十年来，从缩微胶片到音像制品，从实体文献到数字化的文献，科学技术的飞速发展使图书馆的文献结构发生了根本性的变化。对于读者来说，他们所关心的主要还是文献的内容，而非文献的存在形式。如何向读者完整地揭示所有的实体馆藏和虚拟的数字化馆藏，如何通过标准化的文献编目，实现全球范围内的资源共享，已经成为编目工作亟须解决的问题。

文献编目工作，说到底是一个文献的揭示工作。如何向读者完整、准确地揭示文献的内容，这是对编目人员最高的要求。

三年来，经过参与修订工作的专家们的辛勤工作，《中国文献编目规则》(修订版)就要与读者见面了。应本书主编富平、黄俊贵先生之命，聊缀数语，以为弁首。

原载于《中国文献编目规则(第二版)》，北京图书馆出版社，2005 年

《图说中国印刷史》书评

在世界文明史上，印刷术的发明既是文明发展到一定程度的产物，也是文明赖以继续发展的基础和动力之一。在至今仍然发挥作用的中国古代许多的发明中，印刷术可以说是中国对世界贡献最大的一项发明了。

中国印刷术的发明，经历了一个长期孕育、成长的过程。至迟到隋唐时代，印刷术就已经投入实际的应用，并对古代社会生活的各方面产生了重要的影响。印刷术的发明，使靠人手抄书的低效率劳动变成了能够“日传万纸”的批量复制，从形式上看是大大加快了文献复制和传播速度，但从实质上讲，印刷术的发明，不仅使许多不易传播的文献得到了一个有力的传播工具，而且改变了人们的学习、生活方式，这对社会发展的影响是不言而喻的。

中国的印刷术发明的隋唐时期，正值中国封建社会的鼎盛时期，也是中国古代历史上与国外文化交流最频繁的时期，日本、暹罗的遣唐使、留学生、僧人足迹几遍中国；通过丝绸之路，中国与中亚、西亚乃至更广大的地区经济与文化交流的规模出乎过去人们的想像。根据最近从新疆地区发现的一件唐代用希伯来文拼写的波斯语文书，说明了这一地区不仅波斯语等中亚地区的语言与汉文一样流行，甚至像希伯来文这样的语言也曾在当地流行。正是在这种广度与深度皆规模空前的中外文化交流的背景下，中国印刷术很快传到中国以外的地区。公元770年日本所刻《百万陀罗尼经》就是这种文化交流的产物。

现在我们研究中国古代的印刷术，当然不是要沉醉于祖先的荣耀之中。回顾中国古代印刷技术发明、发展的历程，不仅使我们对中华文化有更深刻、更全面的了解，同时，通过对中国印刷技术发明、发展过程特点、规律的分析，也有助于我们总结经验，规划未来。

印刷术既是一门技术、一门工艺，也是一种艺术。在印刷术发明以前，抄本是图书存在的一种主要形式，抄本当然自有抄本之美，但抄本之美，主要还是体现在抄书者的书法方面。与抄本不同，印刷图书有不同类型，有以字体之美见长者，有以刻工之美见长者，有以刷印之美见长者。不同时代，印刷图书展现出了不同的时代风格；不同地区所刻印的图书，也往往呈现出不同的地区风格；不同的刻印者，也有不同的刻印、装帧风格，至于活字、版画、套印等，表现书籍之美尤为突出。明末出现的“饾版”与“拱花”，更是将中国古代印刷技术推向了极致。明代十竹斋用此二法印制的《十竹斋画谱》与《十竹斋笺谱》设计典雅，印刷精美，《门外偶录》记载说：明代十竹斋的“良工十指皆工具也，指肉捺印有别指甲，指尖有别于拇指也”。印刷工人通过用手指的各不同部位施以力度、方向不同的按压，使印刷物上的不同颜色之间形成过渡色，让画面显得自然，鬼斧神工，令人叹为观止。

自然之美，在于其真实自然，和谐协调，神韵天成。书籍之美，则有形式之美，也有内在之美，二美俱在。当我们欣赏古书时，纸张之美、墨色之美、版式之美、刻工之美、印工之美、装帧之美、藏印之美与读书之乐融为一体，这是一个何等美妙的境界！

印刷术及印本图书的价值不仅表现在美学上，更表现在其所具有的文化内涵上。印刷技术是社会经济和文化发展到一定阶段的产物，印刷术发展及图书出版的状况也会直接或间接地反映社会生活的方方面面。明代藩刻图书在中国古代版印图书中是很有影响的一种类型，在这种现象的背后，实际上从一个侧面反映了明朝的中央王朝与各地藩王的一种政治关系；明代后期，经济上商品经济非常发达，政治上宦官专权，政治腐败，一向自命高雅的士大夫阶层在这种新的社会风气的影响下，人格上发生了重大的转变，他们或者结党集社，积极投身于政治活动特别是反对宦官专权的活动；或者归隐山林，沉醉于山水之间；或者出入于勾栏瓦舍，纵情声色，其创作的兴趣和爱好也转到了市民文学的创作上。在这种背景下，小说、戏曲的创作与出版都呈现出了空前繁荣的景象，长篇小说如《金瓶梅》，短篇小说如冯梦龙、凌蒙初等编写的“三言”、“二拍”，戏曲如徐渭的《四声猿》和汤显祖的“四梦”等等。为了吸引读者，明代刊刻的小说、剧本多附以精美的绣像插图，做到了“图文并茂”，这一方面反映了明代市民文学的繁荣，另一方面也展现了明代先进的印刷技术和繁荣的图书出版业。明代后期西方传教士进入中国，在印刷方面，也有充分的反映。利玛窦带来的一幅世界地图，仅在万历时期就被翻刻了十二次。

印刷术自隋唐见诸记载以来，历代都有学者论及印刷术及相关问题，不过多半只是一些零星的记述。对印刷术进行深入、系统的研究是在清末才出现的。清末民初叶德辉在《书林清话》中，对中国古代印刷术的技术、形式、特点、出版印刷的机构与个人、出版印刷的区域及其特征等等都有非常细致的考证。此外，孙毓修先生的《中国雕版源流考》、王国维先生的《简牍检署考》、《两浙古刊本考》、《五代两宋监本考》等都对中国古代印刷术有综合或者专题的研究。日本学者岛田翰等也都对印刷术有精深的研究。不过，上述这些研究，基本上还是属于传统版本学、文献学的范畴。

1925 年卡特所著《中国印刷术的发明及其西传》由美国哥伦比亚大学出版社出版，此书对中国古代印刷术进行了系统、全面的研究，指出了中国在造纸术和印刷术上对世界的贡献。这是一部用现代人的眼光对中国古代印刷术进行系统研究的学术著作。此后，以印刷史为研究主题的著作迭出，尤以张秀民先生的《中国印刷术的发明及其影响》影响最大。

中国古代印刷术的成果是如此的丰富、形式是如此的多样，如何形象地体现各个时期、各个地区印刷技术的成果？如何表现书籍之美？以书影的形式展现是最为直观的。清末学者杨守敬东渡日本寻访中国古籍，就其所见择其要者印成了《留真谱》，此后，《嘉业堂善本书影》、《铁琴铜剑楼书影》、《盋山书影》、《涉园所见宋版书影》等等也都竞相仿效，使许多公私秘藏能够不胫而走，让广大学者和公众有机会研究、欣赏。

前北京图书馆赵万里等先生编纂的《中国版刻图录》是第一部以图录的形式来系统展现中国古代印刷术成就的巨著，此书考订精详，书品宽大，印制精美，其学术成就及影响于此我们不必赘述。不过，由于历史的原因，《中国版刻图录》所选，仅限于中国内地所藏，其他如大英图书馆所藏中国已知最早有明确纪年的印刷品——唐懿宗咸通九年（公元868年）刻《金刚般若波罗蜜经》以及中国台湾所藏中国已知最早的套印本——元湖北江陵资福寺朱墨套印本《金刚般若波罗蜜经》亦仅在序言中提及，而书影则付阙如。至于在中国印刷术影响下产生的日本早期雕版印刷品《百万塔陀罗尼经》等更是未能收入其中。再者，《中国版刻图录》线装精印，使用对象主要是学术研究人员，对于那些对中国古代图书史与印刷史有兴趣的普通公众来说，恐怕多数都无缘家置一部，细细品玩。

日本静嘉堂文库典藏中国古籍最富，陆心源皕宋楼、十万卷楼、守先阁旧藏皆庋藏于此，两年前笔者曾登楼观览，睹我中华故物，不禁慨然久之。近日接奉静嘉堂文库库长米山寅太郎先生新作《图说中国印刷史》，拜读一过，获益良多。

米山寅太郎为东瀛汉学耆宿，著名语言学家，曾参与编纂《大汉和辞典》，并合作编纂了《广汉和辞典》、《大汉和辞典补卷》等著名汉语工具书。米山先生典守静嘉堂有年，与库中文物朝夕相处，然其搜访所及，则几遍天下。《图说中国印刷史》作为一部带有普及性质的印刷史著作，虽然其编纂之脉络大致不离前人所著印刷史、图书史轨范，但仍然有不少特点：

一、图文并茂。是书收录汉籍印本书影二百余幅，内容包括历代刻本、活字本、带图本、套印本，根据中国印刷发展的历史编排，图文互见。

二、收录范围广。《中国版刻图录》收书仅限中国大陆所藏，而此书则以日本所藏中国古籍为主，举凡中国大陆与台湾及韩国、欧美所藏亦采择收录其中，昔日散见各种书影专集、藏目之珍宝能够聚于一书，可释搜访之劳。

三、书中所附表、录及书后所附高桥智先生编纂之《中国印刷史略年表》颇便读者。

印刷史本属专门之学，但这个曾经对中国、日本及世界历史产生过重大影响的古代发明绝不应该仅仅是专家所研究的课题。

如何让专深的学术问题为大众了解，这也是学术界的责任。著名学者朱自清先生曾撰《经典常谈》，将中国古代最为复杂的学术问题用浅显的文字介绍给一般读者，深得学术界赞许。大专家写小书，普及文化，其意义不在学术专著之下，相信《图说中国印刷史》不仅会受到学者的关注，也会受到普通公众的欢迎。

日本古典研究会《汲古》第47号，2005年6月，《图说中国印刷史》2006年再版附

公共服务中的图书馆服务

当前,我国正处于社会转型期。在社会转型期中,完善公共服务体系已经作为树立科学发展观、构建和谐社会的一项重要内容而为学术界和各级政府所认同。公共图书馆以及具有一定公共服务职能的国家图书馆如何在社会转型期更好地履行自己的社会职能,如何认识和处理近几年来从国家图书馆到地方公共图书馆服务中激增的公共服务事件,这是一个为广大公众、图书馆工作者和图书馆学研究者所共同关注的问题。本文将从图书馆服务的根本属性——公共服务的角度来探讨有关问题,并对图书馆服务的一些基本原则提出自己的意见。

一、什么是公共服务

什么是"公共服务",这在学术界有不同的解释,但是,为公众提供公共物品服务是公共服务的主要内容,这一点是没有太大争议的。"人们在日常生活中主要消费着两大类物品:一类是私人物品,又叫做私人服务产品;另一类是公共物品,又叫做公共服务产品。私人服务产品主要是为了满足个人特殊需求,公共产品则主要是为了满足与社会上每个人都有利益关系的公共需求。一般认为,私人服务产品可以由市场机制主导供给;而公共服务产品由于其本身有比较特殊的性质(比如消费的非竞争性和非排他性、产品利益边界不清楚、投入成本和产出效益不成比例),就需要有政府来主导供给"[①]。

非排他性,是指某人使用公共物品,并不减少他人使用该公共物品的效用,即不排斥其他受益者。如每个公民都可以无差别地享受国防的安全服务、环境保护服务。非竞争性,是指公共物品具有"共享"性,当某种产品的消费者增加时,其供给成本并不因此而增加(边际成本为零)。如城市里的路灯,并不因为走路的人多了而增加成本。对于图书馆来说,许多服务项目都具有非排他性与非竞争性,如通过网络查询图书馆的书目数据、到馆的阅览服务等等。

由于公共服务具有消费的非排他性和受益的非竞争性(或有限的),服务的提供者很难准确地核算为受益人提供的利益,无法使每一个受益人公平地负担成本,因而无法收回成本并赚取利润。以利润最大化为目标的市场是不会提供这类服务的,这使得市场机制在这类服务中"失灵"。另一方面,公共服务的内容又是社会所不能缺少的,因此,提供公共服务是政府必须承担的职责。

从法学的角度来看,公共服务首先是基于人权保障的理念提出的。获得社会救济和福利、社会保障等公共服务是公民享有的基本权利,政府应该提供和保证。

从经济学的角度看,公共服务实质上是对社会资源的另一种分配形式。现代社会资源的分配,主要是由市场进行的,其分配的法则是市场规律,它所要解决的主要是经济发展的效率问题;而公共服务是针对市场的"失灵"的一种资源合理配置与调整,它所要解决的是市场机制所不能解决的问题,如国防、社会救济、公共保健与卫生、教育与文化等等,而这些问题又常常是关系到整个社会健康、和谐发展的,其分配的原则是公平。

关于公共服务的认识,有一个发展的过程。从19世纪末开始,公共行政理论中占主导地位的是对效率的追求。随着时代的发展,特别是科学技术的飞速发展,生产效率得到了极大的提高。这对人类社会进步的推动作用自然是无可置疑的,但另一方面,片面强调生产效率,也带来了许多社会问题。正是在这种背景下,1968年一群年轻的美国公共行政学者提出了新的公共行政学理论。与过去传统的公共行政理论强调以最少的投入取得最大产出的效率观不同,新公共行政学理论强调效率必须与公共利益、个人价值、平等自由等价值目标结合起来才有意义。"新公共行政学派"的创始人、美国学者弗雷德里克森在《新公共行政学》一书中指出:"社会公平包含着包括组织设计和管理形态在内的一系列价值取向的选择。社会公平强调政府提供服务的平等性;社会公平强调公共管理者在决策和组织推行过程中的责任与义务;社会公平强调对公众要求作出积极的回应而不是以追求行政组织自身需要满足为目的;社会公平还强调在公共行政的教学与研究中更注重与其他学科的交叉以实现对解决相关问题的期待……总之,倡导公共行政的社会公平是要推动政治权力以及经济福利转向社会中那些缺乏政治、经济资源支持、处于劣势境地的人们。”[②]新公共行政学理论基于社会公平与正义的原则强调了政府提供公共服务的重要性,无论是从外国的情况还是中国的情况来看,对于树立科学的发展观,构建和谐社会,新公共行政学理论值得我们注意。

根据世界一般的发展规律,一个国家在经济发展的早期,政府会在经济领域扮演更重要的角色,政府投资在社会总投资中所占的比例较大,在基础建设如道路、供水、电力等方面起主要作用。而随着经济的发展,政府的角色应该随之调整,政府的经济性支出比例将逐渐缩小,公共投资的重点将从经济领域逐步转向教育、卫生、环保、社会救济等公共服务方面。另一方面,前期由于大量的公共资源投向了经济建设,将会导致对公共服务投入不能协调增加而产生不足的问题,从而引发各种社会矛盾。例如,我国经济连续25年快速增长,但在公共医疗方面的财政投入却没有相应增加。1978年农村合作医疗的覆盖面是85%左右,而目前还不到20%[③]。近几年的一系列医卫事件的爆发,应当与此有着直接的关系。

对公共服务投入的不足,已经成为当前许多社会矛盾产生的重要原因,公共服务也成了当前最受各界关注的问题之一,成了政府工作的重点,科学的发展观、建立和谐社会也正是在这种背景下提出的。

公共服务是向公众提供公共物品的服务,公共物品依据其不同性质分为纯公共物品、混合性公共物品,对于不同类型的公共物品服务,应该有不同的政策与处理方法。

纯公共物品包括诸如外交、国防以及法律制度、市场机制的建立及维护、实现社会公正和保护公民的基本权利、社会救济、社会治安、环保、公共卫生、基础及尖端科学研究、义务教育、防灾减灾等等;混合性公共物品是指兼具公共物品和私人物品性质的物品,它既要由第三方提供而具有公共物品的性质,同时又不像路灯一样可以为每一个路人任意使用,具有某种私人物品的排他性和竞争性。这类物品包括一些资源性和工具性物品,如城市公共交通、公共图书馆及其他一些文化体育设施等等④。

纯公共物品应该全部由政府提供,而混合性公共物品的提供通常由政府委托隶属于政府的公用事业单位来提供,政府通常提供最基本的服务,为了避免拥挤和资源的过分消耗,同时也是为了保证公共资源的合理、公平使用,也可以根据非营利的原则对使用者收取成本费。

我们讨论公共服务的性质及其发展的一般规律,其目的在于说明,作为公共服务重要组成部分的图书馆服务应该如何定位;讨论公共物品的分类,目的在于弄清楚在图书馆服务实践中如何处理有关的关系,以及服务政策、服务方式、服务内容的制订的理论依据。

二、公共服务中的图书馆服务

正如许多学者所指出的那样,在社会转型期,政府的定位将发生很大变化,即从经济建设型政府向公共服务型政府转变。同时,由于社会转型期各种新的矛盾出现与复杂化,需要更多的公共服务以构建"和谐社会"。因此,对于公共图书馆来说,社会转型期既是一个很好的发展机遇,应该很好地把握这个机遇,找准自己的位置,履行自己的职责。另一方面,社会转型期是一个利益分化期、各种矛盾显现与爆发期,也是公民权利意识的觉醒期,需要我们重新检讨自己的服务内容与服务方式,否则,我们将面临越来越多的问题,从而影响图书馆职能的履行,影响图书馆事业的发展。

转型期的社会,是一个多样性的社会,不同的人,不同的人群,不同的社会阶层,对公共服务有不同的需求,对图书馆提供的服务也有不同的需求。如何在公共服务的框架下,在有限的资金与人力、物力的情况下尽可能满足这些要求或者平衡这些要求,是公共图书馆包括具有一定公共服务职能和应该直接为公共图书馆服务的国家图书馆需要认真考虑的。我们认为:作为公共服务重要组成部分的图书馆服务,应该体现如下几条基本原则,并在实践中根据具体情况制订相应的政策,开展相关的服务。

(一)公平原则

公共图书馆服务需要体现公平原则,这是一个没有争议的问题,关键是如何认识"公平"的"名"与"实"的关系,特别是在服务实践中处理形式上的"公平"与实质上的"公平"的关系。

在联合国教科文组织《公共图书馆宣言》的三个版本中,不分读者的身份、职业、宗教信仰、语言等等差别而向其提供平等的服务等等都是其最核心的内容。在一般图书馆工作人员的心目中,这一条似乎也是不容置疑的。但是,在中国传统的图书馆服务中,往往会由于制度与技术的设定使图书馆服务的公平性大打折扣。例如,在制度方面,图书馆在办理借阅证时采取的身份限制(使如凭工作证、户口本),这就是对公平性原则的极大损害。

所谓技术设定,是指图书馆在服务方式与服务手段方面的一些规定与习惯。由于事实上公共图书馆大多设立在城镇,对于远离城镇的农村人口来说,即或没有身份的限制,他们实际上也不可能享受图书馆的服务。

表面上看,制度与技术的设定都是不经意的结果,但实质上与中国几千年的等级观念和长期存在的城乡差别事实有着千丝万缕的联系。

当中国进入社会转型期后,公共图书馆的服务应该将注意力转向基层群众,特别是占人口大多数的农村居民。社会转型的一个重要标志就是城乡差别的缩小。一方面,随着经济的发展,我国社会人员的流动大大增加,据统计,现在进城的民工人数已达一亿五千万。大量农村人口进入城市,使得城市人口的结构较以前发生了很大的变化,这不能不对传统的公共图书馆服务产生重大的影响。

公共图书馆不是城市图书馆的同义词(尽管有些公共图书馆就是城市图书馆,如深圳图书馆),而是区域性、面向所有公众的图书馆。在存在巨大城乡差异的过去,公共图书馆几乎成了城市居民的专利，虽然过去也曾有过各种形式的送书下乡如流动图书馆、汽车图书馆等等，但与广大农村居民的实际需要相距甚远。随着人口流动的加速，大量民工进城，特别是随着公民权利意识的高涨，民工会问：在公共图书馆的财政投入中，没有我们的贡献吗？我们的权利如何保障？近年屡见报端的图书馆向民工送书的报道，也许是这些图书馆已经开始意识到：民工也需要读书，图书馆应该为他们服务。我们在表扬这些关注民工读书问题的图书馆时，还应该大声疾呼：民工有权利读书！向民工送书，不是对民工的恩惠，而是公共图书馆应该做的。向民工、所有非城市人口敞开大门，是每一个公共图书馆的责任和义务。

除了进城的民工需要公共图书馆服务以外，广大的农村居民也需要公共图书馆的服务。特别是在数字化、网络化时代，如何为消除由于城乡差别、经济发展水平差别而日益加深的数字鸿沟尽到图书馆人的责任，应该引起我们特别重视并在服务中采取切实有效的措施。2004 年 12 月 31 日中共中央、国务院公布了“关于进一步加强农村工作提高农业综合生产能力若干政策的意见”，其中第八条“提高农村劳动者素质，促进农民和农村社会全面发展”中指出，要“进一步发展农村教育、卫生、文化等社会事业。要落实新增教育、卫生、文化、计划生育等事业经费主要用于农村的规定，用于县以下的比例不低于 70% ……加大农村重大文化建设项目实施力度，完善农村公共文化服务体系，鼓励社会力量参与农村文化建设。巩固农村宣传文化阵地，加强农村文化市场管理。切实提高农村广播电视‘村村通’水平，做好送书下乡、电影放映、文化信息资源共享等工作”。公共图书馆为农民服务，应该从维护社会公平与公正、建立和谐社会的高度来认识。

公平性原则强调的不是形式上的公平。对于社会弱势群体来说，需要给予众多的关心甚至救助，使那些在社会竞争中处于劣势的人群能够享有与其他人群更为公平的机会，这也是公共服务最重要的一个职能。这些都需要体现在图书馆具体的服务中。

(二)公益性原则

公共图书馆服务是一种公益性服务，这也是一个没有争议的问题。但是，对公益性的理解，不仅公众认识不一，就是在图书馆界和图书馆学理论界,也有不同的认识。

不少人认为,公益性服务就是免费服务。这个意见是不对的。公益性服务不等于免费服务,公益性服务包括免费服务,也包括非营利性服务[5]。当然,营利性服务显然不属于公益性服务的范畴。

关于图书馆是否应该收费的问题,这是一个在图书馆界和图书馆学理论界长期争议的问题。范并思先生最近在一篇文章里引述了国外关于图书馆应该收费理论具有代表性的 J. Jaeger 先生的观点:①财政紧缩;②新技术导致服务成本大幅上升;③私有化趋势;④改善图书馆管理的需要;⑤保护知识产权的要求;⑥馆际互借。范先生则从公共图书馆精神的产生到信息时代所追求的理想的角度阐述了公共图书馆不应该收费的理由。[6]我们认为,上述两种观点都有其合理的一面,但也都有一定的片面性。一个没有注意到公共图书馆产生与存在的根本价值与其主要的社会职能,只是从某些服务操作层面的现象就事论事;另一个只是从公共图书馆精神的角度讨论了公共图书馆服务的根本宗旨。我们认为,公共图书馆的精神以及服务宗旨诚如范先生所言,但问题是,公共图书馆从诞生的那天起,服务内涵就在不断扩充、不断变化,如果我们不把公共图书馆的精神与对公共图书馆具体服务内容的分析结合起来,在讨论公共图书馆是否应该收费这个具体问题时就恐怕难免失之偏颇。

如前所述,公共图书馆的服务,属于混合性公共物品的服务,它所提供的服务也是多种多样的,有些服务属于纯公共物品的服务,例如对地方文化的保存与保护、文献的揭示服务、阅览服务等等,而另外一些服务,又带有一定的私人物品服务的性质,如文献复制、专题咨询等等。因此,从大的原则上说,凡是属于纯公共物品服务的部分,都应该是免费的,而对于某些具有一定私人物品性质的、服务受益对象明确、服务成本可以核算、带有可以计算的资源消耗的服务,则可以根据实际情况如政府拨款、社会捐款的情况采用免费或非营利的收费服务。

公共图书馆的开办、日常运行的基本费用都应该由政府提供,当然也包括机构和私人捐款(机构和私人捐款从实质上说也

是一种公共资源)。因此,公共图书馆主要的服务项目应该是免费的,这在联合国教科文组织的《公共图书馆宣言》中明确规定:

> 公共图书馆原则上应当免费服务。开办公共图书馆是地方和国家当局的责任,必须由国家和地方政府特别立法和财政拨款支持。它必须成为任何文化、信息提供、扫盲和教育的长期战略的一个主要组成部分。

在这个宣言中,强调了公共图书馆"原则上应当免费服务",但是,从这句话中我们也不难体会到,这并不意味着公共图书馆的所有服务都是免费的。我们应该特别注意,国务院颁布并已在2003年8月1日开始实施的《公共文化体育设施条例》有如下的表述:

> 公共文化体育设施管理单位提供服务可以适当收取费用,收费项目和标准应当经县级以上人民政府有关部门批准。
>
> 需要收取费用的公共文化体育设施管理单位,应当根据设施的功能、特点对学生、老年人、残疾人等免费或者优惠开放,具体办法由省、自治区、直辖市制定。

公共图书馆的收费,不仅仅是由于图书馆经费不足造成的,甚至在绝大多数发达国家,公共图书馆也普遍存在着收费服务。其实,问题的关键不是图书馆的某些服务该不该收费,而是哪些服务不该收费、哪些服务可以收费?可以收费的部分按什么标准收费?收费的方式与程序是否合理?收来的经费如何开支?这一切,如果我们将公共图书馆服务的性质定位于公共服务,那么至少从我们就可以理论上厘清思绪,并在实践中有针对性地向政府呼吁、在自己的服务工作中逐步规范自己的行为。

公共图书馆提供的公益服务包括免费与非营利的收费服务,这是比较容易理解的,但如何在具体的服务工作中操作,则是非常困难的。原因是,一方面,有一部分服务介于纯公共物品服务与私人物品服务之间,在资金不足的情况下图书馆通常会将此类服务定位于后者而实行收费服务,从而引发争议。另一方面,在实践中许多非营利性服务项目由于政府拨款不足而使其变成了营利性的服务。据统计,目前国内相当一部分省级公共图书馆运行经费的缺口达百分之二十至百分之三十,甚至更多。市县级公共图书馆这个问题就更为严峻了。为了保证图书馆最基本的运行,政府常常以"以收补支"的方式让这些图书馆通过一些服务项目收费来弥补整个图书馆运行资金不足的问题,其结果就是造成本来只应收取成本的非营利性服务变成了大大超出成本的营利性服务(如复印费过高等等),否则,图书馆哪有钱来补贴政府投入不足的那部分呢?此外,收费方式以及资金使用方式等等如同其他许多公共服务一样存在着这样和那样的问题,使得公共图书馆服务是否体现了公益性成了广受各界关注与批评的焦点。

我们认为,原则上属于基本的公共服务部分的,特别是政府拨款以及社会捐赠支持的服务,应该实行免费的服务;对于超出基本公共服务范围的,特别是专指性较强,即消费具有竞争性和排他性、产品利益边界清楚的服务特别是后者,应该实行非营利的收费服务,因为它们已经不属于公共服务产品的范畴了,如复印、打印,因为图书馆提供这类服务,受益对象清楚,会带来特别的并且可以计算的成本开销,如果不加以控制,进行成本核算,有可能导致公共资源的滥用。同时,个别人占用过多的公共资源本身也是不公平的。当然,这是一种理想的状态,必须是在政府保证足够的经费投入的情况下才是可行的。

(三)无差别原则

公共图书馆服务的"无差别原则",是基于图书馆公平原则提出的,它属于具体操作的层次,也就是说,公共图书馆基于公平原则服务的服务应该是一种无差别的服务,即对所有读者一视同仁,不能根据读者身份的不同而有所区别。

公共图书馆服务的无差别原则是由图书馆的相关管理制度来实现的。如何在图书馆的管理制度中体现服务的无差别原则,是一件在实践中很不易把握、容易引发争议的事。

图书馆是分类分级的。不同类型的图书馆应该履行不同的社会责任,服务于不同类型的人群,让各种资源(包括图书馆的文献资源、人力资源、馆舍资源等等)尽可能发挥最大的社会效益。因此,根据一般国际通行做法,会将图书馆分为不同类型,并赋予不同的服务职能。从表面上看,不同类型的图书馆针对不同对象的服务、提供不同内容或形式的服务与无差别原则是有冲突的,特别是不少读者并不清楚图书馆的分类分级特点,希望在任何一个图书馆享受所有服务,这是目前图书馆特别是国家图书馆和公共图书馆服务中遭遇到的一个非常普遍的问题。我们认为,分层服务是社会资源合理配置与合理使用的必然结果,它与无差别原则是没有矛盾的,问题的关键是如何在具体的服务政策制定、服务项目和服务方式的设置上体现无差别的原则,而不是简单地追求形式上的公平,正如王宗义先生在一篇文章中所指出的那样:一个大型图书馆虽然向所有市民甚至外地、外国的读者敞开大门,但真正能够获得比较充分服务的仅仅是居住在该图书馆周边的市民⑦。

目前比较普遍的做法是,在许多图书馆一馆之内,常常根据读者的身份区别来提供不同内容的服务,这是受读者批评最多的地方。我们认为,各级各类图书馆都有其专署的职能,这是社会与专业分工的需要,也是资源合理配置的需要。像美国国会图书馆、英国国家图书馆、中国国家图书馆,它们都是国家的总书库,承担着保存人类特别是本国文化遗产的重任。在服务方面,都要承担为国家立法机构服务的任务。同时,作为国家的书目数据中心,它们所编制的国家书目是为全国甚至全世界服务的,其重要性远远超出一般的读者服务。但是,无论大、中、小型图书馆,无论是国家图书馆还是一般的公共图书馆,都会或多或少地承担直接面向读者的服务,这类服务如果根据读者身份的不同、地域的不同而区别对待,的确有违平等的原则,也难以取得读者的谅解。理想的做法是,不同类型、不同级别的图书馆通过所提供的不同的服务内容和服务方式达到分层服务的目的,而不是通过身份的限制达到分层服务的目的。像法国国家图书馆那样只提供其他图书馆没有的文献服务,而不论读者的身份如何,是一个值得借鉴的做法。

图书馆服务中的无差别原则只是就办馆思想而言,绝不是指消极的、坐等读者上门、不考虑不同对象不同需求的"大锅饭"似的服务。

转型期的社会是多元的,不同的人群对于图书馆的需求也是不同的，我们现在暂时还不能想象很多农村居民会欣赏古典音乐，我们也不能想象城市居民会去读养猪养羊的书。如果图书馆不考虑本服务区不同类型读者的阅读习惯和需要提供有针对性的服务，要么是资源浪费，要么只是在无差别服务的幌子下的有差别服务。

关于“特色图书馆”。公共图书馆特别是基层的公共图书馆的服务内容是否应该具有特色，这个问题不能一概而论。如果本地区的民众需要有地方特色的服务，并且由于历史的原因或其他特别的原因，当然可以提供一般服务之外的特色服务，同时，这也是地方公共图书馆作为地方文献保存保护中心或资源共享的具体体现。但是，如果片面地、不适当地强调公共图书馆的特色服务，则与公共图书馆作为本地区公共服务内容之一的基本性质是背道而驰的。

（四）适度原则

所谓“适度原则”也是一个属于操作层次的东西，它是基于公共服务应该是一种有限的、主要以满足社会公众最基本的公共服务需求的性质提出的，意思是公共图书馆提供的服务应该是适度的，应该免费提供的必须免费提供，应该通过公益性收费提供的就应该按非营利的原则提供服务，不应该提供或者不应该由本级图书馆提供的就不提供，或者通过其他方式来满足读者的需求。

“适度原则”是基于图书馆的基本性质即保障公民公平获取信息权利提出的。“保障公民公平获取信息”本身就包含了这层意思：即图书馆的公益性服务是基于社会平均需求水平的，太少了，不公平；太多了，也是不公平。前面我们曾经提到，图书馆的服务是政府公共服务的一部分，因此，我们提出图书馆服务应该遵循适度原则就不难理解了。因为，公共服务应该是解决最基本的社会服务，而不是满足所有人的所有要求。这里需要特别指出，公共服务应该更多地关注社会的弱势群体，帮助他们增加在社会生活与经济生活中的竞争力是一种更高层次的公平。对于公共服务，任意扩大与任意缩小都是不对的。任意扩大，将会导致服务开支超出公共财政投入。同时，超出一般性需求服务的受益者常常是极少数人,少数人占有过多的公共资源实际上也是一种不公平。任意缩小更是不对的。任意缩小,它所影响的是图书馆存在的基础。因此,“适度原则”是根据公共服务是为满足社会基本的公共需求的特点提出的。

公益性服务的“适度原则”也是基于市场环境下如何保障图书馆与信息服务企业共同发展的目标提出的。在许多时候,当信息业发展,总是有一部分图书馆员感到恐慌和不安,怕信息业的发展有一天会取代图书馆的地位;同样,一部分信息服务企业也常常觊觎图书馆的“领地”,不过这些信息服务企业譬如打着“数字图书馆”招牌的信息服务企业,通常只不过是要借这块招牌来达到它的商业目的。这两种现象都是不好的。图书馆与信息服务企业是基于不同社会分工的机构,两者虽然有小部分服务内容可能有交叉,但总的来说是互补与互相促进的。图书馆不应该企图包揽一切,公共图书馆如果包揽一切,实际上是对公共资源的滥用,一方面不可能,另一方面如果超出了一定的界限,将会妨碍信息产业的发展,这对社会的发展也是不利的;信息产业也绝不可能取代图书馆,因为企业总是以营利为目标的,如果它能取代图书馆,那它就是一个慈善机构了。

必须指出,“适度原则”只是一个抽象的概念,其具体内涵会由于地区经济与社会发展水平和不断发展变化的情况来确定。在经济发达地区,政府对图书馆事业的投入相对较多,这意味着公民的税收较高(直接和间接的),那么,根据权利与义务对等的原则,免费的服务范围就应该更广,服务水平就应该更高,而绝不是利用这个原则去限制、缩小图书馆的公共服务范围、降低服务水平,达到满足本单位甚至个人的经济目的。

在谈到“适度原则”时,还有一个关系需要正确处理:公共服务所要求的基本服务与图书馆作为一个专业性很强的服务机构所提供的专业化服务之间的关系。关于这一点,我们将在后面讨论。

(五)资源与服务的共享原则

图书馆资源与服务的共享原则也是一个属于操作层次的原则,它是基于公共物品的“非排他性”与“非竞争性”的特点提出的，也是基于对社会资源合理配置与合理使用的要求提出的，它与前面提到的分层服务有着直接的关系。

图书馆，特别是基层的公共图书馆，它们所拥有和能够获取的资源是有限的。有限的资源只能提供最基本的服务。如果一个基层图书馆针对某些读者的某些特殊需求而提供特别的服务，显然不符合适度的原则，势必影响最基本的公共服务，损害其他普通读者的利益。但是，尽可能满足读者的需要，既是图书馆员应该坚守的职业道德，也是图书馆能够吸引读者、保证自身发展的需要。如何在有限的资源条件下既保证向每个服务对象提供最基本的、公平的服务，同时又能尽可能满足读者的需求？这就是共享原则所要解决的问题。

在资源与服务的共知、共建和共享中，共享是核心。没有共享，共知与共建也就失去了意义。

图书馆资源与服务的共建和共享，几乎从图书馆诞生的那天起就被提出了（图书馆本身也是社会资源共享的产物）。在中国，特别是20世纪50年代中期以后，资源共建和共享早已成了图书馆学研究中不可缺少的议题。但是，以往的资源共享主要是从文献利用的最大化与资金付出的最小化的角度来考虑，并没有很好地解决资源与服务共建和共享的法理依据及操作上的可行性问题，因此，共建与共享最终几乎成了一句空话。

讨论资源与服务的共享原则，不能只着眼于解决各图书馆经费不足的问题，而应该从图书馆的根本性质来考虑。资源共享原则的提出，首先是为了满足公民合理使用文献的要求，实现平等获取文献信息的权利，同时也是为了尽可能满足读者的个性化需求。图书馆的服务，既要体现公共服务向公民提供基本的文化服务这一原则，同时也要体现图书馆服务这一专业化服务自身的特点，当然，还要考虑社会资源的合理配置与合理使用问题。因此，图书馆资源与服务的共享原则与公平性原则、公益性原则、适度原则是一个不可分割的整体。

图书馆资源与服务的共享原则的提出是有其充分的法理依据的。从国家图书馆到各级公共图书馆，其运行经费主要来源于政府的税收，具体到每个地方的公共图书馆，主要是来源于本级政府所掌握的资金。但是,纳税人的直接和间接贡献并不只是反映在本级财政上,其中一部分作为国税已经上缴。从这个意义上说,"国家图书馆是每一个中国人的图书馆,应该为每个中国公民提供服务"的提法是完全正确的。一个村民,有权利要求乡镇图书馆为他提供服务,也有权利要求市县图书馆为他提供服务,也有权利要求省级图书馆为他提供服务,也有权利要求国家图书馆为他提供服务。但是,如何让公民的这个权利得以实现?让需要服务的读者都到省级图书馆甚至国家图书馆直接接受服务是不现实的,必须依靠基于共享原则上建立起来的分级分层的公共图书馆服务保障体系来实现。

新加坡的图书馆事业发展程度也许算不上世界最高水平,但它的分级的公共图书馆服务体系却堪称完善,效果也是很好的。在新加坡,除了作为国家图书馆的参考图书馆外,在其不大的国土范围内分布有四个区域图书馆,起着地区中心图书馆的作用。在一些居民聚居区,又有数十个社区图书馆与儿童图书馆。国家图书馆——区域图书馆——社区及儿童图书馆构成了一个完整的文献收藏与服务体系。同样,日本及其他一些国家也有类似的图书馆服务体系。

分级分层的服务主要是通过文献提供的方式(包括传统的邮寄方式及现代的网络通信方式)来进行的。对于文献提供所需要的成本,各个国家根据自己不同的情况有不同的处理方式,新加坡、日本等国分级分层的文献提供费用是由政府负担的,而像英国国家图书馆文献提供中心的文献提供服务则是一种非营利的服务,读者需要自付成本费用。

从20世纪50年代起,随着文献资源共享观念的提出,在全国范围内建立了以北京图书馆和上海图书馆为全国中心、各省图书馆作为本省中心图书馆以联系本地区公共图书馆及其他系统图书馆的协调机制。但是,在实际的运作中,这个分级的协调机制所从事的主要工作是藏书建设的协调,并没能发展成一个分级、分类藏书与服务的体系。我们认为,为了资源的合理利用,为了尽可能满足读者的需要,建立一套适合中国国情的分级、分类藏书与服务的图书馆体系的条件已经基本成熟。

我们认为，作为基层的公共图书馆，应该向所有的读者提供完全无差别的服务。而对于一个区域内的中心图书馆以及省级图书馆乃至国家图书馆，则应该根据其职能确定自己的工作重点。理想的做法是，建立一个国家图书馆——省级公共图书馆——市县级和乡镇图书馆的分层服务的保障体系，国家图书馆以各种形式的文献提供服务通过省级公共图书馆向该地区的基层公共图书馆的读者提供本省所不能提供的文献信息服务，并且通过图书馆学研究、各种专业标准、业务规范的编制、中高级图书馆员的进修培训等，为全国的图书馆界服务，真正起到“图书馆的图书馆”的作用；省级公共图书馆则通过向本省其他各级公共图书馆提供类似的文献提供服务，并且特别是在基层图书馆业务辅导、人员培训等方面提供重点服务。

需要特别指出的是，曾经有一段时间，不少人过高地估计了数字技术和网络技术对图书馆带来的影响，认为网络可以使信息无远弗届，随着数字图书馆的建立，人们可以在任何时间、任何地点自由地利用数字信息。因此，许多人在谈到数字图书馆建设时，将注意力更多地放到了资源的合作共建上，对于如何服务，则考虑得比较简单，似乎大家只要协调了资源建设，把各自的特色资源放在网上，就可以实现资源共享。但是，随着数字图书馆建设的深入，人们已经越来越清楚地认识到，数字化服务仍然是有条件、有限制的。知识产权保护的原则打碎了无限制使用数字信息的梦想。因此，即或是在网络化与数字化的环境下，文献信息的共建共享和分级的服务体系仍然是必需的。

（六）不断发展原则

公共图书馆服务属于公共服务的范畴，它所提供的服务应该是最基本的公共需求。但是，图书馆服务又是一项专业性、技术性很强的服务，为公众提供最基本的公共服务不等于低水平的服务，不应该只是传统的借还书服务，而是需要不断地将社会的变化、读者需求的变化、科学技术的发展结合起来，从图书馆内部管理到服务内容、服务方式、服务手段不断发展，与时俱进，很好地履行自己的社会职能，特别是在消除数字鸿沟方面作出图书馆人的贡献。

随着科学技术特别是数字技术、网络技术和信息处理技术的发展，图书馆的服务内容与服务方式都将会发生很大的变化。同时，外部世界的急剧变化会对图书馆产生什么样的影响，也需要我们对此有一个清醒的认识。不久前，当 Google 推出一系列服务项目并得到广大公众欢迎时，相当一部分图书馆员感到了竞争的恐慌，甚至提出："Google 正在架空图书馆"[⑧]；而一些图书馆的高层人士，也从保护文化多元化的角度对 Google 发出了猛烈的抨击。我们认为，Google 是一个时代的产物，没有 Google，也会有其他类似的东西出现，一切受公众欢迎的东西，都不应该是图书馆的敌人，如何将现代技术、包括商业产品引入图书馆的服务，把它们化为图书馆服务公众的助手而不是把它们当作对手，这是一个涉及到图书馆发展观的问题。保护文化多元化，最大的敌人不是 Google，而是我们自己，保护文化多元化，是各国、各民族自己的责任，我们不能因为自己的无所作为而责怪人家做得太多了。我们所要防范的是 Google 走向垄断；我们所要关心的是如何充实、提升自己的服务，通过不断发展使图书馆服务能够随着社会的进步而发展。

图书馆服务不断发展还需要正确处理好现代数字化信息服务与传统的实体文献借阅服务的关系，处理好大众性的一般借阅和各种形式的文献信息提供服务与参考咨询等专业化水平较高的服务。特别是后者，作为专指性较强，受益对象明确、具有一定的排他性与竞争性的服务，理论上应该通过非营利收费的形式来提供服务。但是，这类服务又常常是公共图书馆培养较高水平专业人员所必不可少的练兵活动。同时，对于一些事关本地区社会经济发展的专业性参考咨询服务、定题服务，它所产生的社会效益非一般的大众型服务所能比拟，因此不能简单地用收费方式来处理这类需求，因为简单的收费处理可能导致这部分业务的丢失，使图书馆的服务能力不能得到提高，在社会中的竞争力越来越弱。今天的专业化服务也许就是明天的大众化服务。因此，在强调为公众提供基本的公共服务的同时不能放弃让图书馆服务能力不断提高的机会，因为正如阮冈纳赞图书馆学五定律中所说："图书馆是一个不断生长的有机体。"

注释:

①马庆钰:"关于'公共服务'的解读",中国行政管理,2005 年第 2 期

②转引自丁煌编《西方行政学说史》第 310 页,武汉大学出版社,2004

③郭济:"坚持科学发展观 推进政府社会管理和公共服务改革——在 2004 年中国行政管理学会年会暨'政府社会管理和公共服务改革'理论研讨会上的讲话",中国行政管理,2004 年第 10 期

④参见马庆钰:"关于'公共服务'的解读",《中国行政管理》,2005 年第 2 期;马庆钰:"公共服务的几个基本理论问题",《中共中央党校学报》,2005 年第 2 期

⑤非营利性服务,指以完成确定的、公益性的任务为目标,不以通过服务获取利润或者利息为目的的服务。非营利性服务所产生的利润只能用于事业发展,而不得用于分配。

⑥范并思:"公共图书馆精神的时代辩护",《中国图书馆学报》,2004 年第 2 期

⑦王宗义:"'公共图书馆精神'的科学解读",《中国图书馆学报》,2004 年第 5 期

⑧2003 年环境扫描 . http://www. oclc. org/membership/escan/introduction/default. htm

原载于《中国图书馆学报》,2006 年第 1 期

纸本期刊与电子期刊：国家图书馆与公共图书馆的二难选择

随着科技的进步，图书馆的文献结构和服务方式正在发生迅速的变化，现在具有一定规模的图书馆馆藏文献中，已有相当部分文献是数字形式的，并且在整个馆藏结构中所占比例也呈逐年上升的趋势。

数字文献的出现，给图书馆带来了一场深刻的革命，尽管情况未必如有的学者提出的那样今后数字文献将取代纸本文献，但是毫无疑问，数字文献将越来越多，其使用会越来越普遍，在图书馆文献建设中所占的比重会越来越大，读者也越来越欢迎，换句话说，它将是图书馆今后的发展方向，因此有不少图书馆把文献建设的注意力更多地投向了数字文献。

在数字文献中，目前最受欢迎、使用最为广泛的是电子期刊。电子期刊以其庞大的信息量、强大的检索能力、不受时空限制的阅览条件特别是在信息的深层次揭示和重组等方面的优势引起了人们的重视，因此无论是在高校图书馆、科研机构图书馆还是在面向公众的国家图书馆、公共图书馆，都购买了相当数量的电子期刊，购买和保证电子期刊正常使用的经费支出占图书馆的总经费比例越来越高，这也从一个侧面反映出了电子期刊的优势与广阔的发展前景。

关于电子期刊的优点，已经有太多的文章进行过专门的论述，这里自不必多说。我们应该注意的是，在购买电子期刊的热潮中，也需要有一些冷静的思考与客观的分析，尤其是国家图书馆与公共图书馆由于其性质、任务特别是读者服务的特点，在电子期刊的购买、使用和保存方面还存在着不少具体的问题。如果需要在纸本期刊与电子期刊之间进行选择的话，国家图书馆与公共图书馆较之高校和科研机构图书馆更为艰难。

图书馆根据什么进行文献采选，尽管学术界对此有不同的认识①，但使用效率、购买成本、文献的积累与保存等都是我们进行文献采选时必须要考虑的问题。

问题一：电子期刊的选择与购买成本

电子期刊的选择是每一个图书馆都会遇到的问题。所谓选择，有些是图书馆主动进行的，犹如我们以前做的那样，采访人员根据本馆的性质和任务确定采选哪些文献，不采选哪些文献；有些则是被动的，譬如有些期刊本身就没有可选择的余地，例如它只有电子本，而没有纸本，如果必须入藏的话你只能采选电子本，没有选择的余地。还有一些原来是有纸本的，但由于种种原因，出版商停止了纸本期刊的出版，如果要继续订购，那么，没有选择，只有电子本。还有不少电子期刊，虽然名称与纸本期刊相同，但内容已经有了很大的不同，例如纸本的《工程索引》与电子本就很不相同。

与纸本期刊的选择相比较，我们对电子期刊内容的评估和采选控制更加困难了。过去我们完全可以根据每一种纸本期刊的学术水平、使用情况、价格等各方面因素的统计分析作出选择，因为它们是按种出版和销售的，而电子期刊的情况却大不相同。

目前图书馆所购买的电子期刊主要是一些大的出版集团和信息商提供的大型数据库，每个数据库常常包含了成百上千种电子期刊，例如著名的 Elsevier Science 全文期刊数据库，它汇集了1500 多种期刊，ProQuest 也是汇集了数千种期刊的文摘或全文，对于图书馆来说，要么不买，要么就得花很多的钱买下整个“库”的使用权，图书馆很少有选择的余地，虽然大量期刊集中在一起有利信息的检索与知识的重组，但却一方面造成了不必要的成本支出（虽然电子期刊的定价通常低于纸本期刊），另一方面也难免与图书馆的文献采选政策冲突、图书馆馆藏特点难以形成。以 Elsevier Science 全文期刊数据库为例，目前该数据库收录电子期刊1568 种（2003 年7 月21 日），其中663 种国家图书馆过去购买了纸本期刊，也就是说，其中将近1000 种是原来国家图书馆没有入藏的。在没有入藏的期刊中，有的是因为经费的问题，有的是因为馆藏传统的问题，有的则是由于文献采选政策的问题，例如农学、医学、地质等类不属国家图书馆的重点采选范围。大量的新增期刊入藏，一般而言当然是值得欢迎的，但是我们也应该看到，这也意味着图书馆不得不为它所不需要的期刊付钱。

上面的问题对各类型图书馆来说都是存在的，而下面几个问题在像国家图书馆、公共图书馆这类面向公众服务的图书馆表现得更为突出。

问题二：使用成本

这是与前一个问题是直接相关的。除了直接的购买成本外，电子期刊还有远较纸本期刊为高的使用成本问题②。

电子期刊最早是以光盘、磁盘阵列的形式出现的，现在仍应用较为广泛。光盘或磁盘阵列一般需要图书馆配备专门的设备，开支较大。随着网络数据库的出现，不仅读者使用与图书馆管理更为方便，在设备开支方面也有所减少。但无论怎样，电子期刊所需的一些基础设备加上必要的升级维护费，对于任何一个图书馆来说，仍是一笔不小的费用。对于国家图书馆及公共图书馆来说，除了与其他类型图书馆一样需要支付基础的费用以外，还有不少额外的开支，这些开支，通常是与目前电子期刊的使用方式相关的。

从目前的情况来看，网络型的电子期刊多数采用 IP 控制的方法来提供服务，在高校和研究院，读者除到图书馆查阅外，还可以在家里、宿舍和实验室等属于校园网、院局域网 IP 段的任何一台电脑上查阅资料，因此，图书馆在计算机阅读设备上的压力要小得多。而对于国家图书馆及公共图书馆来说，情况就完全不同了，它们的 IP 段就在其馆舍以内，读者要使用图书馆所订购的电子期刊必须到馆内来，同时由于目前多数馆还不具备让读者自带电脑随意上网的条件，因此在读者阅读终端的投入上，远远大于高校和科研机构图书馆。

问题三：使用效率

读者使用效率是评价文献使用价值最重要、最直接的途径，对于像电子期刊这种时效性较强、文献保存功能相对较差的文献,如何提高其使用效率是我们考虑的重点。在这一点上,国家图书馆及公共图书馆所面临的问题最大。

一般而言,由于国家图书馆及公共图书馆的特殊性,其专业性和学术性较强的纸本期刊的使用率通常也较高校和科研机构图书馆为低,但电子期刊加大了二者之间的差距。

按现在的电子期刊提供模式,图书馆所支付的是电子期刊的查阅、下载费,查阅、下载的次数越多,在价格不变的情况下,单位成本就越低。根据我们的调查,国家图书馆及公共图书馆在电子期刊的查阅、下载数量上,远远低于高校和专门图书馆,下面是国家图书馆与北京几家大学图书馆和科学院图书馆电子期刊使用的对照表。

2002 年国家图书馆与清华、中科院、北大图书馆
Elsevier Science 全文期刊数据库使用情况对照表

2002 年	国家图书馆	清华图书馆	中科院图书馆	北大图书馆	与清华比较%	与中科院比较%	与北大比较%
1 月	9584	358927	58838	51912	2.7	16	18
2 月	5301	57683	20548	19990	9.2	26	27
3 月	967	127624	75643	44276	0.7	1.2	2
4 月	1037	118273	78117	59284	0.9	1.3	1.7
5 月	6290	95319	64590	53071	6.6	9.7	12
6 月	10806	141541	68212	50573	7.6	16	21
7 月	1497	69142	89878	38958	2.1	1.7	3.8
8 月	952	73683	86535	29425	1.3	1.1	3.2
9 月	796	102493	153921	44146	0.78	0.52	1.8
10 月	1189	87728	116214	48311	1.4	1	2.5
11 月	9974	118389	145984	53927	8.4	6.8	18
12 月	11283	110871	162038	61395	10	7	18

2003 年 1—3 月国家图书馆与清华、中科院图书馆 CSA
(剑桥科学文摘)使用情况对照表

单位名称		国家图书馆	清华大学图书馆	中科院图书馆	与清华比较%	与中科院比较%
1 月	联网次数	68	955	1106	7.1	6.1
	检索次数	96	1726	2816	5.6	3.4
	请求数	560	12368	20786	4.5	2.7

(续表)

单位名称		国家图书馆	清华大学图书馆	中科院图书馆	与清华比较%	与中科院比较%
2月	联网次数	63	609	836	10	7.5
	检索次数	154	956	2075	16	7.4
	请求数	658	3830	13653	17	4.8
3月	联网次数	187	1277	3267	15	5.7
	检索次数	326	2235	4924	15	6.7
	请求数	1790	9970	32225	18	5.6
合计	联网次数	318	2841	5209	11	6.1
	检索次数	576	4917	9815	12	5.9
	请求数	3008	26168	66664	11	4.5

上面我们只是选择比较了少量具有代表性的电子期刊数据库的使用情况,其他电子期刊数据库的使用情况也都大致相同。当然,这个比较仅仅是从一些表面情况的分析作出的,至于每一次联网与点击率所包含的使用效率,由于比较复杂,我们难以作进一步的分析。

电子期刊在国家图书馆及公共图书馆里使用效率不高有三大主要原因:

一是目前电子期刊的类型和它们的适用对象问题。

前面我们曾经提到,目前国内图书馆所购买的电子期刊以集成性的期刊数据库为主,如国内的"中国期刊全文数据库"、"慧科中文报纸"、"维普中文科技期刊"以及国外的"EBSCO 电子期刊""ProQuest"、"Elsevier Science 全文期刊数据库"、"剑桥科学文摘"等都是包含大量专业性很强的期刊全文或文摘的大型数据库,定位于为学术研究服务。

由于电子期刊的这些特点,使其更符合高校和科研机构图书馆的需要,而对于面向公众的图书馆,情况就很不一样了。一般而言,需要这些专业性电子期刊的读者,多数在自己所在的单位里就能够获得,而到国家图书馆及公共图书馆来的,通常是一些单位规模较小的,或者仅仅是为了拾遗补缺,查阅本单位没有订购的少量的电子期刊。

读者对象的不确定性使得国家图书馆及公共图书馆在选择购买电子期刊时颇费思量:我们应该买什么样的电子期刊? 我们

为谁买电子期刊？虽然纸本期刊也有类似的问题，但电子期刊的问题显得更为突出。

二是读者培训的问题。

电子期刊的管理和利用，与传统的纸本期刊有很大的差异，它要求图书馆员有相当的现代图情知识，并且能随着科技的进步不断地进行知识更新。在这一点上，目前国家图书馆及公共图书馆与高校和科研机构图书馆有相当大的差距。另一方面，大多数的电子期刊，都需要对读者进行专门的培训。几年前笔者曾服务于高校图书馆，对此有着切身的感受：读者对电子期刊的利用水平，与相关的培训是直接相关的，学校图书馆每组织一次对电子资源利用的培训，单从点击率来看，就会上升许多。对于面向公众服务的图书馆来说，由于用户的不确定性和流动性，像高校那样对用户的集中培训几乎无法进行，这必然要大大影响电子期刊的使用效率。

三是使用方式问题。

高校或者科研机构图书馆，通常读者都可以在家里、宿舍里、实验室里通过校园网或本单位的局域网里很方便地使用本单位订购的电子期刊，而到国家图书馆及公共图书馆来的读者，都难免要经历一番车马劳顿，费时耗力。从读者的使用习惯来看，图书馆内阅览的环境也远远没有家里那样舒适[③]，这些都对国家图书馆及公共图书馆的读者使用电子期刊产生了不利的影响。更重要的是，前者电子期刊的使用几乎都是24小时不间断的，而后者大多仅仅限于开馆的8至12小时（甚至更短）以内，仅以使用的时间而言，就比前者少三分之一至二分之一。

毋庸讳言，在高校或科研机构图书馆，电子期刊的使用通常都是免费的，而在面向公众服务的图书馆，由于种种原因，大多数电子期刊的使用都是收费的，这也在一定程度上制约了读者的使用，从而影响了电子期刊的使用效率。

问题四：文献的长期保存

从文献的保存成本来看，这个问题是最小的，但从文献的安全性来看，这个问题是最大的。

电子期刊从最早的磁盘、光盘、磁盘阵列到目前最流行的网络化数据库，在这个变化的过程中，读者的使用越来越方便，但由于其载体形态从实物到虚拟，因此其安全性的问题越来越突出。

以实物为载体的电子期刊，由于是图书馆真实拥有的东西，因此似乎是比较安全的。但是，随着软、硬件的升级，若干年后，我们可能难以找到能够读写这些电子期刊的软、硬件。虽然人们在想办法对这些电子期刊进行随时的更新或者迁移，但一方面这些措施现在都还处于研究的阶段，在实际的操作中还有许多问题；另一方面对于中小型图书馆来说，由于它涉及到从技术到管理等方方面面的问题，目前根本就难以实施。

对于大型网络数据库来说，情况就更复杂了，因为绝大部分的网络数据库都不在订购馆，甚至不在国内，一旦发生非常事件，如自然灾害、战争或者数据库商破产，订购馆的使用权将会受到很大的影响。即使情况不那么严重，有一些问题仍然是存在的：例如图书馆如果不再续订，它以往所订购的信息如何继续使用？虽然有些数据库商也提出了一些解决办法或者作出某种承诺，例如提供订购年份的光盘（或裸数据），但实际上几乎没有可操作性。仅以电子期刊中附加信息的保存问题如跨库超文本链接如何处理而言，就是一个目前难以解决的问题[4]。

国家图书馆及公共图书馆在文献收藏和长期保存方面的要求一般来说比高校和科研机构图书馆高，因此，电子期刊的保存问题更令人忧虑。

以上仅仅是对国家图书馆及公共图书馆在纸本与电子期刊选择上所面临问题的一些表层分析，有些问题，如纸本期刊的使用，在国家图书馆及公共图书馆里原本就不如高校和科研机构图书馆，只是由于电子期刊在购买成本、使用成本较高以及长期保存方面所存在的问题，使得问题更为突出。至于如何解决这些问题，虽然各馆有各馆的具体情况，但一些问题是共同的，值得我们进一步探讨。

对策

1. 制订适当的采选政策，争取优惠的采购条件对电子期刊的内容、价格、使用方法特别是读者使用情况进行全面分析、客观评价,避免采选的盲目性,制订符合本馆实际需要的采选政策也是非常重要的。

从数字资源的发展历程来看,它们最早是从书目和目次等二次文献数据库发展起来的,全文型的数据库是近年才逐渐增多的。因此,一般图书馆都有大量的二次文献数据库,相对来说,一次文献数据库就要少得多,过去也有一些人士提出二次文献以购买电子文献为主,而全文则以纸质文献为主。从今天电子期刊的发展情况来看,这种观点似乎需要重新考虑。

目前许多二次文献数据库相互之间交叉重复很多,有些数据库以数量胜,有些数据库则以功能胜。兼收并蓄的办法从文献的合理使用来讲,笔者认为并不是一个好的办法,它不仅浪费资金,同时也给读者带来了麻烦。因此如何选择就是一个非常重要的问题,当然这也是提高数字文献使用效率最重要的一环。一次文献与二次文献的比例应该根据各馆的具体情况进行适当的配置,过去比较重视二次文献而忽视了一次文献,这也是影响数据库使用效率的一个重要原因。

由于国家图书馆及公共图书馆在电子期刊使用方面确实与高校和科研机构图书馆有很大的不同,因此向数据库商争取相对合理的采购价格或针对其服务特点的使用方式或计费方式也是非常重要的。

在一般的中心城市,都有相当数量的高校和科研机构,加强区域内资源的共建共享在今天仍然是非常必要。由于数字资源的特性,使得今天的资源共享可以在很大程度上避免传统纸质文献在馆际互借中出现的种种具体问题,具有广阔的发展前景。因此,加强文献资源的共建共享也是提高电子期刊使用效率的一个重要途径。

在电子期刊的长期保存问题没有得到有效解决的情况下,对于一些需要长期保存的期刊,应特别注意对纸本或缩微品的采选。

2. 改善服务

改善服务是解决问题最重要的途径和最有效的手段,我们可以考虑从下面两方面入手:

首先是改善读者查阅环境。

读者使用不便，包括上机的困难和对电子期刊数据库查阅方式不熟悉造成的不便，是国家图书馆及公共图书馆电子期刊利用率较低的重要原因。

在馆内建立无线局域网并辅以适当的管理方法，是解决读者上机不便以及图书馆在读者用计算机投入过大的有效措施。读者如果能在馆区内任何一个地方利用自己的便携电脑登陆上网查询电子期刊，既方便读者，也降低了图书馆的设备和管理开支，这是一个双赢的办法。

至于读者对电子期刊查阅方式不熟悉的问题，需要根据国家图书馆及公共图书馆读者不确定性和流动性的特点开展多种形式的培训来解决。

如果能在条件具备的情况下降低或取消读者查阅电子期刊的收费，相信是提高电子期刊利用率直接而有效的办法。

随着现代化的进程，图书馆的文献资源载体形态、使用方法的多样性越来越突出，读者使用不便是制约数字资源乃至整个馆藏资源使用效率最重要的原因之一。如何让馆内各种类型文献包括纸本文献、网络文献以及其他如缩微、光盘等等各种文献整合为一体，使读者能够通过统一的检索界面就能方便地查到所需文献，将大大地方便读者，从而提高文献的使用效率。像 ISI Web of Knowledge 那样提供“一站式”服务、将各种信息资源整合在一起并具有强大的跨库检索能力，同时兼具检索、提取、管理、分析与评价功能的综合性数据库是我们在选择数字资源时应该特别注意的。

其次改进读者服务方式。

当读者在利用电子期刊方面还存在诸多不便的情况下，单纯的被动服务即让读者自我服务势必会大大影响电子期刊的利用率。如果图书馆能改被动服务为主动服务，加强参考咨询工作和文献提供服务，这种情况必当有所改变。

电子期刊使我们对文献的管理从纸本时代的“种”、“篇”延伸到了知识单元，我们可以通过各种方式对信息进行深层次揭示与知识重组，这将大大提高参考咨询工作的质量，满足更多读者的需求;同时,电子期刊在检索、传播等方面的优势也是传统纸本文献所不能比拟的,图书馆员可以更充分地发挥自己的优势。这些变化,都为加强参考咨询和文献提供服务提供了有利的条件。以国家图书馆为例,在其电子期刊的使用中,有相当部分是由图书馆员通过文献提供、参考咨询的方式进行的,例如在参考部的咨询服务中,尤其是在前沿性的研究课题咨询中,80%至90%的课题使用了电子期刊;在报刊部中文刊的咨询服务中,使用的文献有80%为电子期刊;在中文报的咨询服务中,有80%是先查电子版,最后在提供给用户的文献中约30%为电子版;在外文报刊的咨询服务中,有90%是先查电子期刊,最后在提供给用户的文献中约50%为电子版;就是在以提供书刊实物为主的馆际与国际互借的典阅部文献提供中心,在提供的文献中也有12%为电子期刊[⑤]。这些事例证明了面向公众服务的图书馆要提高电子期刊的使用率,必须要进行主动服务。

注释:

① Cavan McCarthy: Selectiom Process: Theory—Collection Development course. http://mingo. info-science. uiowa. edu/mccarthy/coldev90policies3-rded. html

②纸本期刊也有管理和保存成本的问题,如编目、加工和书库存放以及书库管理等,但这些问题与电子期刊的情况不具可比性,这里不具体讨论。

③Cliff McKnight曾对读者在电子期刊的使用行为方面进行过调查和分析,得出了一些很有趣的结论,例如他根据辛普森的调查:有65%的受访者喜欢在家里阅读期刊,特别是在晚上(Simpson A. Academic journal usage. British Journal of Academic Librarianship, 1988,3(1):25—36);读者不喜欢正襟危坐地阅读期刊,喜欢常换位置,采取舒适的姿势阅读。参见:Cliff McKnight. What Do Users Think of Them?. http://www. dl. ulis. ac. jp/ISDL97/proceedings/mcknight. html

④关于数字文献的保存问题及研究状况,参见张晓林:《数字信息的长期保护问题》,载图书馆,2001年第5期

⑤以上数据由国家图书馆参考研究辅导部、报刊部、典阅部同仁提供,特此致谢。

原载于《中国图书馆学报》,2003年第6期

数字图书馆资源建设刍议
——兼论国家数字图书馆的资源建设

举国瞩目的国家图书馆二期工程暨国家数字图书馆工程即将正式开工建设,大家都在关心:我们将建设一个什么样的国家数字图书馆?

国家数字图书馆的建设涉及到方方面面的问题,资源建设是一个核心问题。因为,作为数字图书馆的基础,如何进行资源建设,将直接反映我们对数字图书馆建设的基本思路,将决定数字图书馆建设的技术路线。而国家数字图书馆资源建设方针的确定,又是基于我们对数字图书馆性质的认识,基于我们对"数字图书馆"与"传统图书馆"关系的认识,基于我们对读者需求的分析。

一、数字图书馆的定位与资源建设

1. 什么是"数字图书馆"

自从90年代初"数字图书馆"这一概念被提出后,关于其定义的争议就一直不断,争议的焦点之一,就是"数字"一词所强调的是资源的存在形式(或载体形态)还是资源的组织、服务模式?

"数字"如果强调的是资源的存在形式,则意味着数字图书馆的资源只能是数字化的,非数字化的资源并不包括在内;"数字"如果强调的是资源的组织及服务模式,则意味着数字图书馆的资源可以是数字化的,也可以是非数字化的,只要能够用数字技术来进行组织、管理和服务。

当"数字图书馆"这个概念刚提出时,人们为数字技术的神奇所倾倒,为数字技术对图书馆带来的变化和冲击所震撼,因此当一提到"数字图书馆"时,马上联想到的就是数字馆藏,许多图书馆在进行数字图书馆建设时,将注意力集中在了购进数字资源以及对馆藏资源的数字化方面。90年代中期以后，人们逐步发现，数字图书馆绝非像人们原先想象的那么简单，如果相应的服务理念与服务方式、资源的组织与管理模式不能适应数字时代的要求，再多的数字资源也不能构成一个理想的数字化的文献信息服务体系。

“数字图书馆”最本质的特征是什么？1997年3月美国国家科学基金会资助召开的“分散式知识工作环境”会议报告提出：“‘数字图书馆’的概念并不仅仅是一个拥有信息管理工具的数字收藏的同义语，它更是一个将收藏、服务和人融为一体以支持数据、信息和知识创造、传播、利用和保存的全过程。”[①]相比过去对于数字图书馆的认识仅仅着眼于数字馆藏，这一归纳显然要全面得多，它强调的是数字化的文献信息服务体系的建设。

我们完全同意将数字图书馆定义为一个将收藏、服务和人融为一体以支持数据、信息和知识创造、传播、利用和保存的全过程。不过，需要进一步明确的是，数字图书馆新型的文献信息服务体系是建立在完全数字化的馆藏之上，还是所有能够以数字形式表达及用数字手段进行管理的资源之上？这不是一个单纯的资源建设问题，它涉及到了我们如何认识所谓“传统图书馆”与“数字图书馆”关系，涉及到了数字图书馆将向读者提供什么样的文献信息服务。

2.“数字图书馆”与“传统图书馆”

人们常常将以收藏非数字文献为主的图书馆称之为“传统图书馆”，以与“数字图书馆”相对应。关于“数字图书馆”与“传统图书馆”的关系，现在至少有两种主要观点：

第一，“数字图书馆”是一种全新的图书馆模式，它与“传统图书馆”是不相干的，或者可以脱离“传统图书馆”的束缚，另辟蹊径。

第二，“数字图书馆”是“传统图书馆”的延续与发展，在资源建设、服务方式等诸方面对于“传统图书馆”既有继承，也有发展。

上述两种观点代表了对数字图书馆发展路线的两种不同认识，自然，两种认识下的资源建设方针也是不同的。

关于第一种观点,其最有力的证据就是不少自称为“数字图书馆”的商业数据库的存在。目前,国内外都有大量的商业数据库,内容涉及到人们学习、科研、生产以及社会、生活等方方面面,从资源的形态、来源、组织形式与服务方式都与“传统图书馆”几乎没有什么关系,“传统图书馆”也只是它的一个用户。不少人,特别是一些 IT 界、商界人士都把它当作“数字图书馆”的最佳标本。

其实,如果我们对这些商业数据库的性质、资源以及服务方式稍加分析,就不难发现,它们与“数字图书馆”是有着本质区别的。

从社会属性的角度来看,商业数据库是以市场为导向,以营利为目的,与以向民众提供平等的、公益或非营利的文献信息服务为导向的“数字图书馆”有着本质的不同。

从文献信息服务的角度来看,商业数据库与“数字图书馆”也有着不同的定位。商业数据库内容的选择是根据其商业价值决定的,虽然它们能够满足读者某些方面需要,但出于保护自身利益的需要,商业数据库常常采用各种技术与非技术手段对其内容进行保护,而这种保护的后果是数据内容以及技术的封闭性,因此,它们为读者提供的并不是一个完整的知识体系。“数字图书馆”则不同,它是一个开放式的庞大的文献信息保障体系,它那无限的包容性,可以通过资源自建、共建共享、市场购买等方式,将其他文献收藏机构、商业数据库甚至没有明确收藏单位的自由信息(如互联网上大量的自由信息)纳入其服务体系之中。数字图书馆的巨大包容性与开放性,是各种商业数据库所无法比拟的。

公益性、开放性是图书馆最本质的特征,当然也是数字图书馆最本质的特征。这是图书馆不因其发展阶段不同而变化的本质特征。

当然,也完全可以抛开“传统图书馆”已有的资源与服务体系,建立一个纯粹以数字化文献为内容的新的文献服务体系,作为支持第一种观点的理由。不过,如果从读者需求的角度来看,这仍然是有问题的。因为,人类的经验与知识(或者说显性的知识)是一个复杂的系统,完全数字化的资源并不能够反映人类所有的经验与知识。这一点,我们将在后面进行阐述。

关于第二种观点,是基于对图书馆发展历史的总结和分析得出的。众所周知,从图书馆诞生的那一天起,服务理念就随着社会的进步、读者需求的变化而发展变化,图书馆资源的内容、类型、管理方法、服务模式以及相关的技术也在不断地发展变化。特别是近代以来,随着技术的进步,照片、缩微品、音像资料等等都先后被纳入了图书馆的资源和服务范围,与之相应的管理方法和服务模式也随之发生了变化和改进。近几十年来,数字产品也逐步进入到了图书馆的资源体系与服务领域,从早期以数字方式揭示文献的计算机编目到后来 CD、LD、VCD、DVD 等数字化文献进入图书馆服务读者,再到今天通过网络来实现数字化的虚拟的信息服务,这一切是那么的自然、那么的顺利,"传统图书馆"所发生的变化是那么的巨大。"数字图书馆"也不过是这个变化过程的继续,并且,我们相信,"数字图书馆"本身从技术到管理和服务模式也会继续变化,以适应读者不断增长和变化的信息需求,我们还将迎来"后数字图书馆"时代,今天的"数字图书馆"就是明天的"传统图书馆"。图书馆不断发展变化的历程,印证了阮冈纳赞著名的"图书馆学五定律"中的论断:"图书馆是发展的有机体。"

我们同意第二种观点,"数字图书馆"是图书馆发展到数字时代的一种称谓,"数字图书馆"的资源建设与服务也是"传统图书馆"资源建设与服务的延续与发展。

对"传统图书馆"、"数字图书馆"的讨论,不是一个简单的概念之争,而是具有实质上的意义。如果我们只是将"传统图书馆"与"数字图书馆"看作区分图书馆发展史上不同阶段的称谓的话,我们会将"传统图书馆"已有的资源以及资源组织方法、服务等等都纳入到"数字图书馆"的体系之中,要做的工作是如何改进、完善,使之适应数字时代的服务理念,满足技术、管理和服务方式的各种要求。如果将"传统图书馆"、"数字图书馆"再加上所谓的"复合图书馆"[②]看做是可以割裂开来的几种图书馆类型的话,则势必在资源及资源组织、服务等诸多方面忽视它们之间的继承性，从而掉进张晓林教授所提醒的"分离陷阱"之中[③]。

3. 读者需求与数字图书馆的资源建设

读者需要什么？这是图书馆——不管是"传统图书馆"还是"数字图书馆"——一切工作的出发点和落脚点，也是确定数字图书馆资源建设的范围、目标的依据。

过去人们在谈到数字图书馆的资源建设时，讨论得最多的是如何将馆藏资源数字化以及如何以购买、采集和通过共建共享等方式获得馆外的数字资源，概括起来就是"馆藏资源数字化"与"社会资源馆藏化"[④]，关注的焦点集中在数字化的资源上。我们现在要提出的问题是：除了数字化的资源外，数字图书馆的资源体系中是否应该包括非数字化的资源？

从读者对文献信息需求的角度来看，通常他们首先关心的是文献内容本身，而不是载体形态，其次才是查询的方便性和阅读的舒适性。就内容而言，一般的非数字化文献和数字化文献并没有本质的区别，应该说二者各有千秋。以阅读的舒适性而言，非数字化文献特别是纸本文献目前远远胜于数字化文献；以检索的方便和对内容表现的丰富性如声频、视频等多媒体功能以及超文本链接、分析和统计功能等等而言，数字化文献则远远胜于非数字化文献，有些功能还是非数字化文献根本不能实现的。数字化的文献使我们对文献的管理得以突破对文献外在形式的描述或者内容表层次的抽象概述，从而深入到文献的每一个信息单元，并且让我们可以方便地对不同文献进行内容重组而形成新的知识。数字化文献的这些优势都是非数字化文献难以企及的。

也许有人会说，数字技术发展一日千里，终有一天数字化的文献将会完全取代非数字化的文献，因此，在数字图书馆建设时，就应该大力推进文献的数字化工作，让数字化的文献越来越多，最后完全取代非数字化的文献。我们不是未来学家，我们的后代是否将来有一天会生活在完全数字化的世界之中，现在我们实在难以想象。不过，在可以预见的将来，数字化的文献是难以完全取代非数字化文献的，将数字图书馆的资源建设仅仅局限在数字资源上，从理论到实践，都存在着问题。

数字化文献能否取代非数字化文献，关键是数字化文献本身在表达能力方面能否取代非数字化文献。人类已经有几千年的文明史了，已经积累了大量的非数字化文献，并且现在还在继续、甚至越来越多地产生非数字化文献，我们能否用数字化手段移植非数字化文献中所蕴含的所有信息？我们有无必要用数字化手段移植非数字化文献中所蕴含的所有信息？

首先，数字化文献不可能完全承载几千年人类文明史所积累的所有信息，也不能移植非数字化文献中所蕴含的所有信息。人类的经验与知识是一个不断积累的过程。在数字技术出现以前，人类所积累的经验与知识主要是通过实体文献特别是纸质文献来反映的。数字技术虽然具有很强的表达力，它能够以多媒体、虚拟现实等等手段表达以往实体文献所不能表达的东西，但它仍然是有缺陷甚至是有严重缺陷的。我们且不必以甲骨、青铜器、敦煌写本、宋元刊本、名人手稿这样一些特殊的文献来强调实体型文献的重要性，就是现在一般的图书，散发着油墨香味的书本给我们所带来的阅读的乐趣，也是数字化读物所不能提供的。

其次，我们也没有必要用数字手段去完全移植非数字化文献中所蕴含的所有信息。人类文明经过几千年的积累，各种实体型的非数字化文献的数量真正可以称得上是“汗牛充栋”了，并且这种积累还在与日俱增。从文献价值判断的角度来看，有些文献只是人类社会在发展进程中掠过的一片影子，它们悄悄地出现，最后又将悄无声息地消失，这些是我们不需要进行数字化的文献。但实际上，我们并不知道哪些属于这类文献，因为这类文献之被淘汰，完全是一种“自然选择”的结果。如果人为地选择哪些需要保存、哪些应该淘汰，由于每个人价值判断的标准不同，必然会出现问题，甚至是不可挽回的灾难。因为，我们在进行文献的数字化时，通常是有目的、有选择地进行的，即我们会选择那些我们重视的或经常使用的文献优先进行数字化，并且会依我们的主观判断排出一个先后顺序，不可避免，终会有一些文献直到它们的物理形态消失都不会被数字化（也就是说它们将会被淘汰）。问题的关键在于，并不是说没有被我们优先安排数字化的文献就不重要，只是我们暂时没有发现它们的重要性罢了。它们虽然没有被数字化，当人们需要的时候，仍然可以被利用。因此，始终有一些实体型文献会与数字化文献相伴。对于这些没有被数字化的文献，它们同样是构成人类经验与知识的重要组成部分，是人类社会所不可缺少的，它们与已经数字化的文献一道，构成了人类社会的一个庞大、有序的文献信息或知识体系。

再次，在可以预见的将来，实体型的非数字文献仍然是人类重要的信息与知识的来源。关于这一点，我们不必多说，因为现实的情况，以及通过对数字技术的出现以及“数字图书馆”概念提出之后到今天文献信息产生的规律与发展趋势的分析，我们已经清楚地看到了这一点。

最后，还有一个不应该被忽略的问题：直到现在，我们还没有找到一个能够解决数字资源长期保存的有效方法。

满足人们的文献信息需求，是所有图书馆的天职。现在我们所面临的是一个多元化的时代，文献信息本身是多元化的，读者对文献信息的需求也是多元化的，因此图书馆的服务也应该是多元化的。读者不仅需要数字化的文献，也需要非数字化的文献。“数字图书馆”作为今后图书馆的发展方向和追求目标，应该比过去的“传统图书馆”向读者提供更为全面、方便、快捷的服务。另一方面，从人类社会知识体系的角度来看，数字化的文献固然重要，但在可以预见的将来，它不可能包揽一切，各种非数字化文献与数字化文献一样，都是构成人类整个经验与知识体系的重要组成部分，它们将会以其各自不同的特点满足人类的不同需求。随着社会的进步与技术的发展，作为“传统图书馆”的延续与发展，“数字图书馆”本身应该具有更强的包容性，也有能力将更多的文献信息包括数字化和非数字化的纳入其服务体系之中。

基于上述认识，数字图书馆的资源建设不应该仅仅局限于数字化资源的建设，而应该其视野扩展到非数字化的资源上面[⑤]，不仅仅关注如何将馆藏资源数字化和将社会数字资源馆藏化的问题，也应该考虑如何将非数字资源纳入数字图书馆的资源体系之中。

4. 数字图书馆与非数字化资源

非数字化的资源既然在数字时代仍然是人类知识体系中重要的组成部分，自然也应该是数字图书馆资源体系中的重要组成部分,那么,在以数字为特征的数字图书馆中,如何将非数字化的资源纳入到数字图书馆的资源与服务体系之中?

非数字的资源纳入到数字图书馆的资源体系之中是完全可能的。数字图书馆的数字资源本身也是有多种类型的,每一种类型也都有适应其特点的加工和组织方法,因此数字图书馆对资源的处理必然是分层次、分类型的。对于数字图书馆复杂、多类型、多层次的资源加工、组织和服务体系来说,非数字化的资源只是其中的一种资源类型罢了。

目录学是一门很早就已经出现的学问,也是一种文献揭示与组织的方法。在较早的藏书楼或图书馆中,虽然文献的阅览仅仅限于藏书楼和图书馆内,但读者根据目录、提要等工具书不仅可以按图索骥,找到所需文献,同时,各种目录等工具书还可以让非到馆读者能够在一定程度上跨越时空的限制,获取文献的相关信息。因此,对文献的揭示(包括书目、目次、提要等等)不仅是读者利用馆藏文献的必要条件,也是解决读者异地利用文献最基本的方法。

在数字图书馆这一概念出现之前,图书馆就已经引入了数字技术对纸本、缩微制品、声像制品等实体型文献进行处理。早在上个世纪的60年代,OCLC就已经开始提供数字化的机读书目数据及联机联合编目。文献的计算机编目,是图书馆利用数字技术整合所藏文献的第一步,也是关键的一步。虽然它不像今天这样可以对文献进行完全的数字化以及对文献的内容进行数字化的重组,但它却通过其特有的标引方法,对非数字化文献最基本的特征甚至文献的基本观点、内容进行摘要报导,让不同载体形态的文献甚至不在同一个物理馆藏空间内的文献整合起来,通过联网查询并辅以馆际互借等文献提供方式,形成了一个面向读者的更大的信息服务网络。

在数字图书馆的框架下,我们对文献特征的认识和处理能力已经远远超过了过去,文献的组织方式与方法也已今非昔比,在用数字技术对各种类型的资源进行处理时,只要符合一定的数据整理与交换规则,相信就能非常容易地将不同类型的资源包括非数字化的资源与数字化的文献整合起来,形成一个统一的、分层次的、有不同类型的资源与服务体系。这样，读者通过计算机联机终端进行文献检索时，不仅能检索到完全数字化的文献，也能检索到尚未数字化的文献，从而根据需要与实际情况得到不同层次和不同形式的多元化服务。当然，数字技术的发展一日千里，随着数字图书馆建设的进行，我们将会有更多、更好的方法将各种文献有机地整合起来，从而为读者提供更多、更好的多元化服务，这也正是数字图书馆建设工作中需要重点研究的。

还有一个非常重要的问题需要说明："传统图书馆"与"数字图书馆"在资源建设上有什么不同？甚至说，用计算机管理的"传统图书馆"的资源是否就等于"数字图书馆"的资源？这实际上是如何理解"传统图书馆"的馆藏文献与"数字图书馆"的"馆藏文献"的问题。简言之，"数字图书馆"所管理的是文献的内容，而非文献的外在形式，被纳入到"数字图书馆"的资源体系之中的是"传统图书馆"文献的内容，而非文献的物理形态；如果不是按"数字图书馆"的资源组织模式去组织和管理的、没有被纳入到"数字图书馆"的服务体系之中的，当然就不是数字图书馆的资源，哪怕它是已经数字化了的资源。

二、国家数字图书馆的定位与资源建设

根据对数字图书馆性质的理解，我们在开展具体工作时，对数字图书馆资源建设的范围和思路就有了一个基本的把握。数字图书馆是一个跨地域、多馆、多机构合作构建的网络资源建设和服务体系，国家数字图书馆应该在这个体系中扮演一个什么样的角色？它的资源建设与其他建设单位相比有什么特点？这些问题取决于对国家数字图书馆的定位。我们认为：

1. 国家数字图书馆的建设是国家图书馆在数字化时代自身发展的需要与必然，国家数字图书馆的建设并不是在现在的国家图书馆之外去建立另一套文献信息的服务体系，它应该全面继承、发展国家图书馆的资源与服务，通过现代的管理方式和服务理念，采用现代数字技术，使国家图书馆的各种资源发挥更大的效益。

2. 国家数字图书馆是公益性的，这一定位决定了它在进行资

源建设时与各种商业性的文献信息提供商有着不同的重点和目的。国家数字图书馆的资源建设,应该是以满足公众公平获取信息的权利为根本目的。在具体的操作上,国家数字图书馆主要由国家图书馆来承建,因此应该根据国家图书馆的性质、任务来确定资源建设的重点,组织资源建设。构建一个内容丰富、使用方便、为国家立法与决策服务、为重点教学、科研和生产服务以及为普通公众服务的平台应该是国家数字图书馆的基本目标,国家数字图书馆的资源建设应该围绕这个目标来进行。保存和弘扬民族文化是国家图书馆的天职,这一职责当然也应该体现在国家数字图书馆的资源建设之中。利用现代化的手段来保存和弘扬民族文化遗产,有重点、有选择地进行数字资源的长期保存等等应该是国家数字图书馆资源建设的重点。

3. 国家数字图书馆的资源类型是多元的,它将包括数字化的资源以及凡是能够以数字方式来组织和服务的非数字化资源。换句话说,国家数字图书馆应该是一个以数字技术为手段、涵盖各种数字化与非数字化资源的文献信息服务体系。因此,国家数字图书馆的资源建设不应该仅仅是采集各种数字资源和将非数字的馆藏文献数字化,它还有一项非常重要的工作,就是通过有效的方法将非数字的各种文献纳入到数字图书馆的资源与服务体系之中。

在过去几年,国家图书馆已将馆藏两千多万件的非数字文献中的大部分纳入了计算机综合管理系统之中,这些文献通过书目级或目次级的标引以及其他方式,构成了一个能够以数字手段来进行初级管理和服务的知识体系,这将是今后国家数字图书馆最重要的资源建设与服务基础。今后的国家数字图书馆建设,应该在此基础上根据新的理念、新的技术进行功能扩展,把各种数字化与非数字化的资源整合起来,为读者提供有效的、全方位的服务。对于国家数字图书馆的资源建设来说,"数字"的意义在于能够以数字手段高效率、高质量地实现文献信息的内容服务或者现在人们常说的"知识服务",而非文献信息的物理形态,而非文献信息的物理表现形态。

4. 国家数字图书馆的资源建设是多源的。"传统图书馆"的资源建设基本上仅仅限于馆藏文献的建设，虽然以前的馆际互借方式也能够向读者提供馆藏以外的文献服务，但实际上是远远不能满足读者需求的。人类在进入数字化与网络化的时代以后，新技术大大地拓展图书馆资源建设和服务的范围，增强了图书馆服务的能力。在数字图书馆这个跨地域、多馆、多机构合作构建的资源建设和服务体系中，包含了不同的资源建设和服务单元，每一个单元都有它的社会分工与责任，有它的资源建设与服务的重点与特点，在资源建设问题上，“有所为，有所不为”应该是每个数字图书馆建设单位都应该遵循的原则。一方面，国家数字图书馆应该在尊重知识产权的前提下，根据开放、合作的理念，通过标准、规范和协作将多源的文献信息包括通过自建、购买、合作、共建共享等多渠道获得的资源纳入到国家数字图书馆的资源建设和服务体系之中；另一方面，国家数字图书馆的资源也将在整个数字图书馆网络中发挥骨干作用。

阮冈纳赞在前数字化时代提出的“图书馆学五定律”，非常精练地概括了图书馆的性质和服务工作的基本原则，在正向数字化时代迈进的今天，图书馆已经发生了巨大的变化，但阮冈纳赞提出的“图书馆学五定律”仍然具有旺盛的生命力，它不仅是“传统图书馆”所奉行的“金科玉律”，也是“数字图书馆”应该遵循的基本原则。“每个读者有其书”、“每本书有其读者”、“节省读者的时间”也将是国家数字图书馆建设所追求的目标。

注释：

①Report of the Santa Fe Planning Workshop on Distributed Knowledge Work Environments：Digital Libraries. http://www. si. umich. edu/SantaFe/

②“复合图书馆”是在“数字图书馆”概念之后出现的一个概念，关于它的内涵，在学术界尚有不同认识。基于我们对“传统图书馆”与“数字图书馆”之间关系的认识，我们并不赞成使用“复合图书馆”的概念。关于这一点，我们当另文说明。

③张晓林：“数字图书馆的工程化建设原则”，《图书情报工作》，2002 年第 5 期

④参见陈源蒸：“‘馆藏资源数字化’与‘社会资源馆藏化’的抉择”，《大学图书馆学报》，2000 年第 4 期

⑤秘书亮先生曾经提出：“应该将数字图书馆置于信息高度膨胀这样一个

大的背景下，考虑如何用最新的数字化技术手段对印刷版、光盘、网络版等不同载体、不同种类信息资源进行优化配置，最大限度地发挥不同资源，尤其是数字化资源的优势，为读者提供及时、有效的个别化服务。"参见"对数字图书馆建设的理性思考"，《图书馆学研究》，2001 年第 4 期

原载于《国家图书馆学刊》，2004 年第 4 期

论数字图书馆的多元化资源建设

资源建设[①]是数字图书馆建设的基础,这虽然早已是学术界的共识,但由于对数字图书馆的理解与认识不同,因此对资源建设的定位以及如何组织资源等等自然有不同的看法。如何认识数字图书馆资源建设问题,关系到数字图书馆的建设和今后的发展,需要认真加以研究。

一、数字图书馆:图书馆发展的阶段性产物

“数字图书馆”的概念是随着数字技术的发展而提出的。在其提出之初,人们对它抱有许多美好的幻想,期望在不久的将来,数字化的文献将会完全取代传统的纸质和其他实体型文献。那时,不少人认为,“数字图书馆”与“传统图书馆”完全是两个不相干甚至互相对立的概念,一些 IT 界的人士甚至自诩:技术将决定图书馆未来的发展,在“数字图书馆”的建设中,计算机工程师完全可以抛开图书馆员。

几年、十几年过去了,人们发现,数字技术的飞速发展和各种数字化文献的剧增,并没有取代传统纸质文献的迹象,在绝大多数的图书馆里,纸质文献的数量不仅没有减少,反而还有增长,甚至绝大部分的数字化信息都要依赖传统的图书馆员的整序和加工才能较好地发挥作用。一方面,新产生的数字化文献越来越紧密地与传统的纸介质及其他实体型文献结合起来;另一方面,传统的纸介质及其他实体型文献又越来越多地被数字化,数字化与非数字化文献的趋同性越来越明显。于是,人们慢慢地从狂热中冷静下来,以较为理性的态度来思考“数字图书馆”的建设以及未来图书馆的发展问题。

人们讨论得最多的问题是:“数字图书馆”的定义是什么?

它与“传统图书馆”是一个什么样的关系？

关于数字图书馆的定义，经过多年的讨论，人们的认识还是不尽相同。从数字图书馆的资源构成、管理方式到服务模式，众说纷纭，莫衷一是。1997 年 3 月美国国家科学基金会资助召开的“分散式知识工作环境”会议报告提出：“‘数字图书馆’的概念并不仅仅是一个拥有信息管理工具的数字收藏的同义语，它更是一个将收藏、服务和人融为一体以支持数据、信息和知识创造、传播、利用和保存的全过程。”②这一归纳虽然抽象，但却较为全面。它所强调的不仅仅是资源的数字化，也不仅仅是资源组织和发布形式的数字化，而是着眼于整个的文献信息服务体系的建设。

对于数字图书馆的定义，我们还可以从“数字图书馆”的一些基本特征的分析入手。

“数字图书馆”，顾名思义，它有两层最基本的含义：一是数字的，二是图书馆。数字，是说明其资源是以数字的形式存在或以数字方式组织与整合的，并且其管理与服务都有与之相应的特点；图书馆，一方面说明它是一种文献信息的收集、加工与服务机构或体系，另一方面也说明了它最基本的社会属性，即与互联网上的其他各种自由信息和商业化数据库是有区别的。

数字图书馆的资源与互联网上的各种自由信息的区别在于：第一，数字图书馆的信息是经过相关专家评估的、按一定规则与规范组织起来的，因此在信息的利用和重组等方面都有互联网上其他各种自由信息不可比拟的优势。第二，数字图书馆的资源建设是有计划进行的，具有不断的系统积累和可持续发展的特性，而互联网上的各种自由信息是无序的，其生命周期是非控的，也许某一天它会突然消失，同时，大量无效、重复信息也会严重干扰人们对所需信息的获取。

数字图书馆与商业化的数据库相比较，虽然二者所采用的技术手段以及对资源的组织、揭示可能相同或相似，但不同的是，商业化的数据库是以市场为导向，营利为目的，而数字图书馆从资源建设、组织到发布，都是以向民众提供平等的、公益或非营利的文献信息为导向。

数字图书馆与商业化的数据库除了社会属性不同外，二者在文献信息服务中所扮演的角色也是有根本区别的。就目前的情况而言,各种商业数据库都是一些专业性较强的,虽然也有一些综合性的数据库,但其所包含的信息仍然是有相当局限的。而数字图书馆则不同,在数字图书馆的资源与服务中,不仅集合了各种商业数据库,也包括了自建以及其他方式获得的各种类型的数据库。更重要的是,数字图书馆其实是一个开放式的庞大的文献信息的保障体系,它那无限的包容性,除本馆拥有的资源外,还可通过共享协议及相关技术手段将其他文献收藏单位甚至没有明确收藏单位的自由信息(如互联网上大量的自由信息)纳入其服务体系之中。数字图书馆的巨大包容性与开放性,是我们在进行数字图书馆资源建设时必须充分认识与把握的。

"数字图书馆"与"传统图书馆"的关系如何?如前所述,在"数字图书馆"这个概念提出之初,许多人是将二者看做是两个不相干甚至对立的东西。不过,若干年过去了,人们发现,推动"数字图书馆"建设的主力正是被认为要被它取代的"传统图书馆"。人们还发现,在理想的"数字图书馆"与"传统图书馆"之间,并没有一个绝对的分界线,"传统图书馆"越来越多地引进新的技术、新的管理方式、一步一步地迈向现代化的过程正是一个"数字化"的过程。在这种情况下,于是有学者提出了"复合图书馆"的概念。

1996年,英国学者苏顿(S. Sutton)第一次提出了"复合型图书馆"(hybrid library)的概念。苏顿将图书馆划分为四种类型,即传统型、自动化型、复合型、数字型。复合型图书馆是"印刷型信息和数字化信息之间的平衡并逐渐向数字化方向倾斜",复合型图书馆是传统图书馆向数字图书馆过渡的一个中间阶段[③]。苏顿"复合图书馆"的概念提出后,很快在学术界得到了普遍的关注。但是,不同的学者们对"复合图书馆"却有不同的解读。英国电子图书馆项目(UK Electronic Libraries [eLib] Programme)主持人克里斯·罗斯布里奇(Chris Rusbridge)认为:复合图书馆是现时图书馆发展的逻辑延续[④]。英国学者斯蒂芬·平菲尔茨(Stephen Pinfield)等学者也认为:复合图书馆是传统图书馆与数字图书馆之间的一个中间形态,纸本和电子的信息互为补充[⑤]。

两位学者是将复合图书馆置于图书馆发展史中来看待的。最早将"复合图书馆"这一概念介绍给国人的台湾学者顾敏教授却认为数字图书馆是"物质上的数位典藏加上实质上的数位服务"，而"复合图书馆是指目前新兴的电子图书馆与所谓的传统图书馆之间的复合"。"复合图书馆的时代，将维持相当长的一段时期。数位图书馆(包括数位典藏与数位服务)将不可避免地融入已经现代化的传统图书馆，这是一项准备，也是一个出发点。甚至不同载体的电子图书馆之间，也有如何复合的问题存在"⑥。在顾先生的表述中，显然是将数字图书馆作为一种全新的图书馆形式来看待的。

对"复合图书馆"的不同表述，反映了学者们对"数字图书馆"性质的不同认识。我们认为，将"复合图书馆"看作传统图书馆发展的逻辑延续是较为恰当的，同时，我们可以将"复合图书馆"看做是数字化程度不高的一种形态或者初级的"数字图书馆"，甚至放弃"复合图书馆"这个概念，直接将数字图书馆看做是传统图书馆的发展与延续，因为，"数字图书馆"本身就绝不是一个不变的东西，不同时代的数字图书馆也应该有不同的内涵与表现形式，在这一点上，它与"传统图书馆"并无二致。

图书馆从它诞生的那天起，随着社会和科技的进步，就一直处于不断的发展与变化之中，"数字图书馆"正是这一发展与变化过程中将要或正在出现的一种新的形态。

如果单从名称上看，"传统图书馆"和"现代图书馆"(或"数字图书馆")似乎完全是两种不同的东西，确实也有不少的人将之视为二物。对此，我们并不赞同。必须清楚，"传统"与"现代"都是抽象和相对的概念，同时也是内涵不断变化的概念。我们今天可以对过去的事物称之为"传统"的，而将来的某一天，人们也会称今天被认为是"现代"的东西为"传统"的。

至于"数字图书馆"的"数字"二字，它代表的是一种技术和手段以及由于这种技术与手段的应用而带来的服务方式的变化。在"数字图书馆"一词中，"数字"只是一个修饰语，而中心语是"图书馆"。数字技术的应用并没有从根本上改变"图书馆"的特性。并且，数字技术在图书馆的应用，乃是图书馆不断发展的必然结果。

图书馆是不断发展的。我们不用去细细追溯中国古代的兰台、古埃及亚历山大图书馆的历史，我们只需稍加注意就不难发现：从藏书机构出现的那一天起，其藏品内容、管理方式、服务模式以及相关的技术就在不断发展，特别是近代以来，随着技术的发展，照片、缩微、录音录像资料等等都先后被纳入了图书馆的收藏和服务范围，与之相应的新形式的服务也逐渐被应用，并不断地改进。近几十年来，数字产品也逐步进入到了图书馆的收藏与服务领域，从早期以数字方式揭示文献的计算机编目到后来CD、LD、VCD、DVD等数字化文献进入图书馆服务读者再到今天通过网络来实现数字化的虚拟的信息服务，这一切是那么的自然、那么的顺利。也是随着数字技术的发展，才有我们今天所谈的这个话题——"数字图书馆"。也许，今后随着社会和技术的进步，我们还将迎来"后数字图书馆时代"。图书馆所经历的这一系列的发展变化过程，印证了阮冈纳赞著名的"图书馆学五定律"中的一条："图书馆是发展的有机体。"

图书馆是发展的有机体，数字图书馆只是图书馆发展史上一个阶段性产物。因此，数字图书馆的建设不能离开传统的图书馆，数字图书馆的文献建设不能与已有的各种图书馆馆藏文献截然分开，不仅数字化的文献是数字图书馆资源建设的对象，过去的各种馆藏文献也要纳入数字图书馆的文献建设与服务体系之中，现在和将来出版的各种实体型文献同样要纳入数字图书馆的文献建设与服务体系之中。这一点，决定了数字图书馆在资源建设方面多元化的基本原则。这里，我们要对数字图书馆作一简要的定义："以数字方式或数字技术整合的各类型的资源与服务。"

二、读者需求与数字图书馆的多元化资源建设

图书馆的文献建设和管理、服务方式一直都处在不断的变化之中。那么，数字时代的到来，相比数字化时代之前，它将给我们带来什么样的变化呢？过去已经有许多学者对此专门研究，总结起来，不外乎图书馆的管理机制的变化、图书馆所藏文献形态的变化、图书馆服务方式的变化，唯一不变的是它是一个满足人们

精神生活、学习、创造的需要，满足人们公平获取信息的需要，而这不变的东西恰好是我们决定过去、现在和未来图书馆资源建设与服务最根本的依据。因此，数字图书馆的资源建设的基本思路应该是在满足读者文献信息需要的基础上结合各种变化的情况来考虑。

读者需要什么？这是图书馆——不管是“传统图书馆”还是“数字图书馆”——一切工作的出发点。

在目前图书馆的资源构成中，包含了两大类型的文献，一类是传统的实体型文献，如纸本图书、声像磁带、缩微制品等等。另一类是数字化的文献，它们是以数字来表达其内容的文献。对于读者来说，数字化文献有的具有一定的物理形态如CD，有的则没有如网络文献（其实也是有的，只是读者没有亲身感受到而已）。从读者利用的角度来看，通常他们首先关心的是文献内容本身，而不是载体形态。在这一点上，实体型的文献和数字化的文献并没有多大的区别。其次，读者对利用文献的方便性也是非常关心的。在这一点上，应该说实体型的文献和数字化的文献各有千秋。以阅读的舒适性而言，实体型文献特别是纸本文献远远胜于数字化文献；以检索的方便和对内容表现的丰富性而言，则是数字化文献胜，像声频、视频等多媒体功能等等则是纸本文献根本不能实现的。从目前的情况来看，无论是实体型的文献还是数字化的文献，都是读者需要的，二者是互补的，是不能相互取代的。

在目前的数字图书馆建设中，除了采集各种类型的数字化文献外，资源建设的另一个重要方面就是对图书馆原有的纸质文献及其他实体型文献进行数字化，国内一些机构和IT企业甚至已将几十万种传统的纸质图书数字化并且向世人提供数字化的服务。在这种情况下，有人甚至幻想，将来有一天几乎所有的文献都会被数字化，包括人类几千年文明史上流传下来的各种文献。基于这种推论，不少人将数字图书馆资源建设的眼光仅仅局限在数字资源上。

将数字图书馆的资源建设局限在数字资源上，从理论到实践，都存在着问题。

首先，即便所有文献都能以数字化的形式被表现或被复制，那也并不意味着人们将来会仅仅生活在数字之中。除了使用数字文献以外,人们同样也会使用非数字化的文献,哪怕它已经有了数字化的复制品。我们且不必以甲骨、青铜器、敦煌卷子、宋元刊本、名人手稿这样一些特殊的文献来强调实体型文献的重要性,就是现在一般的图书,散发着油墨香味的书本给我们所带来的阅读的乐趣,也是数字化读物所不能取代的。

再进一步分析,事实上我们也不可能也不必要将所有的文献数字化。

人类文明经过几千年的积累,各种实体型文献的数量真正可以称得上是“汗牛充栋”了,并且这种积累还在与日俱增。我们能否将其全部数字化,这取决于技术、人力、物力,也取决于我们对这些文献的价值判断。从技术与人力和物力方面的因素来看,我们不可能对其全部进行数字化,因此,始终有一些实体型文献会与数字化文献相伴。从文献价值判断的角度来看,我们也不需要将所有文献数字化。有些文献只是人类社会在发展进程中掠过的一片影子,它们悄悄地出现,最后又将悄无声息地消失,这些是我们不需要进行数字化的文献。问题在于,如果我们知道哪些属于这类文献,事情当然就简单了。但实际上,我们并不知道哪些属于这类文献,因为这种文献之被淘汰,完全是一种“自然选择”的结果,而人为选择的结果,常常会与自然选择的结果不同。因为,我们在进行文献的数字化时,通常是有目的、有选择地进行的,即我们会选择那些我们重视的或经常使用的文献优先进行数字化,并且会依我们的主观判断排出一个先后顺序,不可避免,终会有一些文献直到它们的物理形态消失都不会被数字化(也就是说它们将会被淘汰)。问题的关键在于,并不是说没有被我们优先安排数字化的文献就不重要,只是我们暂时没有发现它们的重要性罢了,它们同样是构成人类经验与知识的重要组成部分,是人类社会所不可缺少的,它们与已经数字化的文献一道,构成了人类社会的一个庞大、有序的文献信息或知识体系。从这个意义上讲,数字化的文献并不能涵盖人类知识与信息的全部。

满足人们的文献信息需求,是所有图书馆的天职。数字图书馆作为我们现在和将来追求的一种目标,应该比过去的“传统图书馆”向读者提供更为全面、方便、快捷的服务。在过去几十年,“传统图书馆”已经将纸质文献和其他载体的文献甚至数字化文献(如CD、LD以及像DIALOG数据库等等)纳入了它的服务体系之中。随着社会的进步与技术的发展,作为“传统图书馆”的延续与发展,数字图书馆本身具有更强的包容性,也有能力将更多的文献信息包括数字化和非数字化的纳入其服务体系之中。

三、数字图书馆多元化资源的整合与服务

有人也许会问,数字图书馆如何将非数字化的文献纳入其资源与服务体系之中?的确,数字化文献与非数字化文献无论是在物理形态、传播方式还是读者利用等方面都存在着巨大的差异。文献的数字化使得我们对文献的管理突破了文献外在形式的描述或者内容表层次的抽象概述而深入到文献的每一个信息单元,并且使得我们可以方便地对不同文献进行信息重组。数字化文献的这些优点都是非数字化文献难以达到甚至不可能实现的。但是,我们面临的是一个多元化的时代,读者对文献信息的需求是多元化的,文献信息本身也是多元化的,因此图书馆的服务也必须是多元化的。我们现在的技术手段、管理能力已经为我们管理多元化的文献信息提供了基本的条件,我们已经初步掌握了并正在不断完善将不同类型、不同载体、数字化与非数字化文献整合在一起的方法和工具。

在较早的藏书楼或图书馆模式中,虽然文献的阅览仅仅限于藏书楼和图书馆内,但由于对其藏书的揭示(如书目、提要等等)却使得读者能够在一定程度跨越时空的限制,获取文献的相关信息。因此,对文献的揭示(包括书目、目次、提要等等)不仅是读者利用馆藏文献必要条件,也是解决读者异地利用文献最基本的方法。近代出现的文献联合编目,甚至可以将许多藏书机构的文献在一定程度上融为一体,从而为实现跨地域的文献信息的共享创造了条件。

在数字图书馆这一概念出现之前,图书馆就已经引入了数字技术对文献进行编目。早在上个世纪的60年代,OCLC就已经开始提供数字化的机读书目数据及联机联合编目。文献的计算

机编目,是图书馆所藏文献数字化的第一步,也是关键的一步。虽然它不像今天这样对文献进行完全的数字化以及对文献的内容进行数字化的重组,但它却通过其特有的标引方法对非数字化文献最基本的特征甚至文献的基本观点、内容进行摘要报导。同时,联合目录(无论是集中式还是分布式的)将遥遥万里的不同图书馆和文献收藏机构连接起来,读者可以通过这个系统实现对不同地区、不同类型文献的查阅,如果辅以一定的文献提供方式(包括传统的和现代数字化、网络化的),读者就能够获得他所需要的文献。这些,与数字图书馆的资源加工与服务颇有异曲同工之妙。事实上,今天数字图书馆在这方面的理念、方法与技术就是在过去图书馆长期的实践与经验积累的基础上发展进来的。

特别需要指出的是,非数字化文献的计算机编目数据,只要符合一定的数据交换规则,我们就能非常容易地将其与完全数字化的文献整合起来并形成一个统一而有不同层次和不同形式的服务体系。这样,读者通过计算机联机终端进行文献检索时,不仅能检索到完全数字化的文献,也能检索到尚未数字化的文献,从而根据他的需要与实际情况得到不同层次与不同形式的多元化服务。

综上所论,我们对数字图书馆资源建设与服务的基本认识可以归纳为如下三点:

(1)数字图书馆的资源将拥有完全数字化的资源,包括馆藏数字资源,即本馆自建及通过各种形式获得(包括购买和租用)的数字资源;非馆藏数字资源,即通过网络及相关共享协议可提供读者使用的数字资源。

(2)数字图书馆的资源也应该涵盖非数字化的资源。当然,非数字化的资源要纳入到数字图书馆之中,必须经过一定形式的数字化处理,包括以数字方式进行组织和揭示。同时,这些资源还需要用数字的手段对其加以管理,否则,这些资源虽然仍然可以通过传统的方式提供读者使用,但却不是数字图书馆可以管理的资源。

(3)数字图书馆的资源建设是多元的,服务形式是多元的,但面向读者的服务平台却是一体的,所有的文献信息服务,不论是数字化的文献信息还是非数字化的文献信息，它们都应该遵循一些共同的加工和组织规范与标准，以使所有不同形态、不同类型的文献能够整合在一起并集成在一个统一的服务平台上。读者需要的是一个能涵盖各种文献信息资源，并能将这些不同形式的文献信息资源融为一体但又能体现各自不同特点的数字图书馆。这样，当读者面对浩如烟海而又复杂多样的文献信息时，能够方便、快捷地得到他们所想要的文献信息，这再让我们不得不提起阮冈纳赞"图书馆学五定律"的另一定律——"节省读者的时间"，这是无论哪种形式的图书馆都必须遵循的，数字图书馆自然也不能例外。

注释：

①图书馆的资源，其实包含了两大方面的内容：一方面是文献信息资源，另一方面是服务方面的资源如人力资源、服务保障资源等。本文所论，仅限于前者。

②Report of the Santa Fe Planning Workshop on Distributed Knowledge Work Environments: Digital Libraries. http://www.si.umich.edu/SantaFe/

③Sutton S. Future service models and the converge of functions: The reference librarian as technician, author, and consultant. The Reference Librarian, 54, 125—143. quoted from June Abbas. The Library Profession and the Internet: Implications and Scenarios for Change. http://alexia.lis.uiuc.edu/review/5/abbas.html.

④Chris Rusbridge. Towards the Hybrid Library D-Lib Magazine, July/August 1998. http://www.dlib.org/dlib/july98/rusbridge/07rusbridge.html

⑤Stephen Pinfield, edt. Realizing the Hybrid Library. http://www.dlib.org/dlib/october98/10pinfield.html

⑥顾敏："千禧年初复合图书馆的服务及发展策略"，《图书情报工作》，2000年第3期

原载于《中国图书馆学报》，2004 年第 5 期

Google与图书馆

Google,不管你是喜欢它,还是讨厌它,抑或恐惧它,它都来了,它是网络时代的必然产物,没有 Google,也会有其他的替代品出现,因此,Google 是一个无可选择的东西。

据说,Google 目录中收录的网址超过了 10 亿个,Google 界面的可用语言超过了 100 种,可以在五分之一秒内检索上百亿个网页,检索量每天超过了 2 亿次。除了可以完成一般常规的检索以外,人们可以用它来查天气,查股票,查邮政编码,查 Flash,甚至查电影,也可以用它来做计算,做单词翻译,甚至可以改正用户所输入检索词中的错别字,并且,Google 还一直在不断地推出新的服务。可以这样说,自从有了网络以来,还没有一种东西的影响可以与 Google 相比。

Google 将给我们的生活带来什么?这是每一个网络用户关心的问题。自然,Google 的功能越强大越好,最好是除了吃饭、娱乐、睡觉外什么事都能做,并且不要钱,可惜现在还办不到。

Google 将给图书馆带来什么?这是图书馆员关心的问题。对于全世界的图书馆员来说,对 Google 的担心或者恐惧其实是一个普遍存在的现象:Google 来了,那我们做什么?这正如 OCLC 网站里的一篇文章所说的那样:"Google 正在架空图书馆。"①

图书馆与 Google 真是那么不共戴天吗?Google 真能架空图书馆吗?

图书馆员总是以满足读者需要为目的,这是其职业道德所决定的。那么,读者对 Google 的态度,自然应该作为图书馆员对 Google 进行评价的最主要依据。现在,Google 已经俨然成为网络检索的代名词了,几乎所有上网的人都会经常使用 Google。这是对 Google 的崇拜吗?不是,与其说是对 Google 的崇拜不如说是对一个易用、功能强大的检索工具的崇拜。作为一个成功的网络检索工具，Google 能够在浩如烟海的网络信息里找到你所要找的信息，能够对网络中分散的信息进行某种程度上的汇聚，这是 Google 的最大贡献。Google 既然是读者喜欢使用的工具，我们当然没有理由排斥它，相反，作为具有专业知识背景和信息服务能力的图书馆员，更应该用好这个工具来为读者提供服务。

当 Google 推出将美国几家大型图书馆的馆藏文献进行系统数字化的计划时，媒体曾经大量报道过一些图书馆人士对非英语文化可能面临的威胁的担心，中国也有人写文章说："Google 的出现一方面给我们带来一把开启信息的钥匙，但更可能带给我们一具独裁的枷锁。它在指引我们找到需要的信息时，也在向我们灌输着经过 Google 选择的文化、思想与观念，越迷恋 Google，就越可能被 Google 化。所以从某种意义上说，Google 已经不是单纯的一个搜索引擎，不是一个以商业为目标的公司，而是成为一种文化，一种被越来越多的网民认同的宗教，一个有可能垄断信息并支配信息进而选择性提供信息的精神独裁者。"② 网络的作用确实是非常强大，当网上充斥着某一种语言的信息后，其他语言自然将处于一种非常不利的境地。不过，如果 Google 只是作为一种客观的、多语言的检索工具的话，当我们输入中文、法文时，同样能够检索到相应的中文、法文信息。决定网络上某种语言影响力大小的，不是 Google，而是网络上某种语言信息的数量与质量。网络上非英语文献的丰富和网络文化的多样性，主要应该靠母语国家自己的努力，而不能归罪于网络英语文献的增多，我们能够因为自己无能而责怪对手太强大吗？当然，如果 Google 出于政治的、文化的、宗教的需要和商业的利益而放弃客观、公正的原则的话，自然会带来失去客观性和公正性的检索结果，同时，也必然会出现另一个结果——一个失去客观性和公正性原则的 Google 的被唾弃。

Google 作为一个检索工具，其作用也是有限的。例如，漫无边际的检索、一大堆无用的信息噪音，是不能令人满意的。在这种情况下，专业的数据库以及专业的检索工具就显现出其优势来了。此外，一些未对 Google 开放的网站与数据库是对 Google 检索功能权威性最大的挑战，信息量大并不能等同于信息全，这也是影响 Google 检索质量的一个重要因素。

要保证检索结果的质量，除了信息的完整性以外，还需要对信息进行评价与筛选。Google 是如何评价信息的质量呢？它主要是利用 PageRank 算法，根据网页中相互链接的关系进行分析计算，由此判断网页页面的重要性，最后将最重要的结果排在前面。这种根据链接关系及相关因素来确定网页重要性的方法固然有其合理性，但也有许多偶然因素，况且网页链接只是内容相关性的一种表现形式，与网页内容的价值评判有着根本的不同，而图书馆员所做的，正是从专业的角度来分析网页及其他类型文献内容的学科价值，因此，Google 完全不能取代传统图书馆对文献信息的评价和筛选功能。现实的情况也证明了这一点，经由图书馆员进行评价与筛选的信息至少在目前较 Google 能够得到用户更多的认同。

Google 是一种网络检索工具，对于非网络文献，它就显得无能为力了，或者说，必须要经过图书馆员或其他途径对非网络文献如传统的纸本文献进行整理后才能被检索。我们知道，在这个世界上，网络信息只是众多文献信息类型中的一种，人们所关注的，并不是文献信息的载体形态，而是其内容，图书馆员整合网络信息与其他载体信息的职能，这是目前 Google 所不能取代的，更不用说知识挖掘以及知识体系的构建了。

在 Google 日益强大的影响下感到恐慌的图书馆员，恐怕忘了图书馆最根本的东西，也是其他任何机构所不能取代的东西——图书馆所扮演的社会角色。

图书馆，特别是公共图书馆，它存在的直接意义固然是为读者提供文献信息，但是，能够提供文献信息的却不止于图书馆，很多商业或其他类型的机构其实都能提供文献信息的服务。图书馆与商业机构服务的差别在于，图书馆是由纳税人出资，为保证公民公平、自由地获取知识与信息的权利而设立的，图书馆提供的服务主要是公益性的服务，这是图书馆最根本的属性，离开了这一点，图书馆就失去了存在的意义，也正因为这一点，它有了长期存在的理由，这是任何一个商业性机构都无法取代的，更不用说一个网络检索工具——Google 了。

事物总是在发展的,图书馆总是在前进的,相信 Google 也会继续发展。如果真有一天 Google 或其他类似的东西真能履行图书馆的社会责任,实现图书馆的所有功能,我想,图书馆员应该感到高兴,因为,世界上又多了一个或一些超级的图书馆。

注释:

①"2003 年环境扫描". http://www.oclc.org/membership/escan/introduction/default.htm

②"Google 的邪恶指数". http://it.enorth.com.cn/system/2004/08/26/000851557.shtml

原载日本科学技术振兴机构《情报管理》(日文),2005 年第 48 卷第 5 期

“开放存取”刍论

1 “开放存取”释义

“开放存取”(Open Access)是近年才出现的一个新词汇,但在日益开放的网络时代,“开放存取”已经成为一个受到广泛关注的概念。

迄今为止,学术界对“开放存取”并无公认的定义,一般是根据《布达佩斯宣言》(2002 年 2 月 14 日正式发布)的相关表述来理解,该宣言认为“开放存取”是一种通过互联网免费获取学术资源的方法。

“开放存取”文献,意味着它在公共网络中可以被免费获取,并允许任何用户阅读、下载、复制、传播、打印、搜索、对这些论文文本的超链接、为之建立索引、将其作为数据引入软件,以及其他任何的合法用途,除了保持作品的完整性外,没有经济、法律或技术的限制。复制和传播方面唯一的限制,或者说版权的唯一作用是让作者能够控制其作品的完整性,使其作品能够被承认和适当地被引用。[①]在该宣言中还特别提到,“开放存取”文献既包括“开放存取”期刊(Open-access Journals)、作者自我存档(Self-Archiving)两大类型。

JISC(The Joint Information Systems Committee)也对“开放存取”下了一个定义:

> 万维网为研究人员提供了一种他人可以随时、随地使用其学术成果的方法。这种方法无论是在期刊论文(不管图书馆是否订阅了这些期刊),还是在其他类型的研究成果(比如会议论文,学位论文或研究报告)中都得到了应用。我们把这种方法称为开放存取。

……

开放存取是什么

开放存取中的学术研究资料是由同行评审期刊的论文、学术会议论文以及技术报告、学位论文和工作论文共同组成的,这些资料均可以免费、联机地获取。大多数情况下,使用它们不需要得到任何授权。因此,在科研、教学和其他方面,我们可以自由地使用。

开放存取不是什么

对于开放存取人们有着各种各样的误解。它既不是个人自行出版模式,也不是跨越同行评审的出版方法,更不是次等的、廉价的出版途径。它只是学术研究人员自由地、联机地获取学术研究成果的一种方法而已。②

显然,以上关于"开放存取"的表述只是局限在传统意义上的学术范围之内。不能否认,《布达佩斯宣言》和 JISC 的上述表述的确代表了相当一部分研究者的意见,他们对于"开放存取"的态度也是基于这个定义,他们关注的焦点也集中于此。

"开放存取"如何定义?通过上述这种列举"开放存取"资源类型的方法是否妥当、全面?对此我们有一些不同的意见。因为,从"开放存取运动"发展的历史来看,"开放存取"的内容、形式一直都在发展变化,"开放存取"期刊和"作者自我存档"等等仅仅是其中的几个小类,并不足以代表"开放存取"的全部内涵。关于这一点,我们只需读一下彼得·萨伯(Peter Suber)的《开放存取运动年表》(Timeline of the Open Access Movement)就不难理解了。在这个年表中,萨伯将"开放存取运动"追溯到 20 世纪 60 年代,虽然当时"开放存取"这个词汇并未提出,但"开放存取"的精神已经产生了。同时,一些《布达佩斯宣言》列举文献类型之外的东西也被萨伯纳入到了"开放存取"的范畴之内。

我们认为,"开放存取"首先是一种思想,是一种基于信息自由传播与获取原则的思想,也是一种基于公平原则的思想。

"开放存取"当然更是一种行动,它开始是由科学界倡导而发展起来的,今天,已经成了一个涉及方方面面内容,有着各种不同形式,参与者或者说利益相关者几乎已经遍及各个行业,它的内容和形式也是在不断变化、充实和完善,并且在今后仍将继续发展。

“开放存取”也是一个现实。“开放存取”从实质上说并不是一个新事物,它从人类有了知识与经验的交流时就已经发生了,但直到最近,才又一次引起了学术界的关注和讨论,这是因为今天我们所处的时代使然。一方面,随着数字化时代的到来,信息传播的速度与方式远非以前所能比拟;另一方面,也正是由于信息复制与传播的方便性,相关的知识产权保护规定也发生了很大的变化,变化的结果之一就是知识的垄断与现代社会的公平公正精神发生了强烈的碰撞。以促进信息自由传播与合理使用为宗旨的“开放存取运动”就是在这种大背景下产生并发展起来的。

因此,我们对“开放存取”的认识,或者要给“开放存取”下一个定义,必须从“开放存取”本质特征的分析入手。

什么是“开放存取”的本质特征?彼得·萨伯在2004 年6 月发表的《“开放存取”总论》(Open Access Overview)中曾对“开放存取”的特点作了一个比较仔细的归纳[③],涉及到了“开放存取”的内容、形式、法律、学术质量和服务对象等等,提到了“开放存取”最初的涵义,也谈到了“开放存取”正在逐渐发展变化的情况。在作者看来,“开放存取”文献不仅包括“那些经过学术同行评审的文章和预印本”,也可以包括那些有使用和保存价值的文献,如音乐、电影和小说等等。在他的《学术通讯自由在线》网站的博客栏目下,所讨论的内容就涉及到了包括像灰色文献这一类的东西,内容远远超出了我们通常所理解的学术著作的范畴。台湾学者毛庆祯先生在此基础上将“开放存取”文献概括为“数位化、线上、免费、免除大部分著作权及授权限制的文献”[④]。这一概括,触及到了“开放存取”最本质的东西,即“开放存取”文献的法律属性,“免费”和著作权的全部或部分授权。作为“开放存取运动”重要组成部分并产生了重大影响的“创作共用”(Creative Commons)就直接将自己定位于一种法律上的授权机制,它对自己有一个很精简的解释:“Creative Commons(创作共用)是网络上的数字作品(文学、美术、音乐等)许可授权机制,它致力于让任何创造性作品都有机会被更多人分享和再创造,共同促进人类知识作品在其生命周期内产生最大价值。”[⑤]我们认为,这才是真正抓到“开放存取”的本质。

因此,如果要给“开放存取”下一个定义的话,似乎可以作如下表述:“开放存取”是一种倡导公平原则、旨在促进学术自由交流的思想以及由此而产生的在网络环境中可以自由存取文献信息的机制。台湾学者将“Open Access”翻译为“开放近用”,“近用”一词系援用台湾的司法解释:意即“人民平等接近使用传播媒体”,它所强调的是基于权利平等的开放使用,应该说,这个译法也是比较准确的。

如果我们将“开放存取”定位于一个法律问题,那么,我们的视野将会大为开阔,我们关注的重点将不再仅仅局限于那些一般的“开放存取”期刊和开放文库,一切在“开放存取”精神下或者符合“开放存取”原则的文献与服务都可以纳入到我们的研究范围,从严肃的网络出版物(如机构文库、“开放存取”期刊)到自由的网络学术交流信息(如个人网站),从专业论文如学术期刊论文、会议论文、学位论文、学术专著、科学数据和开放源代码到Wiki、个人博客、BBS,从文字作品到影像音频资料,只要是符合“开放存取”的原则并且能够为人所用,都是“开放存取”的文献。

“开放存取”文献大致可以分为两大类型:一类是由公共财政以及公益性和非营利性基金等资助的成果,一类是文献作者自行授权开放使用的成果,如属于“创作共用”范畴的文献。前者的法律关系相对比较单纯,从“开放存取运动”的发展前景来看,对于这部分文献,越来越多的国家已经开始考虑通过立法的方式保障公民平等、自由、合理地使用。一般而言,这一类型的文献不仅学术价值高,发现与获取相对也比较容易。对于由作者自行授权并开放使用的文献来说,情况就复杂得多了。仅就授权方式而言,“创作共用”就归纳了十一种不同的方式。复杂的授权方式必然对这些文献的管理与服务带来问题,譬如授权方式的不同,可能需要处理各种法律问题,采用不同的管理政策、不同的服务方式,考虑不同的技术解决方案。需要指出的是,还有相当一部分文献作者不明(譬如只有笔名、网名等等),也没有提出明确的授权方式,虽然可能具有较高的学术价值,但是在以后的管理与使用中都可能面临许多难以预料甚至不可解决的问题，对于这一类的文献，我们暂不纳入研究的范围之内。

2 “开放存取运动”的思想、法律基础和技术条件

“开放存取运动”从一种不自觉的行动逐渐壮大，进而形成一种影响巨大的社会思潮和社会现象，这绝不是偶然的，而是有其特定的思想、法律基础和技术条件。

2.1 思想基础

随着社会进步，人们相互之间信息交流的日渐频繁而导致的“全球一体化”是“开放存取运动”勃兴的思想基础。“全球一体化”虽然现在仍然是一个有争议的话题，但是，无论如何，随着社会的发展，从国与国之间到人与人之间的交流将越来越多，虽然文化上的差异会继续存在，但在一些基本的价值观方面将会有越来越多的共识，这些共识就包括“不论国界寻求、接受和传递消息和思想的自由”作为最基本的人权而应该得到所有国家、民族的尊重[6]。让思想自由传播，让学术自由交流，让社会共同发展已经成为全球的主流思想，这就是“开放存取运动”的思想基础。

2.2 法律基础

基于公众权力的保护和公平原则是“开放存取运动”的法律基础。

自从工业革命以来，垄断和反垄断一直就是社会发展进程中的一对主要矛盾。进入20世纪特别是20世纪下半叶，信息及相关产业在国民经济中所占的比重越来越大，信息业的垄断现象也越来越突出。数字技术和网络技术的发展，文献的复制、改编和传播方式发生了革命性的变化，知识产权保护问题日益突出。由于数字技术易于复制与传播的特点，许多原有的知识产权保护措施在数字环境下失去了作用，因此在相关立法时往往会针对这些特点制订保护措施，其结果就是新的知识产权保护措施较之过去更具独占性和垄断性。在这种情形下，知识产权保护逐渐失去了平衡，重心开始向权利人倾斜，其后果之一就是权利向文献出版和发行商集中，对信息、知识的垄断成为知识创新、社会进步的障碍。

数字技术与网络技术的发展,也使作者、出版者、中间商、信息服务机构、用户之间的关系以及整个信息业的格局发生了巨大的变化,出现了一些新的情况。一方面,数字化技术使人们对原始文献的深度揭示、信息的重组以及其他方面的加工更加容易,能够提供许多以前所不能提供的服务;另一方面,基于提供增值服务获取的需要,学术资源提供商往往会要求作者采用排他性的授权方式将作品的网络传播权授予资源提供商。这种现象,不仅会进一步加强学术资源提供商的垄断地位,造成学术期刊价格的飞涨[7],同时也使作者丧失了自己作品的公开传播权,进一步限制了学术的交流[8]。

面对此种情形,学术界开始思考:本来是学术成果的创造者,特别是大学和研究机构,他们为科学研究投入了大量资金,但由此产生的科学研究成果在他们由于教学、科研需要时,却又不得不付出高昂的代价,这是否公平?

对于公众来说,这个问题同样存在。因为大多数的科研经费都直接或间接地出自纳税人的贡献,但他们在利用这些成果时又不得不付出额外的、高昂的代价。同时,他们原来在纸本时代所享有的某些权利也受到了限制。在纸本时代,文献总是以内容附载于一定的载体的形式来传播的,当用户购买某种文献时,他买到的是一件实实在在的东西,不仅可以永久使用,也可以转送(借)他人。而到了数字时代,情形就完全不同了。虽然数字文献从理论上说更易于传播,而正是由于其便于复制和传播的特点,实际上反倒限制了文献的传播和用户的长期使用。因为文献的出版发行商为了保证自己的利益不因文献易于复制和传播的特点而受损,总是根据数字时代文献的虚拟化这一特点,通过法律和技术的手段如让相关的物权与文献内容相分离等来实现其目的。现实的情况是:用户,特别是图书馆,它们现在花钱买的仅仅是文献的租借权,如果要长期使用,就得长期付钱,同时还要冒着文献因战争、文献提供商破产等等所导致的文献利用中断的风险。其他诸如纸本时代用户对文献的继承权、转让权和租借权几乎都被剥夺了。如何保证用户对文献的长期使用要求?显然非商业化的、“开放存取”式的方法就成了学术界关注的一个焦点和强烈的要求。

经过了长期的努力,“开放存取”思想已逐步深入人心,目前已经出现了一个非常可喜的现象:先是一些学术机构大力推动“开放存取”,除英国皇家学会外,几乎各发达国家,同时包括像中国这样的发展中国家,官方及重要的学术机构都发表了支持“开放存取”的声明,并且展开了实质性的工作。到 2005 年,由大学和重要学术机构推行的强制性实行“开放存取”政策使“开放存取”从个人和机构的自觉行动上升到了履行法律义务的层面。2005 年 2 月,一份《医学研究与发展条约》(Medical Research and Development Treaty)提交到世界卫生组织;2005 年初,美国参议员 Charles Grassley 和 Christopher Dodd 提出了《临床试验公平存取法案》;2005 年 2 月,Joe Lieberman 参议员提出了 Cures 法案,这两个法案都要求对临床试验数据实行强制性的“开放存取”[⑨]。这些现象,说明了“开放存取”正逐步得到法律的认可和保护,而这也正是“开放存取”具有法理依据的最好说明。

2.3 技术条件

数字化与网络化的发展,为“开放存取运动”提供了必备的技术条件。从纯技术的角度看,在数字化和网络化时代,文献信息在复制与传播方面的便利超过了以往任何时期。数字化与网络化技术的应用,大大减轻了文献在出版和发行方面的资金及其他压力,文献出版发行的低成本使“开放存取”期刊一类的文献得以流行。而上网条件的改善,Wiki、博客、BBS 等又使得信息的发布、传播、获取几乎不存在着技术的障碍。这些都为“开放存取运动”的发生与发展提供了技术上的保障。可以说,网络本身的开放性是“开放存取运动”最直接的技术动因,也是“开放存取运动”能够勃兴的最基本的技术条件保障。

3 “开放存取”所涉及的相关问题

从宏观上看,尽管“开放存取”已蔚为风气,但对于“开放存取”的态度,基于不同的立场,人们的认识是不尽相同的,这正如美国 Marta M. Deyrup 和 Martha F. Loesch 在《美国国家和机构“开放获取”政策研究报告》中所指出的那样:

"开放获取"运动并不是孤立存在的。它是由社会各方组成的。每一方都有自己的竞争利益和要求。有高等教育界,由学者、图书馆员、信息技术人员和管理人员所组成;有出版产业,由商业和学术出版社所组成;有美国政府,借助于美国国会图书馆的活动;有政府出版局和国家卫生研究院;还有支持团体和专业组织,如美国民间自由联盟、纳税者获取联盟、美国学术团体理事会、美国图书馆协会和研究图书馆协会。[10]

换言之,如何看待"开放存取",存在着利益的冲突。反对"开放存取"的大多数商业机构与支持"开放存取"的公益性服务机构之间存在着利益冲突。同样是商业机构但由于赢利方式不同,它们之间也存在着利益冲突,如内容提供商与 Google 和 Yahoo 等以提供搜索服务为主的机构之间,显然在"开放存取"上存在着不同的利益或不同的关注重点,因而对"开放存取"也持有不同的态度。同样是公益性的机构由于着眼点不同,也有不同的认识,有的支持,有的则有所保留,甚至反对。英国皇家学会最近就"开放存取"发出了与其他大多数科学研究机构和公益性服务机构不同的声音就是一个非常典型的例子。

即或是支持"开放存取"的各方,由于着眼点不同,他们对"开放存取"的理解也不一定相同。例如将"开放存取"作为一种新型出版形式来看待者,强调的是"作者付费出版,读者免费使用"原则,而通常会忽略"开放存取"在其他方面的意义;在面对传统出版商和发行商对"开放存取"资源的学术性质疑时,从事科学论文预印服务的"开放存取"机构往往会强调"开放存取"资源在学术上的严肃性,如前引 JISC 关于"开放存取"的表述就充分反映了这一点。美国研究图书馆协会(ARL)也认为"开放存取"是一种节省成本的信息传播和利用方式,将成为传统出版模式的替代品,非常强调其学术性,内容包括期刊论文、预印本、初步发现和科学数据,而这些并不意味着对同行评审的忽视[11]。而上述观点又常常被同样从事"开放存取"推动工作的学者自身的行为所否定,例如彼得·萨伯就屡次将自己发表在互联网上的一篇重要文章《"开放存取"总论》进行修订[12],而这些修订显然不像传统期刊在决定文章是否发表时那样经过了一个严格的论文评审程序。

从微观上看，“开放存取”也有不少的具体问题需要深入探讨。

关于“开放存取”模式的可行性与持久性问题。在传统出版方式下，为了保证期刊的质量，都会有一套严格并且获得学术界认可的质量控制方法，如同行评审等，从编辑到出版甚至出版后的后期服务，都需要有一笔不菲的成本投入，这些投入都作为期刊定价的组成部分由期刊的使用者承担了。在那些严格意义上的“开放存取”期刊中，同样需要有相当的成本费用，只是这些成本费用由原来的用户承担改为由作者或者相关的资助者承担了。这种资金流的变化，一方面虽然从一定程度上消除或减少了由于经费的限制而造成的知识在传播方面的障碍——这正是“开放存取运动”努力的终极目标；但另一方面，不可否认，也会有一些新的问题产生。英国皇家学会不久前就“开放存取”发表了一份立场声明，虽然遭到了“开放存取运动”支持者的强烈抨击，但声明中提到的一些问题的确是不能回避的。该学会认为：在“开放存取”的出版模式下，研究者需要付费投稿或发表论文，从而“带来了一层妨碍知识交流的新屏障”；并且这种经济屏障对于极度缺乏资金的研究者造成的危害更为深远，那些正处在事业初期的科学家或者身处发展中国家的研究人员都在此列。另外，目前各学科的出版操作模式各不相同，而且由于地域原因也有所差别。“埃塞俄比亚大学的年轻数学博士研究生，与英国公司实验室里已经功成名就的药理学研究人员在研究需求与研究方法上就截然不同”。所以，那种“一概而论”的方法不大可能会让所有人受益。最坏的情况是，如果资助者强行操作以求快速转变的话，会鼓励诞生出诸多毫无长久生存力的新期刊、文档或资源库，但是同时，也会导致那些同行评审的期刊关闭，这些期刊经过长时间演化以迎合科研界的需要。[13]

关于“开放存取”文献的质量控制和管理问题。《布达佩斯宣言》定义的“开放存取”资源即“自我存档”与“开放期刊”，基本上属于传统学术期刊的范畴，继续保留了过去学术界业已存在的严格的论文评审制度，也有相应的管理办法。它们与其他商业性网络期刊在诸如论文评审、编辑出版等许多方面都大致相同，区别一般只在于绕开了中间出版发行商这个环节。但是，由于绕开了中间出版发行商这个环节，如何对“开放存取”资源进行长期有效的管理、运行以及提供相应的服务就成了“开放存取”期刊必须要面临的问题。在传统的模式下，一篇学术论文从产生到与读者见面要经过以下几个主要环节：

作者——评审——编辑——出版发行商——(数据集成商)——(图书馆)——读者

而在网络时代的“开放存取”模式下，这个环节被大大简化和异化了：

作者——评审——编辑——OA 出版发行机构——(图书馆)——读者

在这里，除了作者、评审和编辑与传统的出版模式没有质的区别外，出版发行这个环节发生了质的变化，数据集成商也没有存在的意义了。传统的数据集成商(有时它同时就是出版发行商，如 Elsevier)在文献信息传播过程中扮演着一个十分重要的角色，除了相应的商业行为外，它还对收录期刊进行筛选、评估和质量控制，对用户行为调查研究，并据此对出版发行环节施加影响、对用户的培训、对资源的管理与运行维护等等。这些功能，在“开放存取”模式下同样是必不可少的，因此必须要有相应的机构来承担或分担。需要注意的是，对于自我存档的“开放存取”文献来说，其学术质量的控制、发布或出版以及管理就要复杂得多了。采用国家存档或机构存档就是其中一种重要的实现形式。在这种形式下，也会面临不同的情况。PubMed Central (PMC)[14]是美国国立卫生研究院(National Institutes of Health (NIH))的一个生物医学和生命科学的数字存档项目，在这个项目之下，收录了许多有关的“开放存取”的学术期刊，同时也收录接受 NIH 资助而发表在非 PMC 期刊上的作者论文原稿。对于上述两种学术论文，因其都在正规的学术期刊上发表过，它们都直接或间接地经过了严格的学术评审，因此其学术价值是有保障的。但是，对于那些没有能力或没有机会在正规学术期刊上发表的论文，自我存档这种形式所面临的问题就要多得多了。

“开放存取”不仅打破了传统学术论著的编辑出版格局，也打破了原来学术资源在流通环境中再加工的格局，如台湾学者邱炯友、蒋欣桦先生所指出的那样，学术期刊的出版者作为一个中介，他们“也会为资讯进行加值行为，而这些加值服务是在纸本出版品中所不可能出现的”[15]。学术期刊出版商特别是一些大的出版商所进行的加值行为使得原来的学术期刊发生了很大、甚至是质的变化，可以说，学术期刊的出版商在某种意义上说已经成为了学术研究行动的一个重要参与者，这对于推动学术研究的意义是不言而喻的。当“开放存取”期刊出现后，如何保证这种加值行为能够继续并且能够随着科学技术的进步而不断发展？

如何对“开放存取”期刊进行长期有效的管理也是一个非常大的问题。因为对于学术性资源，用户需要一个长期有效的保障机制，因此不仅要从技术上考虑长期的运行维护以及系统升级等，同时还要从管理方面考虑这种出版机制的长期有效性。像MPC是由美国国立卫生研究院来主持，而该机构本身具有相当的稳定性，因此是较为安全可信赖的。而像DOAJ(Directory of Open Access Journals)，它是受OAI和SPARC(The Scholarly Publishing and Academic Resources Coalition)资助，如何保证这种资助的长期性是问题的关键。

对于非传统学术领域的“开放存取”资源来说，它们所面临的问题更要复杂得多了。这些资源在网络上存放的高度分散性、内容修改增删的随意性和技术标准的任意性，特别是知识产权等法律属性的不确定性给这些资源的发现、采集、管理、使用和长期保存等带来了许多问题。这些问题都是“开放存取”研究中的重点和难点。

总之，“开放存取”从宏观到微观，从管理到服务，从法律问题到技术问题，都需要深入、系统的研究。

4 “开放存取”与图书馆未来的发展

“开放存取”所倡导的学术信息平等、自由传播的精神与图书馆的精神是一致的，“开放存取”资源也已成为图书馆文献资源的重要组成部分，这些都决定了“开放存取”与图书馆未来发展存在着休戚与共的关系。与传统的图书馆文献采集、编目加工和服务不同，“开放存取”是一种新学术信息交流的机制，而这种新的交流机制必然会对图书馆未来的发展产生重大影响，图书馆原有的运行管理机制、工作流程、工作内容、工作方式甚至基本的服务定位都将随之而发生改变，这些都将给图书馆带来新的挑战。图书馆作为文献信息的采集、组织、加工、传播中心和用户培训中心，在“开放存取运动”中绝不是一个旁观者，也不是被动的接受者，无论是从历史的角度还是从对今后“开放存取运动”和图书馆未来发展趋势的分析判断，我们坚信，图书馆将在“开放存取”运动中将扮演一个十分重要的角色。从某种意义上说，不仅是一个积极的参与者，也将是一支推动“开放存取运动”健康发展的重要力量[16]。可以这样说：“开放存取”将对图书馆未来发展产生重大影响，同时“开放存取运动”的发展也离不开图书馆。

面对“开放存取”，图书馆可能需要重点考虑以下几方面的问题：

图书馆的资源结构将发生什么样的变化？如何将“开放存取”文献纳入到图书馆整个文献及服务体系之中？具体说来，针对“开放存取”文献类型的多样性、文献存在形式的分散性、文献生命周期不稳定性、知识产权的复杂性等等问题，如何根据图书馆自身情况建立一套与传统图书馆既有联系又有区别的“开放存取”文献的发现及采集机制？如何对不同类型的文献，包括纸本文献、非“开放存取”文献、“开放存取”文献等等进行科学的组织、有效的整合，使之构建成一套适应时代发展的文献及文献服务体系？如何建立适应新情况的文献更新、剔除和长期保存机制？如何应对复杂的知识产权关系更好地为读者提供服务等等，都将是我们今后研究的重点。

注释：

①http://www.soros.org/openaccess/read.shtml

②黄建年、陶茂芹、安艳杰译“开放存取”。此文由 Key Perspectives 有限责任公司的 Alma Swan 原作，文章代表了 JISC 的观点。http://www.eprints.org/openaccess/briefing-paper/Chinese.pdf

③http://www.earlham.edu/~peters/fos/overview.htm

④毛庆祯:《开放近用资讯·导论》,http://www. lins. fju. edu. tw/mao/oai/overview. htm

⑤http://www. creativecommons. cn/

⑥《世界人权宣言》。

⑦据美国研究图书馆协会(ARL)的报告,其成员馆每种期刊的平均订购价从1986年的89.77美元增加到了2003年的283美元,增加幅度达260%;专著的价格从平均每种28美元增加到了52美元,增加幅度达82%。为此,图书馆的支出增加了128%,而同期消费物价指数只增加了68%。Martha Kyrillidou: Serials .Trends Reflected in the ARL Statistics 2002—03. http://createchange. org/newsltr/234/serials. html

⑧参见邱炯友、蒋欣桦:《学术出版传播之 Open Access 模式》,《中国图书馆学会会报》,2005年第74期

⑨彼得·萨伯:SPARC Open Access Newsletter. http://www. earlham. edu/ ~ peters/fos/

⑩初景利译,《图书情报工作动态》,2005年第3期

⑪http://www. arl. org/scomm/open_access/framing. html#openaccess

⑫彼得·萨伯的《开放存取总论》(Open Access Overview)第一次发表是在2004年6月21日,其间至少在2005年4月27日曾进行过修订,就在我们写作本文之时,作者又于2006年2月2日对原著进行了修订。参见 http://www. earlham. edu/ ~ peters/fos/overview. htm

⑬奇迹文库:"英国皇家学会认为开放阅览'很危险'",http://www. qiji. cn/scinews/detailed/606. html;英国皇家学会关于"开放存取"的立场声明,见 http://www. royalsoc. ac. uk/page. asp?id = 3882

⑭http://www. pubmedcentral. nih. gov/

⑮同⑧

⑯关于这一点,中外学者都曾从不同的角度进行过研究,秦珂先生在最近的一篇文章中曾归纳了如下几点:图书馆应该"成为开放存取运动的宣传者"、"成为开放存取的赞助者"、"成为开放存取精神的捍卫者"、"成为开放资源的采购者"、"成为开放资源的服务者"。参见《图书馆学研究》,2006年第8期

原载于《国家图书馆学刊》,2007年第2期

电子书的类型与评估

1 电子书的类型

根据文献的来源、特点和性质,我们可以把电子书分为商业性的电子书、"开放存取"类的电子书、互联网读书网站上的电子书和图书馆等公益性机构制作的电子书,它们既有相同的地方,也有各自的一些特点。

1.1 关于商业性质的电子书

商业性的电子书是目前在中国大陆地区数量最多,也是读者使用最频繁的电子书。如:"早期英文书籍在线"(EEBO)、"十八世纪文献在线"(ECCO)、方正电子书(Apabi)等。这类电子书要么是数字资源提供商制作的中外古籍,要么是基本上已经获得版权许可的现代纸本图书的电子版。这类电子书通常只是纸本书的复制品,其底本一般都曾经过正规出版机构的选择、编辑和整理,学术价值较高。但是,出于商业利益的考虑,这些电子书在使用上基本上都有这样或那样的一些限制,这给图书馆的管理和读者的利用都带来了很大的问题。当然,也有一些电子书是资源提供商将一些现代图书数字化而成,存在着程度不同的知识产权问题,图书馆如果处置不当,也有可能会承担连带责任。

1.2 关于"开放存取"性质的电子书

"开放存取"是近年才出现的一个新名词,作为一项倡导公平获取、无障碍获取的运动,目前正在蓬勃发展,这对作者、出版商、图书馆和读者都带来了很大影响,不容忽视。

"开放存取"一词的提出虽然只有几年的时间,但它的思想早就出现了,其形式也一直在不断变化,数量越来越多,种类也越来越多,不仅包括我们现在一般意义上的"电子书",也包括许多新形式的电子书,如"维基百科全书"之类的电子书。因此,对这一类的图书,我们应该根据其性质来划分。

目前最具代表性、规模较大的"开放存取"性质的电子书有:谷腾堡项目[①]、中华电子佛典协会的"大藏经"[②]、奇迹文库[③]等。

"开放存取"类电子书数量日增,现在已经成为读者可以利用的最重要的文献来源之一。以笔者的切身感受而言,在某种情况下,这类电子书对于读者的实际帮助,有时已经超过了图书馆馆藏的纸本文献和电子文献。因此,我们在讨论电子书对图书馆带来的影响的时候,绝不应该忘掉这一部分,而应该考虑把它们也纳入到图书馆的文献建设体系之中。但是,"开放存取"类电子书由于自身的特点,在内容质量控制和选择机制、有效、可持续性获得和利用等方面以及长期存档和适(实)时更新机制方面,有着与商业性的资源提供商提供的电子书很不相同的地方。

首先是"开放存取"电子书的质量控制问题。网上"开放存取"的电子书有许多是网民的原创作品,还有一些是由网民对纸本图书进行数字转换而成。这类文献,有的要么没有经过严格的筛选、评审、编辑整理,有的要么文字录入错误百出,存在着比较严重的质量问题。因此,对这类文献,需要图书馆进行严格的质量控制。

第二是"开放存取"类电子书的导航和采集问题。"开放存取"类电子书的存在形式是多种多样的,机构库类型的电子书相对来说是比较稳定的,也比较集中,经过一定形式的导航和介绍,读者比较容易使用这类电子书。但互联网上大量个人制作的电子书,情况就非常复杂。由于其存放过于分散,一般性的导航和介绍的效果不太好,并且由于其容易变化的特点,我们必须考虑如何将这类电子书纳入图书馆的可控范围之内。

第三是"开放存取"类电子书的不稳定性问题。这是"开放存取"类电子书最大的问题。如著名的中文网络原创文学网站"榕树下",原来是一个可以自由存取的网站,但随着其影响的扩大以及长期发展的需要,现在已经开始向收费服务转变,并且同时与北大方正合作,发行电子书。根据 Peter Suber 对 2006 年"开放存取"运动进展情况的报告,个别原来宣布支持"开放存取"的数字资源提供商出于自身利益的考虑，也已宣布退出[④]。因此，采取什么措施保证“开放存取”类电子书的稳定、可持续获得，需要我们从法律、技术和管理方面进行研究。

第四是“开放存取”类电子书的标准规范问题。这类电子书出于众人之手，可能采用了不同的制作标准和规范，不仅常常需要下载专门的阅读浏览器，它们的著录等也有许多问题。

最后是“开放存取”类电子书在知识产权方面的复杂性问题。对于广大读者来说，互联网上能够方便获得的电子资源究竟有无知识产权方面的问题，他们通常不会太关心，同时也无法去查明，也许只有当触犯了有关法律而面临起诉时才知道。要解决这一点，恐怕必须通过立法，在某种特定的情况下对不知情的使用者予以法律豁免才能解决。对于图书馆来说，则需要做更细的工作，包括对这些电子书进行知识产权方面的审核。另一方面，为了保证公民对信息的公平和无障碍获取，图书馆应该努力呼吁、积极行动，争取将“开放存取”纳入国家立法的范畴。特别是由国家投资制作的数字资源，除非特别的原因，都应该有制度方面的规定，保证长期向读者开放。

1.3　关于互联网上的读书网站

互联网上的读书网站也是电子书的重要来源，如：榕树下[⑤]、新浪读书频道[⑥]、黄金书屋[⑦]、我爱电子书[⑧]等。还有一些是专门提供电子书的网络链接的网站，它们将分散的电子书资源通过链接的方式汇集起来，帮助读者利用，如中文的“读书公园”[⑨]等。

互联网上读书网站的电子书，有的属于“开放存取”性质，有些是部分免费使用、部分收费使用，有些在一段时间免费使用，而过一段时间则改为收费使用。这一类型的电子书有两个特点：第一是新。许多纸本书刚出版甚至还没出版时就已经上网了。第二是原创性的文学作品多。这两个特点都颇受研究者青睐。但是，这部分电子书除了前面介绍的“开放存取”的电子书所具有的问题以外，知识产权问题尤为突出，因为不少读书网站上的图书是由网民自由提供的。

1.4　关于图书馆制作的电子书

中国大陆地区图书馆制作的电子书经过一定时间的发展，目前数量已十分庞大。在20世纪90年代末,不少图书馆开始了对馆藏文献的数字化。在图书馆馆藏文献数字化的最初阶段,人们对知识产权保护的认识还没有今天这样清楚,因此通常是就读者感兴趣的一些文献进行数字化。随着知识产权保护意识的增强,越来越多的图书馆人认识到,图书馆的文献数字化只是全社会数字化的一个组成部分,图书馆绝不可能也不应该去“包打天下”,其数字化工作应该有所侧重:对于一些现代文献,应该更多地依靠商业性的数字资源供货商来提供,馆藏文献的数字化,应该以特色馆藏特别是那些没有知识产权问题的文献为主。在图书馆自己制作的电子书中,像国家图书馆的电子书、CADAL(中美百万册书数字图书馆合作计划)等是规模较大的。目前,中国国家图书馆以及其他一些大学图书馆、公共图书馆基本上是按这一思路在进行数字化的工作。例如,中国国家图书馆的数字化项目主要包括:中国古代典籍、民国期刊、数字方志、数字甲骨、西夏碎金、碑帖菁华、敦煌遗珍、年画撷英、前尘旧影(老照片)等,以及已经获得作者和出版社授权的文津图书奖部分参评图书。虽然有些文献的知识产权问题未能解决,如博士论文,由于是国家图书馆的特色馆藏,基于以数字形式备份保存的目的,仍然进行了数字化,只是不提供全文阅览和下载。

图书馆制作的电子书的一个最大特点就是特色文献多,但由于不少图书馆都有其各自的考虑与政策,因此存在着标准不尽统一、开放性不够、获取困难等问题。最近几年,随着中国国家科技部数字图书馆标准规范研究项目的实施,大陆最重要的图书馆都参与了这个项目,因此其成果有可能得到普遍的应用,因此,关于标准规范的统一问题有望得到根本上的解决。

2 电子书的评估

电子书的评估主要涉及电子书的功能、价格等方面。就价格而言,目前中国大陆地区的商业性电子书的价格是比较便宜的,通常只是纸本图书的十分之一左右。对于图书馆来说,更为关注的是电子书的功能问题。关于电子书的功能,我们大致可以将其分为基本功能和延伸功能。

2.1 电子书的基本功能

电子书的基本功能,包括发现机制、目录与检索功能、批注功能、帮助功能、使用方式(授权机制)、使用成本、长期存档等。电子书的基本功能将反映在读者利用电子书时最直接的感受上,人们通常会说某种电子书好用,某种电子书不好用,这个评价通常就是建立在与传统纸本图书的比较的基础上的。

发现机制,是近年来才逐步引起重视的一种可说电子书最重要的功能。以住人们在讨论电子书的功能、特点时,往往仅仅着眼于电子书本身的内容和技术手段,在涉及到发现机制时,关注的多半是目录与检索功能。从电子书利用的实践来看,如何让读者知道到哪里去找所需要的电子书是决定电子书利用率最重要的因素。以国家图书馆为例,尽管提供了许多的电子书服务,特别是其中有大量的特色馆藏,但很多读者并不知道国家图书馆有他所需要的电子书服务,结果就使得大量的电子书"藏在深闺人未识"。可以说,一种好的发现机制,其意义远远超过我们下面将要提到的各种功能。幸运的是,目前已经出现了一些好的发现机制,使读者得以免却大海捞针式的搜索之苦。利用第三方的搜索系统特别是一些常用的搜索工具是目前对于读者来说最为方便的一种方式。在中国大陆,百度和 Google 学术搜索是人们最常用的网络搜索工具,目前已经有不少的国内外电子书、电子刊提供商如万方、维普、JSDOR 等将其产品的目录开放给了百度和 Google 学术搜索,国家图书馆及其他一些拥有较多自有电子资源的机构也已经或者正在考虑通过这种方式来向读者提供服务。此外,还有一些数据提供商发布自己的专用搜索工具,如"CNKI 知识搜索"。这种方式的优点是可以提供比诸如百度 Google 更多的功能,但其前提是这种专用搜索工具对于读者来说具有足够的知名度和影响力,否则,读者怎么会想到去查询一个自己根本就不知道、不熟悉的搜索工具?

目录与检索功能,主要解决查询与聚类的问题。对于目录的全文检索,是一般的电子书和电子刊都具有的基本功能,不必细说。由于电子书的数量较大,一些特别的检索方法如树型目录虽然检索精确度不高,但却能起到很好的聚类作用,这是用户在不知道具体文献而需要模糊查找时必须要用到的功能。这个功能有些电子书数据库提供,有些则不提供。

批注功能主要有两种方式,一种是像迪志文化出版有限公司出版的《四库全书》那样,允许每一个用户建立自己的批注,这种方式下用户在使用电子文献时可以及时将自己的心得记录下来,非常方便,也有很好的隐私保护功能。但是,这种方式只能提供用户自己使用,不能共享。另一种方式是亚马逊式的,它允许每一个用户针对某种电子文献发表自己的感想、评论并让其他读者共享,对于其他用户有很好的推介作用,这对于提高电子资源的使用效率是非常有用的。内地的当当网、卓越网也都采用了这种方式。在笔者看来,理想的方式是将二者结合起来。

使用方式特别是授权机制,是一个直接影响到用户能否方便使用电子资源的问题。在中国内地的高校里,由于师生的居住和学习、研究场所都比较集中,图书馆通常都非常乐于采用 IP 控制的授权方式,但对于像国家图书馆和公共图书馆这类读者居住分散、服务对象不明确的图书馆来说,IP 控制方式是一种最不好的方式,因为在这种模式下,读者必须到图书馆才能使用电子资源,使得电子资源原本具有的方便性大打折扣。因此,我们需要电子资源提供商能够根据具体用户的需要,采取更为零活的授权机制。

使用成本包括购买成本、更新维护成本、用户机构的运维成本。一般而言,远程存取的使用成本较低,但用户查询速度以及资源的长期存档都存在着一些问题。

关于长期存档。互联网上的一般信息的平均寿命只有四十多天,虽然网上电子书的寿命要长一些,但其稳定性令人堪忧;对于商业性的数据库甚至图书馆自己制作的电子书,正如许多研究文章提到的那样,也存在着这样或那样的隐患。为了解决长期存档问题,图书馆通常都会考虑建立本地镜像,对自己制作的电子书用光盘或磁带进行保存。这虽然对于长期存档有一定的帮助,但这意味着大量、持久的设备投入、人力投入,并且也不能从根本上解决长期存档的问题。比较理想的做法是像 Elsevier 在英国国家图书馆、荷兰国家图书馆建立的那种国家存档机制。在中国大陆地区,中国国家数字图书馆已有这方面的考虑,但要付诸实施,还有待人们特别是数据提供商认识的提高。因为,目前国内绝大多数数据提供商还没有充分认识到长期存档特别是委托第三方进行长期存档的重要性。

2.2 电子书的延伸功能

电子书的延伸功能,包括开放链接与系统整合、联机参考文献、联机引文和注释以及中文所特有的字符处理功能等等。电子书的延伸功能主要是指电子书由于其数字化的特点而带来的新的功能,这些功能将远远超出传统的纸本图书,如果说传统纸本图书在阅览方面具有优势,那么,电子书的一些新特点正是弥补其不足、赢得更多读者的关键。

目前大陆地区常见的电子书在满足基本功能方面,应该说没有什么太大的问题,但在延伸功能方面,则与国外的电子书和电子刊有较大的差距,笔者认为其中根本的原因在于观念而非技术。如:

目前绝大多数大陆地区制作出版的电子书都不提供开放链接的功能,因此也不能与其他相关的资源进行整合。我们认为,数字时代,图书馆人最重要的工作是发现信息与信息之间、资源与资源之间的内在联系,并将若干不同来源的资源进行有机地整合,提供给用户进行研究,从而产生新的知识。这是图书馆与其他一般的数据提供商所不同的地方,也是数字时代图书馆的核心竞争力之一。基于此,我们首先希望采进的电子书在数据库结构上是开放的。以电子版《四库全书》为例,它所收录的文渊阁本只是现存四部四库全书的一种版本,还有一些四库全书版本如文津阁本、文溯阁本在不少文献上与文渊阁本互有异同,互有优劣,可以相互补充、相互参考。同时,一些非四库本可能在版本方面比四库本要好得多,不仅能够补充文渊阁本的不足,修订文渊阁本的错误,还能提供超出文渊阁本之外的更多的参考。因此,理想的《四库全书》数字资源库应该是开放的,它首先应该是能够同图书馆的馆藏管理系统进行整合,使读者在查阅某一种文献时,能够同时查到电子本,也能找到非电子化的传统纸本文献以及其他相关的研究文献;其次,这个资源库能够与其他数字资源库进行整合,从而实现数字资源库之间的互通。如文渊阁本《四库全书》已经有了电子版,文津阁本《四库全书》不久也将推出电子版,这两种版本选目基本上是一样的,但文字内容之间的差异不小,如果能够实现两种版本的数字资源库之间的互联,对于研究者来说是有很大帮助的。

关于联机参考文献、联机引文和注释,重点在前二者。现在许多科学研究成果都有了电子版,但常常不会涵盖在同一个资源库里,因此联机参考文献、联机引文的实现是非常重要的。在这方面,电子书与电子期刊的差距是相当大的。应该看到,近两年这种情况已有一定程度的好转,如超星、清华同方等都在继续使用自己专有格式的同时,推出了符合国际标准的 PDF 格式的电子书,清华同方还考虑到了在本公司内部不同产品之间的联机检索、联机参考文献等功能的实现。超星提供了由部分图书馆参与的网上咨询服务,方正电子书也实现了电子书与图书馆馆藏纸本图书的双向互查,万方资源库则在标准化方面较为出色。希望更多的电子书提供者能够更加迅速地走向国际化、标准化。

关于中文电子书的字符处理问题。目前这个问题随着 UNICODE 字符集的扩展,已经不再是主要问题了。但在具体的处理中,仍有若干问题需要注意:忠实原貌与规范处理问题(以数字方志中遇到的问题为例,如残字、避讳);关联检索与检索效率和准确问题等。对于这一点,笔者已经有专文[10]讨论,于此不赘。

3 结语

关于中国内地电子书的发展及使用情况,大致可用两句诗来说明:“吾家有女初长成,养在深闺人未识”;“躲进小楼成一统,管他春夏与秋冬”。

第一句诗是对目前内地电子书发展规模的一个形象描述。正如前面所述,内地各种类型的电子书从数量上已颇具规模。但是,由于不少图书馆在如何进行电子书的服务方面经验不足,资源提供商针对用户需要制订相应的用户许可证机制方面也还存在着问题,因此电子书的使用情况存在着不平衡的现象,在有些类型的图书馆(如高校图书馆)使用得较好,而在另外一些类型的图书馆使用还有一些问题,特别是宣传、推介不够,读者对图书馆购买、制作的电子书了解不够,因此大大影响了电子书的使用。

第二句诗主要是指一些商业性的电子书供货商出于自身权益的保障,希望自己的产品能够取得专有的发展空间,因此大多数成规模的电子书制作者都有自己专用的格式。以自我为中心,产品缺乏开放性,不遵循国际通行的开放标准,其结果就造成最能体现电子书特点和优势的跨库检索、跨库调用、联机参考文献利用、联机注释等功能都无法实现,浪费读者的时间和精力,同时也必将影响商家自身长远的发展。

如前所述,我们目前可以利用的电子书的来源是多方面的,电子书的形式也是多种多样的。作为图书馆,应该充分发挥自身的优势,和数据提供商一道,有效地解决电子书制作、出版过程中的各类问题,引领电子书的发展走向规范化和标准化,从而使数字资源能够有效的整合,方便用户的获取、检索和利用。

注释:

①目前谷腾堡项目中免费的电子书已经有19000种,详情参见:http://www.gutenberg.org

②中华电子佛典协会的“大藏经”已将《大正新修大藏经》、《续藏经》以及其他一些佛教文献进行了数字化,并允许读者免费阅览和下载,详情参见:http://www.cbeta.org[2008-02-19]

③http://www.qiji.cn/eprint

④Peter Suber. Welcome to the SPARC Open Access Newsletter: Predictions for 2006. http://www.earlham.edu/~peters/fos/newsletter/01-02-06.htm

⑤http://www.rongshuxia.com

⑥http://book.sina.com.cn

⑦http://www.jdslsn.com/dlwz/index2.asp

⑧http://www.52eshu.com

⑨http://www.bomoo.com

⑩陈力:“中文古籍数字化的再思考”,《国家图书馆学刊》,2006年第2期

原载于《国家图书馆学刊》,2008年第2期

中文古籍数字化方法之检讨

从上一世纪80年代中文古籍数字化开始出现到今天,已经有二十多年历史了。在台湾地区,从80年代开始,一些学者和研究机构就已经着手研发以古籍为主的资源库,如罗凤珠先生的"《红楼梦》网络教学研究数据中心"、《全唐诗》、《全宋词》、《宋代名家诗》网络版等。在机构方面,台湾"中央研究院"研发的"翰典全文检索系统"[①]不仅收录了不少重要的典籍,同时其强大的文本检索功能也给读者利用古籍带来了全新的感受。台湾汉学研究中心制作的"善本丛刊影像先导系统"等也已陆续提供服务[②]。CBETA中华电子佛典协会的"在线藏经阁",已经完成了《大正新修大藏经》、《续藏经》以及一些佛教参考文献和工具书的数字化,并提供免费下载服务[③]。近年,台湾有关机构提出了一个庞大的"数位典藏计划",其制作单位涵盖图书馆、博物馆、研究机构等,与古籍有关的内容包括:善本古籍典藏数字化、金石拓片典藏数字化、古籍附图典藏数字化以及"台湾地区地方文献典藏数位化"和"期刊报纸典藏数位化"等等[④]。

在香港地区,香港中文大学中国文化研究所先后推出了先秦两汉、魏晋南北朝古籍数据库以及竹简帛书和甲骨文数据库,成绩也相当可观。

在国外,日本、美国、英国等也都在中文古籍数字化方面做了大量工作,如国际敦煌学项目作为一个国际合作性质的中文(包括一些中国古代少数民族文字)古籍数字化项目[⑤],目前已经取得令人瞩目的成果。

大陆地区的古籍数字化工作也开始于80年代,到80年代末,也取得了一些成绩,但当时大部分的工作主要还是在学者的书斋中进行的,并没有对社会产生太大的影响。进入90年代以后,随着计算机的普及及网络技术的发展,古籍作为一种重要的民族文化遗产,受到了高度重视,因此在一些读书网站中,如“黄金书屋”、“新语丝”等就已经有了相当数量的古籍,内容包括古典小说、历代史籍、儒家经典和诸子等等,数字化的形式主要是人工输入的一般电子文本。

90年代中期以后,一些大的出版机构、学术机构和商业公司介入了古籍的数字化工作,古籍数字化的规模迅速扩大,例如中国国家图书馆制订了一个庞大的古籍特藏文献的数字化计划[6],包括:“碑帖菁华”[7]、“西夏碎金”[8]、“敦煌遗珍”[9]、“数字方志”[10]以及甲骨文、《永乐大典》等,其中有些项目已经完成,其成果可以通过网络为读者提供服务,有的项目正在进行中。北京大学正在进行的《中国基本古籍光盘库》,计划收录古籍一万种。北京大学图书馆推出了“秘籍琳琅”项目[11],中华书局正在进行中华古籍语料库的建设,上海人民出版社与迪志文化出版有限公司合作推出了文渊阁《四库全书》全文检索版,书同文数字化技术有限公司推出了《四部丛刊》的全文检索版[12],国学公司推出了《国学宝典》等系列产品[13]。

在上述的古籍数字化项目中,或以文献特色胜,或以数量胜,或以使用功能胜。可以这样说,在公开的中文文献数据库中,无论是数量还是采用的技术手段,古籍数字化工作所取得的成就都是最为耀眼的。

中文古籍数字化工作如何在现有的基础上继续向前发展?这需要对以往的工作进行一番总结,特别是通过对存在的问题的分析,找到解决问题的方法,找到继续向前发展的方向与突破点。下面,我们重点就内地古籍数字化的现状和存在的问题稍作检讨。

目前,中国内地古籍数字化工作除古籍爱好者和研究者零星进行的古籍数字化工作以外,成规模的数字化工作基本上是由三种类型的机构来进行:一种类型为教学和研究机构,一种类型为图书馆,还有一种类型则是商业机构。这三种类型的机构在进行古籍数字化时是各有其特点的:

教学和研究机构对数字化对象选择目的性强,数字化的目标及方法主要是根据教学和研究工作需要来决定，例如中国社会科学院的数字化项目包括《全唐诗》、《先秦魏晋南北朝诗》、《全上古三代秦汉三国六朝文》、《十三经》、《全唐文》、《诸子集成》等等，北京大学的《全宋诗》等皆是如此。

图书馆所进行的古籍数字化，则主要是根据其馆藏特色来进行，如中国国家图书馆、北京大学图书馆的古籍数字化项目基本上是按这个原则来规划的。

至于商业机构，其古籍数字化的内容主要是根据市场来决定的，哪一类文献有市场，就进行哪一类文献的数字化。考虑到市场的运作，常常会选择大型类书、丛书，如《古今图书集成》、《四库全书》、《四部丛刊》等等。

不同类型的机构根据自己的情况进行有特色的数字化对于推进古籍数字化的工作无疑是必要的，但是，其中所存在的一些问题也不可忽视，有些问题已经引起了人们的注意[14]，而有些问题还没有引起足够的重视。

中国古籍的数字化是一项中华文化遗产的保护和弘扬工作，具有强烈的公益性色彩，需要各方面加强协调，有一个整体的规划。整体规划不仅包括数字化对象的内容确定和合作分工，同时包括相关标准、规范的统一，而恰好这两方面的问题在目前古籍数字化工作中表现最为突出。

就协作方面的问题而言，主要是关注焦点过于集中，重复建设。

中国古籍的数字化目前是各自为政，虽然数量已经不少，但关注的焦点过于集中，并且多数都带有商业色彩或者追求规模与宣传效应，致使古籍的数字化集中于"少数"常用特别是丛书类的古籍，而一些学术界需要的古籍鲜有顾及。例如文渊阁《四库全书》先后已有三家进行过影像的数字化（上海人民出版社与迪志文化出版有限公司的光盘版、武汉大学出版社的光盘版、"中美百万册书数字图书馆"的网络版等），一家进行了影像、全文文本的数字化（上海人民出版社与迪志文化出版有限公司的网络版），此外还有一些机构曾经也进行过相同的工作，只是由于各种原因最后没能面世。至于像二十五史这类规模稍小但更常用的文献,其数字版本就更多了。

就标准、规范方面的问题而言,由于制作单位不同,各自的利益不同,所制作的古籍数据库常常是封闭的,在技术上很难与其他数据库融为一体,造成知识体系的割裂。同时,出于保护各自的知识产权或有利于产品占领市场,不少机构并不采用通行的工业标准,而是自行设定相关的数字化加工与组织标准。

上面所提到的问题,无论是协作还是标准与规范,都是属于表面层次的问题,是比较容易发现的,而另外一些问题常常被人忽略,但就其性质而言,更应引起我们的重视:

第一,对古籍数字化工作的特点认识不够。古籍较之其他类型文献有什么特点?如何在数字化时体现这些特点?

第二,对古籍数字化工作的定位不够明确。古籍数字化与其他文献的数字化是什么关系?它在整个数字图书馆建设中处于什么样的地位?

作为文献的一种类型,古籍的数字化与其他文献的数字化相比,有其共性,但也有其个性,为了体现这些个性,需要我们采取一些特殊的加工手段和技术措施。因此,根据古籍的特点来进行数字化是提高古籍数字化水平最主要的途径。

如何进行古籍的数字化?海内外已有不少学者对此进行过专门研究,不过讨论主要集中在汉字字符集、OCR 识别及版面还原和全文检索等方面。随着计算机技术的发展,上述问题已经不再是什么大问题了,因此,已有学者开始从更广的角度提出了对古籍数字化更新的功能需求。北京大学李国新教授提出:第一是必须实现文本字符的数字化,第二是具有基于超链接的浏览阅读环境,第三是具有强大的检索功能,第四是具有研究支持功能。

李国新教授所列前三项是一般文献数字化都应该具有的,也就是说,并非古籍的特性。关于第四项,李国新教授提出的具体内容是:"所谓'研究支持功能'是指能够提供有关古籍内容本身科学、准确的统计与计量信息,提供与古籍内容相关的参考数据、辅助工具。这些信息、数据或工具都是古籍内容的增值或补充。比如古籍字数、字频、词频的统计资料,异体字的汇聚显示,读音的自动标注和朗读,行文风格特点的概率统计,必要的背景知识、参考数据的汇聚，在线标点断句工具的配备，不同版本比勘校对接口的设置，字典词典、历史年表、历史地图等研究工具的载入，等等。”[15]的确，近年来不少机构在进行古籍数字化时，都将注意力逐渐集中到了李国新教授所提到这些方面，在进行数字化时比较注意相关工具的开发。

除了对相关工具的研发以外，在古籍数字化方面我们还能做些什么？也有人提出希望建立古籍整理的专家系统，以实现古籍版本的自动校勘、自动查错、自动断句标点、自动注释、自动翻译为白话[16]等等。数字技术能否取代人脑进行上述有些明显属于思想层次的工作，目前我们并不敢抱太多的幻想[17]，不过，今天数字化技术的进步的确已经为我们从更广的领域、更深的层次进行文献加工整理从而向读者提供全新的服务提供了可能。

在纸本时代，我们对文献的认识与管理主要是针对其物理形态进行的，至多我们能够对其主要内容进行一些抽象的描述。在数字化时代，我们对文献的管理，已经突破了文献的物理形态深入到了它所包含的信息单元，并且能根据我们对这些信息单元的理解与把握将之进行分合、重组，以向读者提供针对性更强、内容更丰富的信息服务，而在进行信息单元的分合、重组时，首先面临的就是对加工对象特点的正确把握与处理。

较之其他类型的文献，古籍有什么特点？

古籍的特点，首先是版本的问题，包括古籍版本的选择问题、古籍版本的比较问题、已有古籍研究成果的利用问题以及一些因古籍的特殊性而产生的全文检索与规范控制等问题。

关于古籍的版本选择，这是古籍整理与数字化首先要遇到的问题。在传统的古籍整理、研究工作中，它就是学者们普遍遵循的原则之一。就目前的古籍数字化现状而言，由于种种原因，一些机构在进行古籍数字化工作时，通常喜欢选择丛书或易于获得的文献，而不是根据版本的优劣来选择，其造成的后果就是已经数字化的古籍并不是最好的版本，这自然会极大地影响质量。因此，今后的古籍数字化应该聘请专家对古籍的版本进行筛选，尽量选择好的版本进行数字化。

与古籍版本选择直接相关的就是古籍版本的比较问题。许多古籍都不止一个版本，虽然我们可以勉强说某种古籍的某个版本比较好，但这并非绝对的，因为不同版本之间的异同也许互有短长。同时，根据对不同版本异同的分析我们也许能从中了解更多、更重要的信息。因此，版本的比较在古籍的整理工作中是非常重要的。在利用纸质文献时，我们常常会搜集不同的版本进行比勘。在数字化时代，直接采用扫描的数字化影像文献由于阅读不便，即使有了不同版本的数字化影像文献，使用起来仍会非常困难，远不如纸质文献。如何利用现代信息处理技术来处理不同版本的比较问题将是我们今后必须考虑的[18]。

全文检索是古籍数字化进程中最先受到重视的技术。简单的全文检索在几乎所有的文本编辑和对象数据库中都能实现，但从目前国内几种使用最普遍的古籍数据库的情况来看，一个比较大的问题就是如何处理古籍的繁简字、异体(形)字、俗字的识别与检索问题。在进行大规模的古籍汉字识别时，需要高水平的专家对文字把关，但在实际工作中做起来是非常困难的，一些大型古籍数据库在制作时，操作人员限于水平，不能识别古籍中的异体(形)字、俗字，不得不“依样画葫芦”，其结果就是大量生造Unicode 表外字，不仅在检索时一个字列出一大堆繁简字、异体(形)字、俗字、生造字，增加了检索“噪音”，同时，由于大量生造的 Unicode 表外字，也增加了数据库在开放、共享方面的困难。

在中文数字化工作中，为了提高检索效率，防止过多的“噪音”，人们非常重视汉字的标引特别是词典切分标引。词典切分标引对于现代文献可能相对较易，但由于古籍及古代汉语的复杂性，在实际工作中做起来是非常困难的，它不仅要解决防止“噪音”过多的问题，还要解决字、词在特定的语境中含义不同的问题，这已经属于人工智能的范畴了。此外，还有一些问题需要解决，如同书异名、同名异书、同一作者有不同的称谓。其他如职官、地名、事件名等都与现代很不相同，例如“李世民”=“唐太宗”、“南京”=“天京”(太平天国)、“太平天国起义”=“洪杨之乱”等，非常复杂，这是一个尚待研究的课题。这些问题有的在传统的文献整序时已经有了解决的办法，也就是我们在文献编目时经常要提到的“名称及主题规范”、“权威档”(Authority)。通过对文献进行规范控制，我们可以基本上解决一般性的异名问题。但是，由于古籍的数字化同现代文献编目不同，它主要是对文献内容的数字化处理，而不是对文献某些特征的抽象性描述，有些问题可能需要建立一些知识性的支撑数据库（或工具库）来解决，如对古籍中地名、职官名的处理。以地名为例，古籍中的地名与今天的地名很不相同，一地有数名，一地的四至（范围）在不同时代各不相同等等，这使得古籍中的地名规范处理起来非常困难，因此，建立一个以现代地理信息系统（GIS）的方式构建的古代地理信息系统就非常必要了。作为全国乃至全世界同行在进行古籍数字化时通用的知识性支撑系统，这个系统并不是简单附上一个电子地图，而应该根据文化的或行政的区划变迁绘制不同的地图，以正确地反映不同时代文化、政治地理的变迁情况，同时辅以古代地名规范数据库。这将是一项极为浩大的工程，需要各方协作。目前，大陆、台湾以及美国的一些学术研究机构已经开始了中国古代地理信息系统的研制，中国国家图书馆也开始了古籍地名、人名等规范数据库的制作。

关于古籍数字化工作的定位，所涉及的问题更为复杂。就目前的情况而言，中文古籍数字化的成果，无论其制作机构是什么，读者大多是通过图书馆或其他一些文献收藏或传播机构来利用的。由于不同古籍数字化制作机构各有其考虑、各有其利益，因此在标准与规范方面难以统一，独立成库，互不开放，不仅难以与其他古籍数字化项目共享资源，也很难纳入各图书馆整个的文献资源体系之中。

我们认为，古籍是人类整个知识体系中的一个组成部分，古籍不应该与现代普通文献割裂开来。数字化文献只是我们对文献的一种处理方式，数字化的文献也不应该与非数字化的文献割裂开来。因为，至少在可以预见的将来，我们不可能将所有文献数字化，一个完整的文献信息体系将同时涵盖数字化和非数字化的文献。我们可以通过数字化的手段，如现在一般图书馆都已广泛应用的计算机机读目录将数字化与非数字化的文献连接起来，从而构成一个完整的知识体系。因此，我们希望在一个通用的平台上，读者既可以进行一般性的书目包括现代图书与古籍的查询,同时根据需要可以直接切换到古籍甚至相关的现代研究性著作的全文上,如果再加上一些相关的知识性辅助工具,将使读者对古籍的利用进入一个新的境界。

古籍数字化工作是数字图书馆建设的重要组成部分,因此应该按数字图书馆的模式去组织、加工、发布。古籍数字化应该是以开放式的、分层次的、结构化的数据库来组织与揭示,在进行数字化加工时应遵循与现代图书统一的标准规范,古籍的特殊性应该在统一标准规范的框架下进行细化。各机构之间或同一机构不同的数字化项目之间,可以通过某种形式的共享协议或技术,使所有的资源能够在同一平台上使用并互相调用。同时,在大多数情况下,古籍与现代图书的知识库应该是可以共享的,如字典、历史年表、纪年换算、历法换算、各类规范数据库、地理信息系统等等。

如前所述,版本问题是古籍数字化工作中一个非常重要的问题,除了选择好的版本以外,如何让读者能够方便地了解和使用该书的其他版本,或者虽然不同书,但却有相同、相近、相关内容的文献?这也是我们在进行数字化时应该考虑到的。我们当然可以在进行数字化时就将一部书的不同版本一起数字化,但在实际的操作中,这却是很难办到的,在很多情况下,也是不必要的。要解决这个问题,应该将单种的古籍置于一个更庞大的古籍资源体系中来考虑,如果我们在进行数字化时遵循一定的标准、规范,遵循开放性原则,相信可以通过一定的检索手段与内容关联方法给读者提供版本和内容比勘的方便。

从2002年开始,由科技部委托国家科技图书文献中心协调,中国科学院文献情报中心、中国科学技术信息研究所、国家图书馆、CALIS管理中心、北京大学图书馆、上海图书馆等21家单位联合进行了数字图书馆的相关标准规范研究,[19]其中直接与中文古籍有关的包括:《舆图描述元数据著录规则》、《舆图描述元数据规范》、《拓片描述元数据著录规则》、《拓片描述元数据规范》、《家谱描述元数据著录规则》、《家谱描述元数据规范》、《古籍描述元数据著录规则》、《古籍描述元数据规范》、《地方志描述元数据著录规则》、《地方志描述元数据规范》等等。此外,还制订了不同类型数字资源的加工标准和规范,如对古籍、拓片、舆图、字画、手稿、文牍、契约以及甲骨、金石、竹简、陶器等实物的三维造型等等。目前,这些标准、规范正在测试之中。我们相信,如果在古籍数字化工作中遵循一定的标准规范,不仅会有利于古籍数字资源的共享,同时,对于古籍内容深层次的揭示、版本的比勘等等都具有重要的意义。

古籍数字化工作是一项系统工程,无论是从项目规划还是到社会资源的共建共享,都需要以协作和开放的精神来开展工作,不仅在标准与规范上需要协作与开放,在古籍数字化的体系结构上需要协作与开放,在项目的规划与实施上更需要协作与开放。只有集中各方面的智慧与资源,才能使中华民族的文化遗产得到全面的继承与弘扬。

注释:

①http://www.sinica.edu.tw/ftms-bin/ftmsw3

②http://www.ncl.edu.tw/f89.htm

③http://ccbs.ntu.edu.tw/cbeta/result/index.htm

④http://www.ndap.org.tw/

⑤http://idp.bl.uk/

⑥http://www.nlc.gov.cn/nav/insite.htm

⑦http://202.96.31.42:9080/ros/index.htm

⑧http://202.96.31.42:9080/wenxian

⑨http://idp.nlc.gov.cn

⑩http://202.96.31.42/chronic/index.htm

⑪http://rbdl.calis.edu.cn/index.htm

⑫http://www.unihan.com.cn/html/index.htm

⑬http://www.guoxue.com/cp/cpfront.htm

⑭吴宣德:"古籍数字化:现状、问题与趋势——从一个使用者的角度看". http://myqf.nease.net/gengyusuoji/guji.htm

⑮李国新:"中国古籍资源数字化的进展与任务",《大学图书馆学报》2002年第1期

⑯潘德利:"中国古籍数字化进程和展望",《图书情报工作》,2002年第7期

⑰关于这方面的问题,罗凤珠先生曾有专文讨论,参见"在因特网建立汉学研究环境的重要性及可行性 ——就中国文学而论",《汉学研究通讯》第16卷第1期1997年2月;"台湾地区中国古籍文献资料数字化的过程与

未来的发展方向”,《五十年来台湾人文学术研究丛书——文献学与图书资讯学》,学生书局,2000

⑱高大威先生曾就此问题有专论,并提出了四种解决的方法,但其所谓最佳的两种解决办法皆欲某一文献的所有版本纳入一个树状结构的数据库之中,虽高先生也曾设想“在各古籍、各版本之间研发一套‘整合检索’、‘交叉浏览’与‘原文比对’、‘随选打印’等功能”,甚至“可另外研发古籍影像系统,两相连结”,但其设计的思路仍是以封闭式的封装数据库结构为基础,较之现代数字图书馆资源组织模式仍有较大差距,不过高氏的观点仍是值得注意的。参见高大威:“汉籍电子数据库建构方式之基本分析”《文传论丛——2002“第二届汉文化数据库国际学术研讨会”论文集》. http://www.hanculture.com/file/20040421161330_05.pdf

⑲http://cdls.nstl.gov.cn/cdls2/w3c/

原载于《国家图书馆学刊》,2005 年第 3 期

中文古籍数字化的再思考

进入21世纪的图书馆，正面临着强大的数字化浪潮的洗礼。对于中国的图书馆来说，无论是国家图书馆、公共图书馆还是高校图书馆，无论是业界的重视程度还是实际进行的数字化项目，古籍的数字化工作都是最重要的内容之一。这主要是因为，古籍是最具中国特色的文献，同时又几乎没有版权等问题的困扰。古籍的数字化，由于从其载体形态、文本符号到文献内容，都与现代文献、外国文献不同，其处理的难度要大得多，但却因此更具探索性和挑战性。

我们认为，古籍数字化工作发展到今天，需要对过去的工作进行总结，更需要在此基础上进行更为深入的理论研究，特别是需要对数字化对象——古籍特点进行深入的分析与研究，需要针对数字化手段给文献内容及其应用所带来的影响进行深入的分析与研究，需要对古籍这一特殊类型的文献与数字化这一现代信息组织和处理技术的结合进行深入的分析与研究。关于以往的古籍数字化工作，我们曾经作过一些初步的分析[①]，也提出了一些我们认为应该注意和思考的问题，现在我们还想就此问题作更进一步的探讨。

一、什么是"古籍数字化"

什么是"古籍数字化"？从字面上理解，"古籍数字化"是指以古籍为对象进行的数字化工作，它包含了两个基本要素：一是"古籍"，二是"数字化"。因此，我们在探讨"古籍数字化"的问题时，必须从这两个基本要素以及二者如何结合上着手。

1."古籍"及其特点

什么是"古籍"？这是一个人们常常提到但又非常模糊和难

以定义的"概念"。在林林总总的解释中,有一点是大家公认的,即内容是反映中国古代传统思想、学术与文化的,主要产生于民国以前的文献。这是古籍与现代文献、外国文献最根本的区别所在。

古籍在内容上是反映中国古代传统思想、学术与文化的,与反映西方文化、现代文化的现代文献和外国文献有很大差异,这表现在许多方面。

首先,构成古籍的基础——语言文字即我们通常所说的古代汉语(包括文言文和古代的白话文,其中以文言文为主),其与外国语之间的差别自毋庸赘述,即使与现代汉语的关系,也是极为复杂的。古代汉语特别是文言文与现代汉语及白话文,虽然有着一脉相承的文化渊源,但二者在形式或表达方式上如语音、语法、词汇的差异是相当大的。这里我们且不必细究语言学问题,仅古代汉语中以单音词(即单字)为主的特点与现代汉语中以复音词(主要是双音词)为主的特点就使二者在全文检索这一应用于数字化文献上最重要的功能就具有了很不相同的意义:在进行海量文献检索时,现代汉语用特定的复音词进行检索,其效率大大高于古汉语中单字的检索。从另一个角度来看,古代汉语的单音词的检索在许多情况下是非常困难甚至是无意义的。因为,单字检索的必然结果就是命中目标过多,而检索命中目标过多反倒增加了检索者选择的困难。一般而言,从事语言学和文学研究以及需要就某些特定的字(词)、概念进行研究的学者可能会比较喜欢全文检索,因为他们可以由此进行字频、词频的统计;而对于从事历史与文化研究的学者,则对全文检索的信任和依赖程度要低得多,因为他们所要了解的并不一定是某一个特定的字或词,而是一些历史事件、历史人物及事迹、典章制度甚至一些抽象的东西,他们需要从一些表面上没有联系的文字中寻出其内在的联系,从而作出自己的分析判断。譬如一个研究洪秀全的历史学家在进行研究时,他所需要的关于洪秀全的资料是相当多的,有的可能提到了洪秀全(这可以通过全文检索来实现),有的可能就没有直接提到洪秀全,如果他要完全依赖全文检索,那么必然会遗漏大量有用的资料。

其次,古籍所承载的中国古代文化与现代文化也是有许多差异的。早有学者指出,由于文化传统的不同,中国传统的思维方式与西方的或者现代的思维方式有许多差别。例如,西方人习惯于分析思维,而中国人则习惯于综合思维;西方人所追求的是研究对象的确定性,而中国人特别是古代中国人则喜欢"模糊性",习惯于用尽可能少的文字去表达尽可能多的意义,即所谓"言简意赅",《老子》"道可道,非常道"一句,堪称典型。有学者将中国文化这一特点概括为古代汉语词汇具有多义性,语法具有不严格性,中国传统思维方式具有模糊性[②]。由于中西文化、古代与现代文化的这一差异,文本之于中国与外国、古代与现代就具有了不同的意义。对于西方或者现代文献来说,在大多数的情况下,字面所反映的基本上就是事物的真实意义;而对于中国古代文献来说,字面所反映的并不一定是事物的全部内容,如果要了解事物的全部内容,则必须从字里行间去寻找"言外之意"或者"微言大义"。因此,一些用于现代文献、外国文献的数字技术和方法可能对于中文古籍来说并不十分适用。

2."数字化"及其内涵

什么是"数字化"? 根据字面来分析,可以有两种含义。第一种是名词或形容词后面的词缀,与"数字"一起构成一个动词,即将印刷、抄写或其他形式的文献用数字方式来表达,与"数字型"是同义语;第二种的含义则要丰富得多,它不仅是指文献是数字型的,符合数字这种表达方式,并且能比较客观、完整地反映对象内容与思想的文献,这是数字技术与文献内容的完美结合。由于实体型文献与数字型文献在表达方式及人们的接受习惯上都有较大的差异,因此,要使数字型的文献能够真实、完整地再现实体型文献的内容,必须根据数字技术的特点对文献内容进行标引和重新组织等等。更进一步看,文献的数字化,通常并不只是针对一种文献,而是多种甚至海量的文献。各种文献之间,同样的符号可能有不同的意义。当它们都包含在同一个数据库或者虽在不同的数据库里但却需要关联检索时,就需要进行内容上的整合,既要反映不同文献之间的共性,又要反映不同文献甚至同一文献不同语境下一个字、一个词、一句话的个性(这也是数字图书馆中信息处理的关键和难点所在),也只有这样,才可称得上是“彻头彻尾、彻里彻外”的“数字化”。

仅仅是将古籍简单地以数字方式再现,是比较容易做到的。而要实现“彻头彻尾、彻里彻外”的“数字化”,则非常困难。我们不妨将这两种具有不同内涵的“数字化”方式看做是古籍数字化工作发展的前后两个阶段,到目前为止,业内所进行的“古籍数字化”工作,基本上属于第一个阶段。实现第二阶段的目标虽然非常困难,但却是未来古籍数字化工作的重点研究内容。

在厘清一些基本概念后,就需要对一些具体的问题和方法进行探讨。

3. 未来古籍数字化工作的重点与难点

古籍数字化是数字时代利用数字技术和现代信息技术对古籍进行整理的工作,与传统的古籍整理工作既有相同点,也有不同点;既有老问题,也有新问题。

传统的,或者说“前数字化时代”的古籍整理方法是基于传统的思维方式的,而传统的思维方式与数字时代的思维方式有很大区别。一般而言,思维方式是思维主体、思维客体和思维中介三者社会、历史地有机结合。在前数字化时代,思维主体以个人为主,以人脑为主,思维客体以现实世界为主,思维中介则由各种物化的思维工具构成。而进入数字化时代以后,思维的主体、客体、中介都发生了根本性的变化,思维主体逐步发展到了人——机系统为主,思维客体由现实性为主向虚拟化方向发展,数字化技术与网络化技术逐步成为最主要的思维中介系统。对于古籍整理来说,在前数字化时代,人们对文献内容的处理主要依赖于整理者的知识基础,对不同文献之间相互关系的把握以及由此而产生的创造性思维成果必须通过某种与整理、研究对象相对独立的方式表现出来,如批校、注释以及专门的论著等等。而随着数字化手段的应用,我们对文献内容的处理能力大大加强了,数字技术在某种程度上可以部分取代人脑的功能,它不但能直接对文献的信息单元进行处理,还能通过诸如自动置标、聚类的方法,为使用者提供超出文献字面上所表达的信息,这也正是数字化的优势。当我们希望将数字化的优势更好地发挥出来时,如果仍然用传统的思维方式来处理问题，恐怕只能做到传统古籍整理的数字方式再现，这并不符合数字时代对古籍数字化的要求。另一方面，由于数字时代思维主体、思维客体和思维中介都发生了变化，前数字化时代的一些方法可能已经不能适应数字化时代的要求了。因此，我们在进行古籍数字化工作时，首先要解决思维方式的问题，用数字时代的思维方式来认识和考虑古籍的数字化工作。

古籍的特点与数字技术的特点相结合，是未来古籍数字化工作的重点和难点。既要充分考虑到古籍本身所具有的特点，让经过数字化处理后的古籍保持原有的文化特征与内涵，同时又考虑到数字技术及现代信息处理技术对文本和信息处理的特点，让后者所具有的信息分析、聚类以及海量信息处理等优势得到充分发挥，使过去必须用人工进行处理的事情甚至是人工不可能处理的事情让计算机去完成，实现从古籍影像的数字再现到古籍内容的分析、聚类，从单种古籍内容的处理到海量文献甚至包括现代文献、外国文献的综合处理，从简单的文本转换到信息重组甚至知识挖掘，这将是今后古籍数字化工作的发展方向。

如何在“古籍数字化”工作中将古籍的特点与数字技术的特点结合起来？这是一项极为复杂和困难的工作，有些我们现在还只能作为奋斗目标来想象，并且这些想象必然会随着我们认识的进步不断变化。这里我们首先要讨论的是古籍数字化工作中的汉字处理问题，它包括：

第一，古籍文本的数字处理；第二，古籍内容的数字化整合，包括内容的数字化重组和其他相关工作。下面就此两方面的问题分别讨论。

二、古籍数字化工作中的汉字处理问题

古籍文本的数字处理，既包括古籍外部形式或内容的简单数字转换和再现，如古籍页面的扫描（SCAN）、文本的数字化转换、光学字符识别（OCR）以及版式还原，也包括文本数字转换后的应用，如检索、内容关联等等。

古籍文本的数字转换和再现，从技术上讲目前已经相当成熟

了，关于这方面的问题，已经有相当多的文章进行过讨论，于此不赘。

文本数字转换后的应用，其涉及的面要比前者广得多，问题也要复杂得多。这里我们重点讨论汉字的处理问题（这里说的汉字处理并不包括光学字符识别问题）。

汉字处理是古籍数字化工作最早遇到的问题，以前学术界关注的焦点是用繁体字客观再现古籍内容。目前业界大多采用 Unicode 作为文字处理的标准，Unicode 已经定义了七万多汉字，不久将再扩展两万汉字。因此，古籍文本的简单转换已不是什么太大的问题了。目前最大的问题是如何处理由于古籍在传抄、刊刻过程中所产生的一些问题，如异形字、避讳字、通假字等等，当然，目前业界普遍采用的 Unicode 本身也存在许多问题。

1. 异形字的处理

关于异形字的问题。由于古籍传抄、刊刻的情况千差万别，因此在古籍中不仅有正字与异体字、正字与俗字的问题，还有因各人的审美观念不同或者抄写刊刻的方便而随意改变笔划的位置、形状造成的异形字。正字与异体字、俗字的区别，传统上已经有了共识，相对来说易于处理，例如通过一个计算机后台处理的字形对照表来解决各种简体字、繁体字、正字、异体字、俗字甚至中国汉字与日本汉字的差异问题。而异形字的情况就不同了。在进行古籍数字转换时，限于水平，有些操作人员不能识别古籍中的异形字，不得不“依样画葫芦”，生造出一些新字。由于每一个汉字都有一个对应的编码，如果将异形字都当作不同的汉字，其结果就是大量生造 Unicode 表外字。这不仅增加了录入的工作量，更重要的是将对检索产生重大的影响。因为使用者在检索时并不清楚某部书中某字的具体写法（甚至一部书中同样的字也有许多种变体），因此实际上无法进行检索或者出现大量漏检。对异形字的处理，很难像对正字、异体字、俗字或简体、繁体字的处理那样，通过编制字形对照表的方式来解决，因为异形字本身并无规律可循，编制这个对照表将非常困难；同时，对照表无限扩充，也会带来新的问题：因为这样会产生大量的“噪音”，从而严重影响检索的效果。此外，由于大量生造 Unicode 表外字，也必然会大大增加数据库在开放、共享方面的困难。

2. 避讳字的处理

关于避讳字问题。避讳是中国古代一个非常重要的文化现象。对于避讳问题,过去已经有了大量的研究成果。以往学者们所关注的主要是历代帝王或与其相关的避讳问题,与古籍数字化工作中所遇到的问题相比,要简单得多。在进行古籍数字化时,将涉及到古籍文本中大量的"私讳",即作者、传抄者、刊刻者本人及其家族独有的避讳字,这些避讳字通常只是一家之讳,并未得到社会的认同,换句话说,某一个讳字,只是在某一作者、刻书者所编刻的一部书或少数几部书中出现,并不具备普遍性。传统上进行古籍整理时通常以标明某字为某字的避讳字的方式来处理。由于过去的古籍整理基本上都是针对单种书进行的,因此较易处理。但在进行古籍数字化时,通常一个数据库中包括许多种古籍,因此不大可能像传统的古籍整理方法那样进行个性化处理,而不能处理好私讳问题,必然会对检索效果产生影响。

3. 通假字的处理

关于通假字的问题。我们这里所讨论的不涉及通假字本身的问题,而是在古籍数字化的应用中所产生的问题。通假字由于在应用上是无规律的,有的其实就是古代的错别字,如避讳字的处理一样,在传统的古籍整理工作中,整理者常常会通过注释的方法指出某字是某字的通假字,而在进行大规模的古籍数字化时,通假字的处理就成了一个很大的问题了。

4. Unicode 中的汉字编码及其相关问题

汉字的处理,如前面提到的异形字、避讳字、通假字等等,表面上看只是一些具体问题,但实际上是一个标准规范的问题。统一相关的标准规范,始终是数字化工作中最重要也是最基础的工作,因为这是资源共享的基础,也是下一步不同资源库之间内容互相关联与调用所必需的。

在汉字字符处理方面,我们曾经经历过一个无序的"战国时代",随着时间的推移,人们对相关问题认识的深入,采用一个统一的字符标准逐渐成为业界的共识,Unicode 就是这样被推到了前台。Unicode 目前已经完全与国际标准 ISO 10646 同步,由于它所涵盖的汉字目前已超过七万个,并且还在不断扩充,因此在古籍数字化时绝大多数机构都采用了 Unicode。但是,由于 Unicode 本身还存在着不少有待完善的地方,这也给古籍数字化工作带来了一些问题。以中国国家图书馆"数字方志"项目为例,在进行汉字录入时,录入员常常不能判别由于古代刻工不同的刻字风格,将大量的异形字、异体字和简繁字视为不同的汉字,如在加工时,录入人员不能判别"氵幵"与"汧"就是同一字,而 Unicode 字符集(SuperCJK)中并无"氵幵",因此自造了"氵幵"。当然,这类问题不仅发生在一般的录入人员身上,就是 Unicode 字符集编码本身也有不少问题,如将原本是同一个字的研硏、豣豜、妍姸、鈃銒、訮詽分别编码,但对情况完全一样的汧和"氵幵",却仅"汧"有编码[③]。

为了解决上述问题,学术界已经作了一些努力,如北京图书馆(即今中国国家图书馆)从 20 世纪 80 年代起就开始了汉字属性字典的研究,并出版了《汉字属性字典》,其他一些机构和个人也曾进行过这方面的研究,并取得了一定的成果[④]。但是,由于以前的研究主要是基于 GB2312 或 ISO/IEC10646 基本集或扩 A 集,收录汉字数量有限,有些机构虽然也在开发基于 Unicode4.0 的属性字典,但因种种原因,结果还不十分理想,如上海人民出版社、迪志文化出版有限公司推出的《文渊阁四库全书》电子版中,为解决异体字、简繁字等互检问题,引入了"汉字属性字典",将本字、异体字、同义字、通假字、简体字、繁体字甚至错字等等一并检索,这种办法虽然可以避免漏检,但由于其字表的不完善,并且缺乏人工智能分析、判断和筛选的机制,却带来了另外的问题,即"噪音"过多。例如,检索乾清宫之"乾清"二字,将同时检索"軋"、"乹"、"干"、"漧"和"凊"、"淸"、"请",其中"淸"就是"清"的变体字。查询结果如下:

除了"乾清"二字被查到外,还有"干请"与"干凊"被查到,如《四库全书总目·龙溪全集》:

史又载畿尝言学当致知见性而已应事有小过不足累故在官不免干请以不谨斥

《礼记集说》卷九十四:

圜方之相研刚柔之相干清浊相废而轻重相浮

又如,检索"分类"将同时检索"分"、"兮"、"匪"和"类"、"類",其结果是,查"分类"与查"匪类"是一样的结果,都是相同的1304条。其中"分"与"兮"根本就是两个不同的字,大概是系统研发人员怕录入人员分不清"分"与"兮"而采取的"预防"措施吧!

古籍数字化工作中汉字处理的困难是由于汉字本身的特点带来的。对古代汉字基本的构造特点以及使用特点,前人曾归纳为"六书",即已见其复杂性,兼之汉字经过了几千年不断的繁化与简化,一字多形、一字多义、一字多音是古代汉字最显著的特征。与现代汉字相比较,古代汉字要复杂得多。古代汉字形、音、义的变化,有些是有规则的,有些则是无规则的,加上"通假"等习惯用法以及使用环境不同等因素,使得汉字与汉语的表现形式非常丰富,同时也就增加了对其变化规律把握的难度。我们知道,计算机适于对有规律变化的信息的处理,因此对于像古代汉字和古代汉语这种变化复杂的信息的处理就非常困难了,换句话说,要构建汉字知识库,其工作是相当困难的。此项工作,似可按先易后难的原则,从一些相对易于入手之事做起,如通过建立一些大型的语言文字的专家系统,如同时具有排序、聚类以及智能分析、判断和筛选的联机《汉字属性字典》和《多语言对照词典》等工具库,达到在检索时既不漏检也不误检的效果。在此基础上,引入"规范控制"的机制,以这些专家数据库为中介,整合检索古籍、古籍研究文献以及现代文献甚至外文文献。上述解决方案因为涉及人工智能问题,技术上要困难得多,但我们坚信,这恐怕是数字化时代汉字信息处理的一个需要重点研究与突破的方向。在这方面,日本学者的研究是值得我们充分重视的。⑤

5. 文本的校勘问题

古籍数字化工作存在着诸多难点,解决这些问题、提高古籍数字化工作质量的关键在人,在专家的参与。古籍文本的校勘正形,在传统的古籍整理中是一项必不可少的工作,像前面提到的异形字、私讳字、通假字以及古籍抄本、印本中普遍存在的错字,过去通常是由古籍整理者和专业编辑通过正形、注释、校勘的方式进行处理,而在目前的古籍数字化工作中特别是在一些大型的古籍数字化项目中,这一环节通常都被省略掉了,因此由计算机录入人员依样画葫芦造出各种超出 Unicode 字表外的异形字、缺笔少画的避讳字等等问题的出现就不足为奇了。目前古籍数字化工作的特点是以大型项目为主,在一个大型项目中包含了许多不同的古籍,如果有大量的异形字、私讳字、通假字、错字存在,必然会影响整个数据库的检索和其他功能。同时,许多古籍都不止一种版本,它们之间可能互有优劣,可以互为参考,如果不对数字对象进行文本校勘正形,将会加大不同版本、数字化与非数字化古籍内容的差异,对古籍的使用甚至中华文化的传承产生严重的不良后果。因此,对古籍文本的校勘正形在古籍数字化工作中更是一项不可或缺的内容。

古籍文本的校勘正形是一项工作量十分浩大的事,在传统的古籍整理工作中,单对一部古籍进行整理,常常耗时经年。对于大规模的古籍数字化工作来说,其难度与工作量可以想见。所幸,与传统印刷方式下一经出版即很难更正的情况不同,数字化产品在制作完成后还可以不断地进行修正、更新,对于网络型的数据库来说,这种修正与更新的成本非常小。因此,对数字化古籍文本的校勘正形,既可以在数字化工作的前期进行,也可以在后期进行。

三、古籍数字化工作中的内容整合问题

古籍内容的数字化整合,是一个更为复杂的问题。

过去我们强调古籍数字化在利用方面的优点比较多,但对其带来的问题以及如何解决这些问题则关注不够。古籍数字化给古籍原件的保存、对古籍内容的传播所带来的好处是不言而喻的,数字化强大的检索功能方便了人们查阅资料,但随之而来的问题是:由于数字文献的虚拟化,使文献的直观性受到极大的影响。传统阅读方式中的浏览原本是人们获取文献信息最主要的方式之一,而浏览这种阅读方式是建立在文献的直观性之上的,这也许就是许多人会将数字文献打印出来后再阅读的原因[⑥]。数字文献因虚拟化而带来的不足会随着文献数量的增加而愈加突出。因此,我们必须强化数字文献的优势,以弥补其不足。对

数字化对象内容进行重新组织使之更方便利用是一个重要的途径。

另一方面，也是更重要的一方面，中国文化源远流长，古代文化与现代文化一脉相承，中国文化与外国文化互相交流、融合，我们在进行数字化工作时，不能割裂这种一脉相承的文化，当然也就不应该将古籍数字化工作与其他类型文献的数字化工作完全割裂开来。但是，古籍与现代文献毕竟有许多不同，从古籍最基本的元素汉字到汉语到思想都是既有联系也有区别的，如何体现这种既有联系又有区别的关系，这是需要我们认真加以思考并解决的问题。

在进行古籍数字化时，与我们过去对纸本文献整理一样，为便于读者理解与使用，也需要对古籍内容进行注释。如前所述，由于古籍数字化工作通常是大规模进行的，一个项目可能包含许多种古籍，如果方法得当，我们对一种文献进行注释，可以用于许多种文献，因此其效率是非常高的。由于许多种文献汇集在一起的时候情况非常复杂，因此除了对有代表性的文献中需要注释的部分进行注释外，还需要对其他相关文献进行细心的标引，这样才能达到事半功倍的效果。

古籍数字化工作中的注释与标引是一件难度极大的工作，其困难超出了过去对纸本古籍的注释。因为在古籍数字化时，需要处理的不止一种文献，这些文献可能包括各个时代、不同学派的作品，除了语言文字方面的差异以外，还要考虑到不同作者思想方面的差异、古今文化的差异。过去我们曾经提到过的人名、地名、职官、事件的标引与规范问题[7]仅仅是这个问题中最容易处理的部分。如传统文化中“道”是一个最为常见的概念，但要对它进行注释，则要区别不同情况，道家之“道”、道教之“道”、儒家之“道”、佛教之“道”等等各不相同，就是同一学派之下，不同人对“道”的理解也是各不相同的。还有其他问题如不同时期、不同语境（语法、语言习惯等）间语义的差异与如何关联，典故如何处理，双关语如何处理等等都是需要特别加以重视的。如：

客从远方来，遗我双鲤鱼。呼儿烹鲤鱼，中有尺素书。长跪读素书，书中竟何如？上言加餐饭，下言长相忆。[8]

在本诗中,"双鲤鱼"并非指两条鲤鱼,而是指信札,盖古代传递书信,常将信函夹在两片鱼形木版中间,然后捆扎起来,并以封泥密封之。"烹",借为"剖",即剖开两片鱼形夹板,而"烹鲤鱼"一词,又系乐府诗中常用的双关语。其他如"遥见千幅帆,知是逐风流"[9]之"风流"之类,也是同样情形。像这类文献,如果对中国传统文化没有广泛而深入的了解,标引工作是很难进行的。同时,我们在建立联机字、词典时,也应该考虑到这些复杂现象并作出相应的处理。

我们在前面曾经提到,在人类的思维活动中,中介是必不可少的。传统的思维方式需要一个由各种物化的思维工具构成的中介,而数字化时代,更需要一个能够将各种对象关联起来的中介系统。面对时空的迁移、文化的嬗变、技术的进步等等因素,虽说古今文化一脉相承,但要用数字手段来直接表达这种一脉相承而又变化巨大的关系,殊非易事。古代万国殊俗,言语各异,但能"重译而至",所赖者,舌人翻译之功也,这就是一个中介系统。同样的原理,似乎也可以用于古籍的数字化。不同的古代文献之间、古代文献与现代文献之间、中文文献与外文文献之间,似可通过一个中介系统来实现语义层次的关联,从而在一定程度上达到内容整合的目的。这个中介系统,可以考虑分为两个层次:

第一个层次是建立各种相关的名称和主题规范数据库,如人名、地名、典章名物、主题词和分类词等等,以此来解决同名异称、同地异称、同物异称和同义文本的聚类问题。关于这一点,我们曾经讨论过[10]。

第二个层次是利用语料库,建立同义词、关联词数据库,在具体操作时,应充分利用过去已有的古籍研究整理成果,特别是点校、注释成果,并将这些成果转换为数据库,作为沟通不同古籍文本、现代文献文本的中介。

如何建立和完善这个中介系统,我们目前考虑还不太成熟,在这里提出,也是希望能引起学术界的关注,并一起来思考、讨论。

注释:

①陈力:《中文古籍数字化方法之检讨》,《国家图书馆学刊》,2005 年第 3 期

②参见郝铁川:"中国语言、思维与法律". http://www.gzu.edu.cn/sxzz/news/view_news.asp?newsid=2981

③《大汉和辞典》收字 48902,收录了"汧"、"氵开";《汉语大字典》收字 56000 多,也收录了"汧"、"氵开"。

④主要成果有:北京图书馆编《汉字属性字典》,书目文献出版社,1988;傅永和主编《汉字属性字典》,语文出版社,1989;北京国安资讯设备有限公司、宁波国联实业有限公司制作《国际标准汉字大字典》,北京大学出版社,1998;蓝德康主编《国际标准汉字大字典》,电子工业出版社,1998

⑤日本京都大学人文科学研究所设立了"21 世纪 COE 东亚世界人文信息学研究教育基地",专门就"汉字文献知识库的构筑"进行研究,提出的思路是:(1)对东亚的所有文献通过标记技术进行电子文本化;(2)汇集关于那些文献的诠释数据(图书信息);(3)将此全部信息有机统一起来,进行更高级的数字化。参见 http://coe21.zinbun.kyoto-u.ac.jp/mokuteki.html.zh

⑥《华尔街杂志》(The Wall Street Journal)2002 年 3 月 5 日的一篇文章《电子书最新的故事》引述 Forrester Research Inc. 高级分析师 Daniel O'Brien 的话说:"电子书阅读起来很痛苦,我知道大多数人如果收到 3 段以上的电子邮件就会打印出来阅读。"转引自 http://www.redwhiteandblue.org/news/bgen/LATEBKS.HTM

⑦参见陈力:《中文古籍数字化方法之检讨》,《国家图书馆学刊》,2005 年第 3 期

⑧《乐府诗集·饮马长城窟行》

⑨《乐府诗集·三洲歌》

⑩同⑦

原载于《国家图书馆学刊》,2006 年第 2 期

国家图书馆的文献资源建设和服务

——从《国家图书馆文献采选条例》修订谈起

一、国家图书馆的性质和任务

中国国家图书馆是综合性研究图书馆，是国家总书库，是全国的书目数据中心、图书馆学研究中心和图书馆信息网络中心。国家图书馆主要的服务范围是：为国家立法决策提供文献信息服务，为全国重点教学、科研和生产服务，为广大公众服务。

国家图书馆的性质和任务决定了国家图书馆的文献资源建设不仅要从国家图书馆自身的馆藏建设来考虑，更要从全国的文献资源共建共享的角度来考虑。同时，国家图书馆《文献采选条例》的修订，也不仅仅是国家图书馆的事情，我们也希望全国同行共同来关注并且帮助我们修订好这个文献。

现行的《国家图书馆文献采选条例》是1996年制订颁发的。五年来，国家的经济建设、文化建设和科学研究都有了突飞猛进的发展，不少高校图书馆特别是重点高校图书馆、科研图书馆和一些大型的公共图书馆的条件已经有了很大的改善，其自我文献保障能力已大为增强。另一方面，随着计算机技术、网络技术和信息技术的发展，数字化文献已经开始取代原来纸本文献特别是外文纸本科技期刊的作用。文献载体形式、传播方式和利用方式的变化，使得全国的文献资源保障体系较之过去也发生了很大的变化，文献共享方式与保障方式也发生了根本性的变化，过去国家图书馆在全国文献信息资源保障体系中的作用和保障方式已经发生了很大的变化，譬如国家图书馆过去所承担的外文期刊底本库的角色已经随着知识产权保护的加强完全退出了历史舞台。这些变化，需要我们有一个新的思路来检讨原有的《文献采选条例》,从国家图书馆的性质、任务特别是在新的历史条件下国家图书馆如何继续发挥在全国文献资源共建共享中的作用等方面来考虑《文献采选条例》的修订,哪些应该保留,哪些应该修订,哪些应该增加。

此外,现代信息技术的发展和图书馆事业的发展对国家图书馆进一步拓宽文献信息资源建设的视野提出了新的要求并提供了技术和非技术的条件。随着国家经济的发展和对文化事业的重视,国家图书馆的文献购置费有了相当幅度的增加,使得我们有可能采选一些过去不能采选的文献。

二、修订《采选条例》的指导思想

国家图书馆作为国家总书库,保存民族文献是其重要的职责。国家图书馆不仅要为今天的读者提供服务,也要为明天的读者服务,要为我们的子孙保存、储备文献资源。这是国家图书馆与其他图书馆所不同的地方,也是我们在修订《文献采选条例》时要特别注意的地方。

国家图书馆是图书馆的图书馆,要履行为全国各类型图书馆服务的职责。国家图书馆是全国人民的图书馆,要履行为全国人民服务的职责。为分布在全国各地的各类型图书馆提供服务是最有效、最现实的一种服务形式,国家图书馆在修订文献采选政策时,必须考虑到这一点。

尽管国家图书馆近年的文献购置费有了较多的增加,但是,离实际的需要,特别是离一个大国国家图书馆的文献建设的需要仍然相距甚远,在文献资源建设中体现共建与共享的精神也是我们在修订文献采选政策时需要重点考虑的因素。

因此,国家图书馆《文献采选条例》修订的指导思想是:根据国家图书馆的性质和任务,根据现代信息技术的发展状况和对今后一段时期内信息技术发展方向的分析,根据国家图书馆的经费状况和馆藏条件,对原有的《文献采选条例》进行全面的修订。通过对《文献采选条例》的修订与实施,实现国家图书馆的文献建设总目标,即充分履行国家总书库的职责,将国家图书馆建设成全球最大的中文文献提供中心,全国最大的外文文献提供中心。

三、《文献采选条例》修订的重点

1. 调整入藏政策，扩大采选范围，增加馆藏品种

国家馆是综合性研究图书馆，需要依据国家图书馆的性质对若干重点领域的文献加强采选，保持馆藏学科的系统性、文种的齐全性、文献类型的多样性和特色文献、研究级学科文献的完备性。以前由于各种原因，我馆对一些类型的文献如硕士论文，没有纳入采集范围；对政府出版物和非正式出版物，没有规定明确的采选范围；对台港澳地区的出版物，由于经费的原因，采选数量有限。这些都与国外一些国家图书馆还有较大的差距。此次我们根据实际情况和馆藏需要进行了修订。

政府出版物。长期以来，我国很少像西方国家那样有非常明确、数量庞大的“政府出版物”，因此收集政府出版物的问题在国家图书馆过去的文献采选条例中也没有反映。随着社会的发展，真正意义上的“政府出版物”越来越多。同时，随着我国改革开放的进展，也要求图书馆这类公共文化服务机构在政务公开中扮演重要角色。因此，加强政府出版物的采选、入藏与服务已是势在必行。在这次新修订的文献采选条例中，明确提出了将中国政府出版物纳入采选和入藏范围，也规定了采选级别。

非正式出版物。过去国家图书馆曾设有收集非正式出版物的“资料组”，收集了一些重要的非正式出版物。但是，由于种种原因，这项工作逐渐萎缩，最后只剩下了博士学位论文的采选。其实，对于文献保存与学术研究来说，有不少非正式出版物具有相当高的文献价值与学术价值。因此，这次文献采选条例修订时明确了将国内非正式出版物纳入了采选范围。同时，考虑到实际操作的可行性如采选力量、文献加工处理能力和馆藏空间等因素，在采选条例中也限定了非正式出版物的范围。在学位论文方面，特别增加了国内硕士论文的采选条款。

台港澳等地出版的文献。国家图书馆过去限于经费，对我国台湾、香港、澳门地区的文献采选很少。考虑到上述三地出版业较为发达，每年都有大量的有收藏和研究价值的文献出版，同时，

作为国家总书库，也必须全面采集和保存本国出版的文献。因此，在新的文献采选条例中新增了“未列入缴送范围的台湾、香港、澳门地区出版的文献，应尽力采选”的规定。

其他。目前我馆对国内各类出版物的入藏方针是全面接受缴送，但选择性入藏。一些出版物如年画(画片)、少儿读物类等均属于接受缴送后不入藏的范围。此次根据我馆国家总书库的职能，对入藏范围进行了调整。如分馆目前接待青少年读者，因而将少儿类图书列入临时馆藏；由于年画有收藏价值，且我馆年画的收藏已经有一定基础，因此将年画也列入了入藏范围。

2. 加强对电子出版物的采选

21 世纪的信息资源类型较以前有了很大的变化，除传统的纸介质以及上个世纪陆续出现的缩微、光磁类文献等等而外，互联网上的各种动态信息、网络数据库等大量出现，大大地改变了传统的服务格局，因此，我们必须根据这种变化，从满足读者需求的角度出发，从体现图书馆现代化发展方向的角度出发，从建设国家总书库和全国图书馆信息网络中心，全面、完整收藏国内各种载体、类型出版物的角度出发，我们认为，国家图书馆应该把电子型文献作为今后馆藏建设的重点，加大采选力度，成为我国现在与未来的电子出版物(特别是中国的电子出版物)最丰富的资源库。

修改后的采选条例将电子出版物单独列项，以强调要加强电子出版物的采选。条例规定了制品型电子出版物的采集原则和范围，强调了电子出版物与其他类型出版物的采选协调，并明确把网上出版物和网上应该保存的信息的采集和保存列入条例范围，同时也规定：“大型网络版电子出版物的采选应加强与有关图书馆的协调采集，实行分工合作，资源互补。”

3. 强调对缩微资料的采选

虽然数字技术进展很快，但对文献的长期保存来说，迄今为止，文献缩微仍是最重要、最有效的一种保存方式。另一方面，根据对国家图书馆馆藏情况的研究分析，我们考虑应该逐渐用缩微文献取代某些传统的纸本馆藏。例如，国家图书馆每年订购的外文报纸一百多种，大多数利用情况很差，有不少在近四年内完全没有被阅读使用过,只是作为资料而保存。而另一方面,这些利用率极差、生命周期仅在五十年到一百年内的报纸又大量占用宝贵的馆藏空间,后期的管理成本很高。基于国家总书库对文献长期保存的需要和不同类型文献特性的研究,修订稿强调了对缩微资料的采选,提出适当采选能够补充本馆缺藏印刷型文献的缩微制品;加大国外报刊缩微制品的采选力度,逐步替代流通量较小而国家图书馆又必须入藏的纸介质报刊。

强调对缩微资料的采选对于文献的长期保存、保证馆藏的完整和减少库房空间、降低后期的管理成本有重要意义。

4. 文献采选方式及规则的修订

根据原采选条例发布后我馆相继制定的有关采选工作的规定和业务流程调整情况,此次我们对采选方式及规则有关条款进行了重点修改。例如,根据文献入藏级别、流通点的设置、读者流量情况,适当增加了一些文献的复本量;将原来的"国际书刊交换"改为"文献交换",增加了国内交换的内容;增加了征集文献、复制、文献竞拍等采选方式及要求。

四、需要考虑的问题

修订国家图书馆的文献采选条例,其意义不只是采选条文的修订和采选规则的改变,其实质是馆藏政策的调整。因此,文献采选条例的修订过程,是我们对国家图书馆文献建设意义、内涵认识不断深化的过程。在进行这些调整时,需要根据国家图书馆的性质和任务对一些传统的观念和习惯进行修正,譬如:

对国家总书库的性质如何认识?国家图书馆是国家的总书库,与其他类型图书馆不同的是,文献的长期保存是国家图书馆最重要的职责,从某种意义上说,其他类型的图书馆是读者服务第一,而国家图书馆是文献的收集与保存第一。

对"文献"的认识,哪些应该入藏?哪些不应该入藏?文献价值的判定标准是什么?在过去,图书馆员习惯于以自我为中心,往往会以自己的标准去看待采选的对象,而由于图书馆员在专业素养方面的缺陷以及对学术发展情况了解的不够,其选择与判断的标准存在着很大的局限与偏差,一些本应该入藏的文献缺藏,常常受到学术界的批评。这次修订国家图书馆的文献采选条例,我们通过多种形式广泛征求了读者特别是学术界专家的意见,力图纠正以前存在的一些明显的问题。

当然,修订后的《文献采选条例》仍然有许多问题还没有得到解决,如:

采选条例的修订,不仅仅要考虑哪些文献应该采选入藏,哪些文献应该重点采选入藏,哪些文献不必采选入藏,还要考虑文献采选入藏后的相关使用和保存问题,只有将各种因素都有系统考虑后才能确定具体的操作办法。例如,现代的电子文献的保存是一个尚未解决的问题,也是困扰国家图书馆的一个非常大的问题。缩微文献尽管阅读不便,但从目前的情况来看,还是一种能对文献进行长期保存的最好的载体。因此,在这次文献采选条例的修订中,我们突出了缩微文献的采选。但是,仍然有不少问题没有解决,如缩微文献的来源问题、彩色文献的保存问题等等。电子文献尽管其长期保存问题还没有得到根本性的解决,但是,由于技术问题,我们也找不到像用缩微品替代纸质文献这样的方法,用其他类型的载体来替代电子文献。

除上述问题外,还有若干重大问题需要进一步研究:

国家图书馆入藏文献的重点和与其他兄弟图书馆的协调问题。实体馆藏的扩充与文献获取能力的扩充是目前图书馆界关注较多的问题,虽然图书馆业内人士对文献获取能力的扩充非常重视,但并未获得读者的完全认同。我们在修订《文献采选条例》时,与其他图书馆相比,更偏重于对实体馆藏的扩充,这是由于国家图书馆需要对文献进行长期保存的特性决定的。但是,受经费、馆舍等条件的制约,我们必须与其他图书馆进行资源建设的协调。我个人认为,国家图书馆应该更重视对中华民族历史与文化的收集和保存,而应用性和时效性较强的文献则可考虑与其他图书馆进行协调。

非正式出版物的采选问题。如何把握此类文献的采选标准?我们考虑,这一点很难用文字来进行描述,只能在具体的工作中依靠专业人员来进行具体的操作。

如何科学地、有效地、经济地采选网络型数据库和建设虚拟馆藏问题。网络型数据库现正以极快的速度进入各级图书馆,也颇受广大读者的青睐。但是,如何根据本馆的实际情况科学地、有效地、经济地选择数据源是一个非常重要的而又难于操作的问题。我们在看到网络型数据库的优点时,也不应该忘记网络型数据库在读者使用方面以及知识的积累和长期保存方面的问题。毫无疑问,发展虚拟馆藏也是目前图书馆发展的主流。但是,我们也不应该忘记,虚拟馆藏本身也面临着如知识产权的保护问题,而对于国家图书馆来说,长期保存文献的要求使得我们必须根据自身的特点制订有别于其他类型图书馆的采选政策。

少儿读物是否应该入藏的问题。在国家图书馆旧的《文献采选条例》里,少儿读物接受缴送,也提供借阅服务,但不予入藏。此次修订,我们也没有做大的改动,对此,我们馆内包括我本人是有不同意见的。我认为,少儿文献也是中国文献的一个非常重要的组成部分,我们不能用成人的眼光去看少儿文献是否值得收藏。其实,少儿文献不仅对于少儿来说是最重要的文献,就是对于专业的研究人员来说也是非常重要的。我们只需简单地分析一下50年代、60年代、70年代、80年代、90年代的少儿图书的选题,就不难发现,每一个时期少儿文献都有其时代的特点,也是特定社会历史环境的一种反映。同时,从历史上看,一些过去被认为属于少儿图书的,后来也成了名著。远的不论,就以本馆先馆长夏曾佑先生的《中国古代史》为例,20世纪初此书刚出版时属于中学教材(以今天国图的入藏标准是不能列入永久馆藏的),到了30年代,便成了大学教材,而到了八九十年代,在史学界,谁也不会否认这本书是20世纪中国史学的名著。虽然目前由于历史的原因以及馆藏空间和人力的原因没有列入永久性馆藏,但我个人认为,这种局面应该得到改变,也希望借这个机会听听同行专家的意见。

2002年10月16日"全国图书馆馆长高层论坛",南京师范大学敬文图书馆

关于电子期刊发展问题的思考

——在电子期刊论坛开幕式上的致辞

各位同仁、各位朋友，上午好！欢迎大家来到国家图书馆。

金秋十月，在这个北京最美的季节里，我们迎来了一年一度的北京国际图书博览会，作为北京国际图书博览会活动的一环，今天我们在这里举办“电子期刊发展论坛”，我谨代表主办方国家图书馆和中国图书进出口（集团）公司，欢迎全国图书馆界的各位同仁，同时也感谢来自全球的8位演讲嘉宾为今天的论坛准备了精彩报告。

今天，我们将就图书馆的电子期刊采购、管理与服务等问题进行探讨。

电子期刊对于我国的图书馆员和读者来说已经不是一个新东西了。经过十几年的发展，电子期刊已经成为高校、科研院所图书馆最重要的文献信息资源，也是最受读者欢迎的资源。在公共图书馆，电子期刊的应用也越来越多。对于出版界来说，电子期刊已经成为网络出版产业的主力军，逐渐发展并日趋成熟，形成了与之相适应的技术、商业模式。图书馆作为学术信息的收藏和服务机构，从电子期刊诞生之初即开始关注并购买电子期刊，目前替电子期刊买单的主要就是图书馆。

尽管电子期刊在图书馆的读者服务中发挥了非常重要的作用，图书馆也为之付出了相应的、高昂的代价，但是，现实离我们的理想仍有相当的差距，一些现实问题与隐忧严重地困扰着我们：

电子期刊的垄断与价格飞涨问题

电子期刊的商业垄断是一个普遍并且后果严重的问题，也是电子期刊价格飞涨的主要原因。谈到电子期刊的价格，除了电子期刊供应商直接的涨价以外，其他隐性的涨价也不容忽视。电子期刊供应商总是强调自己数据库每一篇文章的单价是低廉的,但是,由于打包购买、捆绑购买等等手法,不少图书馆必须为它们所不需要的文献付费,从而提高了图书馆购买电子期刊的实际价格。

图书馆及读者合理权利丧失的问题

我们在强调知识产权保护的同时,必须注意到权利的平衡问题。电子期刊是一种相对较新的东西,由于其易于传播与复制的特性,因此出版者非常关注相关知识产权的保护问题,这当然是应该的。但是,由于法制建设的不健全,图书馆和公众的正当权利往往被忽视甚至在"保护知识产权"的口号下被剥夺。

电子期刊的标准化问题

标准是开放与共享的前提,目前国内一些电子期刊的供应商强调自身标准的比较多,这不仅给图书馆资源的整合以及图书馆的服务和读者的使用带来了问题,也必然会给电子期刊供应商的长期发展带来隐患。

电子期刊的使用问题

由于自身的技术问题,一些电子期刊供应商为保障自身的利益,提供的使用方式过于单一,如 IP 限制,使得像国家图书馆、公共图书馆这一类型图书馆的读者无法方便地使用电子期刊,到馆阅览电子期刊,完全丧失了电子期刊传播方便的特点,这不能不说是一个严重的遗憾。其他类似的人为障碍也还不少,这些也都对电子期刊的长期发展带来了影响,希望供应商们充分认识到这一点。

电子期刊存档问题

电子期刊的长期保存的问题还没有得到解决,通常图书馆所购买的仅仅是电子期刊的使用权,长期保存与长期使用、电子期刊的安全性问题等等严重地困扰着图书馆员,反过来也必然会影响到图书馆对电子期刊采购和读者使用的信心。

针对上述问题,近年也出现了一些可喜的现象:一个是图书馆联盟的出现和发展,联合起来的图书馆,不仅仅实现了资源的共建共享,更为图书馆争取了更大的话语权,在一定程度上抑制了学术期刊商业化的垄断趋势。还有一个就是开放存取出版方式的出现和发展。开放存取出版模式,不同于传统的期刊订购出版模式,它在很大程度上消除了学术期刊流通的经济障碍和法律障碍,从某种意义上说,实现了学术流通的公平。

对于图书馆来说,在资源建设、资源管理与读者服务等方面也有许多问题需要探讨。例如:

文献建设问题

电子期刊的采访是为大家所重视的,但是,我们不仅仅需要重视电子期刊数量的增加,更应该注重其质量的提升,特别是对电子期刊质量的周期性的科学地评估,根据每个图书馆自身的特色与服务定位,制订科学、合理的采购策略。

资源整合问题

方便读者使用是图书馆的天职。面对众多的电子期刊、众多的数据库、复杂的文献类型,电子期刊以及其他文献的整合与充分揭示就显得尤其重要。此外,如何把开放存取期刊纳入到图书馆的馆藏与服务体系之中也是我们应该重视的问题之一。

资源的长期保存问题

图书馆历来就是人类知识的汇聚点与传播中心,资源的长期保存是文明传承的需要,同时,知识是有体系的,文献信息也是有体系的,是需要长期积累的,以为有了网络、有了计算机、有了钱就可以忽视馆藏文献(包括实体文献与数字文献)的积累是短视的。图书馆怎样联合起来建立电子期刊的国家存档或区域存档,为今天以及子孙后代保存文献,这些问题也希望大家能够深入讨论,达成共识,并付诸行动。

电子期刊提供商和经销商与图书馆、用户都是电子期刊生产、销售、使用整个链条中不可缺少的环节,任何一个环节出现问题都会影响社会的发展和进步。因此,加强各环节之间的交流与沟通,增进相互之间的理解与合作,是完全可以实现共赢的。

我国的电子期刊起步几乎和国外同步,但一个明显的不同是过去我国的电子期刊出版几乎没有一次出版,都是二次出版,并且标准化程度较低,主要是因为我国的学术期刊出版没有经过商业化的发展阶段,没有形成集团优势。现在,随着我国出版数字化的加速,我国的学术期刊开始出现一次出版的学术期刊品种,这是一个好趋势。作为图书馆员和读者,我们很高兴看到中国的电子期刊厂商的发展。

最后,我预祝今天的论坛圆满成功,祝愿所有演讲嘉宾和参会代表身体健康,希望我们明年还有机会再次就学术期刊的出版、管理和服务问题进行探讨。

谢谢大家!

2007 年 8 月 31 日 · 国家图书馆

数字时代的馆际互借与文献传递

我们今天所处的时代是一个信息爆炸、信息交流空前频繁、信息获取空前方便快捷的时代。已经有很长历史的图书馆馆际互借与文献传递工作走到今天也面临着一场大的变局。数字时代图书馆馆际互借与文献传递(以下通称文献传递)工作将要如何发展?将要面临着哪些问题?这是本文将要讨论的主题。

一、图书馆文献传递工作的现状

我国的文献传递起步于20世纪50年代,当时的业务比较单纯:通过传统的印刷型联合目录、电话等方式获知其他馆的书目信息后,以邮政投递为主渠道,在图书馆之间进行纸本文献的传递。

20世纪90年以后,随着世界信息化进程的加快和互联网的出现,中国的图书馆界进入了一个快速发展的新时期,传统的图书馆管理方式、服务模式、服务手段有了很大的发展和变化,自然,文献传递服务的格局和运作方式也发生了巨大的变化,这些变化主要表现在以下几个方面:

读者需求的变化。较之过去一般性的书刊原件或复制件需求,网络时代读者的需求已经发生了很大的变化,这不仅表现在对信息内容及载体的多样化方面,更重要的是由于对于一般性的需求读者完全可以通过像Google、Yahoo!一类的检索工具和一些专业的网站免费、快捷的获得,因此他们所需要的通常是上述途径所不能或者不便获取的信息,他们对信息查询和获取的方便快捷、准确全面以及权威性等都提出了新的要求,从一部书、一篇文章,到特定的主题、特制的信息,从纸本印刷品到多媒体信息,从物理馆藏到虚拟的数字资源,可以说无所不包。读者对于图书馆服务的要求，已经不是传统意义上的书刊集散地，而是信息的集散地、知识的发现、组织与传播中心。

在服务模式方面，传统的文献传递是“公对公”的单一的服务模式，一般只在图书馆之间进行，服务对象为各图书馆的馆员，或是有限的少数读者。今天，这种情况已经发生了巨大变化，传递手段与途径的多样化、电子商务的应用，使得越来越多的读者已经越过了所在地图书馆的限制，直接向文献的原始提供机构寻求服务，形成了文献传递多种服务模式并举的格局。在这种情况下，原来作为读者与文献提供馆之间中介的图书馆其性质和作用也发生了变化，需要更多地考虑如何帮助读者找到在一般情况下他们自己难以找到的文献，帮助读者获得在一般情况下他们自己难以获得的文献。换言之，图书馆在文献传递这个链条中的工作难度大大加强了，当然，图书馆员帮助读者获取信息的能力也能够随之得到更为充分的体现与发挥。

技术手段的变化。传统的文献传递所采用的方法是比较简单的，一般都是通过邮政投递的方式进行，图书馆对于读者请求的处理能力有限，并且服务效率也比较低。今天，随着数字技术与网络技术的发展，不仅文献传递的速度大大提高，同时由于相关管理和服务软件的应用，大大加快了文献的处理速度，很容易实现从读者查询、提交请求、图书馆进行文献处理、文献传递的一条龙服务。网银、手机付费等结算方式的采用，在很大程度上解决了过去因结算不便而导致的许多读者放弃服务请求的问题。更为重要的是，随着新技术的应用，图书馆的服务能力也得到了提升。过去图书馆员通常只是根据读者的具体需求提供指定的文献，而现在已经能够通过数字技术进行信息挖掘，从而使得过去一些需要专业的、高水平的图书馆员的复杂的智力服务变得相对简单化了。

观念的变化。在过去，提到图书馆的作用，我们总是希望有尽可能多的读者到图书馆来，因为只有这样，图书馆的文献才能得到更为充分的利用，图书馆的作用也才能得到更充分的体现。到了网络时代，这种情况开始发生变化了，一方面，读者希望借助网络，更方便、快捷地获得他们所需要的文献；另一方面，图书馆也越来越多地考虑如何节省读者的时间、提高服务水平。“见面越来越少,服务越来越好”[①]已经逐渐成为图书馆员在数字和网络时代奋斗的目标,而这就使得文献传递工作有了更新的形式和更广阔的拓展空间。

网络世界的出现,信息越来越多,读者对图书馆服务的要求也越来越高,传统的单个的图书馆文献保障机制已经不能满足读者用户对信息的需求,无论规模多大或科技水平多高的图书馆,实际上都很难做到自给自足,共享与联合服务逐渐成为文献提供的主流服务形式之一。

二、关于文献传递工作的几点思考

文献传递工作在目前图书馆的服务中正扮演着越来越重要的角色,如何进一步推动这项工作向前发展,这是我们大家共同关心的问题,对此,我有一些不成熟的意见或者说一些工作中的困惑,在这里提出,抛砖引玉,与同仁们共同探讨。

1. 关于图书馆文献传递工作性质和作用的思考

图书馆文献传递工作的性质和作用,这在以前似乎是一个不成问题的问题,一则是由于过去文献传递的形式单一,二则是规模不大,文献传递工作主要集中在高校,学校图书馆通常为了服务于学校的教学科研,承担了文献传递工作的相关费用。而到了今天,情况发生了根本性的变化。一方面,文献传递的规模急剧扩大,文献传递的需求面从高校、研究机构扩大到了全社会。同时,读者需求的个性化越来越突出。另一方面,网络服务商、数据提供商等商业机构的参与,使得我们必须认真考虑图书馆文献传递工作的性质和作用,从而对这项工作中所遇到的一些具体问题进行适当的处理。

关于文献传递服务的性质。文献传递工作的性质是根据服务者与服务对象的关系来确定的。不同类型的图书馆,其文献传递工作的特点是有所区别的。高校、科研院所图书馆的文献传递服务是教学、科研的条件保障,它所要求的是尽可能满足用户的需求,甚至通过补贴的方式向其他机构索取文献。因此,高校、科研院所图书馆的文献提供与传递服务属于本单位的保障性服务。

对于一般的公共图书馆以及国家图书馆这类以提供公共文化服务为内容的机构来说，情况就很不相同了。公共图书馆及国家图书馆是利用公共资源向公众提供公共服务的机构。公共服务，是一种普遍性的、基本水平的社会服务，它有特定的涵义及服务范围。从大类上分，公共服务又包括免费的公共服务与非营利的公共服务。图书馆所提供的服务属于混合型的公共服务，因此在为大众提供普遍性的、基本水平的免费服务的同时，也提供一些个性化的非营利性的服务。在图书馆的服务中，诸如对本国、本民族、本地区文化的保存与保护、馆藏文献的揭示服务、一般性的文献借阅服务等都属于纯公共物品的服务，应该提供完全免费的服务。而对于文献复制、专题咨询等服务受益对象明确、服务成本可以核算、带有可以计算的资源消耗的服务则具有一些私人物品的性质，因此，图书馆则应该本着谁受益谁付费的原则提供非营利的服务[②]。具体到文献传递服务，我以为其性质与特点属于后者，也应该本着谁受益谁付费的原则进行处理。

关于文献传递服务作用的认识。过去由于文献传递的规模一般不大，因此，文献传递工作只是图书馆服务工作的一种补充形式。随着社会和技术的进步，文献传递工作已经成为了图书馆服务工作中最重要的组成部分。

在一定时期，特别是在中国这种尚处于发展中的国家，文献传递服务将是学校图书馆、科研图书馆以及公共图书馆等相当重要的一种服务方式。不过，这里也有一个正确、客观认识文献传递服务的作用的问题。在不少的图书馆，由于经费的限制，对文献传递过度依赖，这本是一个无可奈何之事，但有时也难免会导致对文献传递作用的夸大，甚至误导上级领导。我们也常常听到一些事例：一旦某个图书馆提出增加文献购置费时，其上级领导就会提出：应该大力发展文献传递！似乎有了文献传递，图书馆就不用自己购置文献了。

我们认为，文献传递服务只是图书馆服务中的一种形式，它的作用主要还应该是拾遗补缺。每一个图书馆不管它的性质如何，都应该有自己最基础的馆藏。文献资源是有体系的，是需要长期积累的，更何况目前文献传递工作中还有许多前景难测的因素如知识产权保护等问题犹如悬空的利剑时刻可能祸临头上。因此,片面地夸大文献传递服务的作用对于图书馆事业的发展是不利的。

2. 关于文献传递工作拓展与转型的思考

过去的文献传递工作属于读者的一种指定服务、按需服务。而到了今天,社会与技术的变化使得我们必须在过去文献传递工作的基础上考虑其拓展与转型的问题。

传统上文献传递与参考咨询完全是两种不同性质的服务。对于文献传递来说,图书馆所提供的是完全被动式的服务,读者需要什么文献图书馆就提供什么样的文献。对于参考咨询来说,读者的需求常常是不够明确的,因此图书馆员具有相当的主动性,他们可以根据读者的模糊需求,利用图书馆员的专业知识与技能,为读者提供相关的参考服务或者解决方案。随着技术与管理的进步,数字技术让我们可以从根据对文献外在形式的描述而提供具体的文献提供服务转为通过对文献信息单元的处理,通过对信息单元的筛选与聚类,从而提供许多原来只能由图书馆员大脑处理后的参考咨询服务。也就是说,计算机已经能够担当起部分从前是图书馆咨询馆员的职责了,传统的文献传递服务与参考服务的界限越来越模糊、区别越来越小了。另一方面,对于大多数的读者来说,他们所需要的是更简单、更方便的服务,同时,他们更喜欢在很少甚至没有图书馆员的干预下,获得传统的参考咨询那样的服务。为此,我们需要重点考虑以下问题:

关于馆藏文献的整合、揭示问题。图书馆所藏文献类型很多,管理各异,如果不加以整合,将大大妨碍读者发现与获取。根据我们的一般经验,图书馆丰富的馆藏文献之所以得不到有效的利用,其查询不便是最重要的原因之一。

在传统的馆藏管理模式下,图书、期刊以及其他类型的文献通常是分别管理,在目录建设方面,也是各自独立的。在数字资源方面,由于数据提供商不同,其目录体系也常常是独立的(有少数数据库具有目录整合功能)。为方便读者在众多的资源库包括实体资源库与数字资源库中方便地找到其所需要的文献,需要将馆藏众多类型的文献进行整合,提供跨库检索工具。在这方面,国家图书馆在两年前推出了馆藏资源的统一检索门户,虽然基本实现了馆藏实体文献与数字文献的跨库检索功能,但门户登录与设置仍嫌不便,需要进一步改进。

根据 OCLC 的调查,大多数图书馆用户喜欢自助服务,大多数用户在使用图书馆资源时不会寻求帮助。[③]这种普遍现象的存在,要求图书馆对馆藏进行充分整合与揭示。馆藏的充分整合与揭示,不仅有助于读者方便地发现其所需文献,也有助于读者发现与所需文献相关的文献,从而为读者提供更多的思考与研究启发。

充分整合与揭示馆藏文献未必就一定能给读者带来直接的好处。因为,有许多读者对图书馆并不十分了解和熟悉,对于那些不熟悉图书馆的人来说,他们并不会在第一时间首先想到图书馆并通过图书馆的 OPAC 去检索他们所需要的文献,而常常会去查询他们所熟悉的网络搜索工具,如 Google、Yahoo、百度等。同样是 OCLC 的调查,有 84% 的用户使用搜索引擎开始信息检索,只有 1% 的用户才是从图书馆网页上开始信息检索[④]。针对这种情况,我们似乎可以从两方面来考虑:一是“借船出海”,即将馆藏文献的书目数据开放给一些读者常用的网络检索引擎,让读者通过他们所熟悉、喜欢的互联网搜索引擎方便地找到所需要的文献信息;二是打造图书馆自己的“联合舰队”,即建立一个以图书馆为主体并联合相关机构学术资源的元搜索系统,通过联合的力量提升图书馆的影响力,帮助读者更方便地发现资源特别是高质量的资源,完善图书馆自身的服务。

除了对馆藏文献进行揭示外,如何对非馆藏文献进行揭示并将其整合在图书馆的服务体系之中,也是需要认真考虑的问题。目前在图书馆的服务中,非馆藏文献的利用越来越多,特别是一些专业网站的资源,学术性与资料性强,除了现在一般图书馆所采用的学科导航外,如何将这些非馆藏并且分散的资源整合起来,还有若干技术问题有待解决。

在非馆藏文献的整合工作中,大家最熟悉、与文献提供关系最密切的当属馆际之间的联合目录建设。确定文献的收藏地和分布情况是有效利用文献信息、开展文献传递服务、实现资源共享的第一步。过去虽然有若干建立馆藏联合目录的成功经验,如解放前报刊的联合目录、民国图书的联合目录、地方志的联合目录以及古籍善本书的联合目录等,但是,如何利用现代技术建立起查询方便、实时更新、整合各类文献的联合目录体系将是今后图书馆界共同努力的方向。

3. 关于知识产权问题的思考

文献传递必然涉及复制权、信息网络传播权等知识产权的保护问题。目前我国并没有专门针对文献传递的法律规定,一般来讲,由于印刷型文献的传递已进行了几十年,积累了足够的解决版权纠纷的经验。而非印刷型文献特别是电子文献的传递,由于其易于传播与复制的特点,现行的法律更多地考虑了保护著作权人的利益。在这种情况下,开展电子文献传递服务确实存在一些法律风险。怎样提高防范意识,采取有效对策,合理规避和化解法律风险,既要保证用户得到文献后没有知识产权纠纷,同时又要达到实现信息资源共享的目的,使文献传递在法制的轨道上健康有序地发展,这是必须面对的现实问题。

在过去的实践中,图书馆人很少对相关法律、法规进行深入研究,要么无视法律法规,任意侵害著作权人的权利;要么片面地理解版权保护,使得读者的合理需求得不到满足,相关的服务不能开展。对于文献传递工作来说,目前的主要问题是对"合理使用"的原则认识、研究不够,对"合理使用"的方法也探讨不够,今后应该加强这方面的研究。

4. 关于新技术应用的思考

客观讲,目前我国的图书馆自动化、网络化的总体水平还不高,文献传递工作的效率较低,密切关注和跟踪现代科学技术的发展和应用,将其及时地纳入到图书馆的服务工作之中,对于不断提高文献传递工作的水平是十分重要的。特别需要指出的是,在重视网络化、数字化的文献传递服务的同时,不应该忽略利用新技术对传统的返还式馆际互借进行升级改造。对于读者来说,获取他们所需要的文献信息是他们寻求图书馆帮助的唯一目的,而在很多情况下,网络化和数字化并不见得能够帮助他们获得他们需要的所有资料,传统的返还式馆际互借仍然是一种有效的文献信息提供模式，因此至今仍然受到普遍欢迎。从国家图书馆的工作实践来看，返还式的馆际互借至今还是最受其他图书馆特别是高校图书馆和专业图书馆欢迎的服务形式。如何提高传统的返还式馆际互借的效率，也同样需要引进现代化设备和管理方式来进行升级改造。

5. 关于提升从业人员素质的思考

目前许多图书馆在文献传递从业人员的配置上，或多或少地存在一些缺憾。因为传统的文献传递工作是根据读者的特定需要而提供的指定性服务，学术性不是太强。而随着数字化与网络化的发展，文献传递工作的性质与内容已经较之过去有了根本性的变化，特别是与参考咨询工作的融合，使得今天的文献传递工作已经成为图书馆专业性最强的工作之一，因此对从业人员的要求越来越高。一方面，我们需要开始考虑建立这项工作的资格认证制度；另一方面，不断进步的科学技术以及学术研究的发展，要求从业人员能够及时地掌握新的技术、了解最新的学术研究动态，岗位培训制度和学科馆员制度等都是建立一支高水平的文献传递服务队伍的当务之急。

6. 关于图书馆与信息服务商关系的思考

今天，在许多方面，图书馆与商业机构的某些业务是重合的，一些传统上由图书馆提供的服务特别是文献传递服务，现在已由一些数据库提供商和服务商取代了，一些原本只能由图书馆员提供的服务现在被 Google、Yahoo、百度取代了。如何看待这种现象？应该如何处理图书馆与信息服务商之间的关系？

我们认为，公共图书馆、国家图书馆既然是社会公共文化服务体系的组成部分，那么它的服务就应该控制在公共服务的范围以内（包括免费的公共服务和非营利性的公共服务），而在一些明显属于营利性服务的方面，图书馆应该退出。否则，利用公共设施与商业机构争利，既影响公共图书馆的形象，同时，公共图书馆以及国家图书馆利用公共设施与商业机构争利也是一种不公平的竞争，不利于信息产业的发展。一个健全的社会，需要有多种社会服务的存在。中国不仅需要有图书馆这类公益性的公共文化服务机构，也需要像 OCLC 这样的非营利性组织，还需要汤姆森、Elsevier、北大方正、清华同方这样的信息提供商和服务商。不同类型、不同性质的服务机构满足读者不同的需要，一起构成了整个社会的文献信息服务体系。图书馆员应该以更宽阔的胸怀找准自己的位置、通过学习、合作来提高自己的服务能力。至于高校图书馆和专业图书馆，更应该兼收并蓄、博采众长，将一切读者喜欢、方便易用的工具作为自身服务手段的延伸和补充，将一切高水平的学术资源介绍给读者，发挥图书馆员对于不同数字资源发现、评价、揭示、整合的专业能力。无论是专业的数据提供商、服务商，还是 Google 以及各种各样的专业网站，由于它们的存在，读者对于文献信息的需求得到了更好、更快的满足，图书馆员应该对此感到高兴，图书馆员应该更多地考虑如何从它们那里学习对读者需求的分析、对信息的分析与组织、对新技术的敏感、对服务质量的重视，同时，将它们纳入到图书馆的服务体系之中，提高图书馆的服务能力。

三、关于今后国家图书馆的文献提供工作的思考

国家图书馆从 90 年代后期开始对内进行了人事制度改革，充分调动了员工的积极性，特别是大大增强了员工的服务意识，对外降低了服务门槛，扩大了服务范围，延长了服务时间，因此取得了很好的社会效益。在读者方面，到馆读者人数急剧增加，到 2002 年达到高峰，全年 365 天开馆，日均到馆读者超过了一万四千人。但是，随着情况的变化，特别是数字化、网络化的发展，对于读者来说，文献信息的来源已不止是图书馆，越来越多的读者通过网络来获取信息，因此，从 2002 年开始，国家图书馆的到馆读者开始逐年下降，其具体情况如下图：

上述变化，绝非国家图书馆一家独有的情况，据了解，在国内一些大型公共图书馆和国外的一些著名图书馆几乎都出现了同样的情况。

如何看待、分析这种现象并采取相应的对策？我们认为，到馆人数的减少，既给我们改进服务提出了新的要求，同时，也给我们提供了一个调整服务战略的机会。长期以来，由于我国的公共图书馆事业不发达，国家图书馆承担了大量本应该由各级公共图

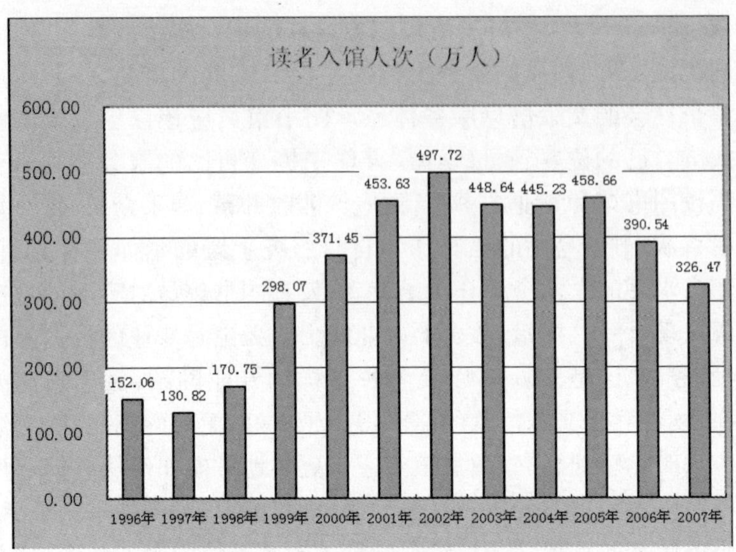

1996 年至 2007 年到馆读者数量变化图

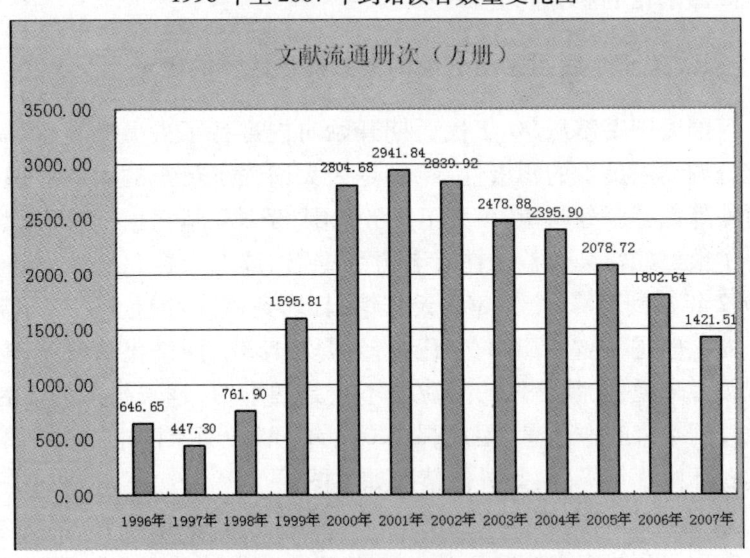

1996 年至 2007 年文献流通数量变化图

书馆以及高校图书馆承担的任务，因此，读者的结构极不合理，国家图书馆珍贵的馆藏资源得不到合理地利用，这对于国家图书馆的馆藏、人员、设备等资源来说，可以说是一种严重的浪费。同时，在这些读者之中，绝大多数是北京市特别是国家图书馆所在的海淀区读者，因此我们需要反思：

国家图书馆如何履行为全国人民服务的职责？

国家图书馆的服务工作应该如何定位？

另一方面，新中国成立以来，在特定的历史条件下，国家图书馆在全国的文献保障体系中扮演了一个非常特殊的角色，为国家的教育和科研事业作出了巨大贡献，但相应出现的问题就是几十年来国家图书馆的特殊使命造成了现有馆藏文献结构极不合理，人文社会科学文献与自然科学和工程技术类的文献比例严重失调，图书与期刊的比例严重失调。2005年，国家图书馆根据国内图书馆事业发展的新情况和新变化，对今后的发展战略进行了新的规划，先后制订了《国家图书馆服务创新实施方案》和《国家图书馆"十一五"规划纲要》，重新定义了国家图书馆的服务内容、服务方式和重点要推出的服务项目，关于服务工作的基本思路，大致可以归纳为：

> 服务模式从提供实体型文献为主向提供实体型文献与数字型文献并重转移；从一般性的文献借阅服务向深层次、个性化服务推进。服务内容从提供单一形式资源向提供集成资源过渡。服务手段以到馆的、手工的文献借阅服务与远程的、网络化的文献信息和知识推送服务并举。

根据新的发展战略，文献传递工作将是国家图书馆今后应该重点发展的服务领域和服务方式。

如何落实国家图书馆的发展战略？根据前面提到的问题，我以为需要重点开展如下工作：

1. 进一步加强文献组织与揭示

我们在前面曾经提到，影响读者对图书馆利用的一个重要因素是图书馆馆藏文献查询不便，这个问题对于国家图书馆来说尤其突出。因为，国家图书馆的服务对象是全国甚至全世界的读者，需要利用国家图书馆资源的读者绝大多数都不可能亲身到国家图书馆来查询资料。因此，利用互联网充分揭示馆藏不仅是一般性图书馆服务工作的需要，更是国家图书馆履行其国家总书库职责、为全国和全世界人民服务的前提。

国家图书馆对馆藏的揭示一直是比较重视的，在2600多万件馆藏文献中,超过百分之九十的文献已有机读目录。不过,由于国家图书馆馆藏十分宏富,兼之文种多、文献类型复杂,至今仍然有一部分文献尚未得到揭示。据统计,截止到2005年,国家图书馆还有48.5万册件馆藏文献未经编目,另有383万册件文献的数据尚需进一步处理。针对这种情况,2006年国家图书馆制订了文献回溯编目计划,希望在4年左右的时间将所有应编目文献全部编目,并纳入到计算机管理系统之中。目前这项工作进展顺利。

国家图书馆作为全国的书目数据中心,一直致力于建立起全国范围内图书馆系统的文献编目合作机制。全国图书馆联合编目中心成立10年来,本着资源共建共享的原则,按照统一标准和规范,在统一系统平台上联合工作,编制全国图书馆实体文献资源和电子资源。联合编目中心采用中心——分中心——成员馆的组织模式,数据的使用单位已超过1000家,成员馆发展到600多家,并且成立了11家分中心。我们的目的,就是在全国范围内组织和管理图书馆联机联合编目工作,运用现代图书馆的理念和技术手段将各级各类图书馆丰富的书目数据资源和人力资源整合起来,以国家图书馆为中心,实现书目数据资源共建共享,并以此作为文献提供和传递的基础,进而实现文献信息资源的全面共享。

2. 以国家数字图书馆建设为龙头,在资源建设与服务方面实现数字化转型

作为国家总书库和全球最大的中文文献提供中心,国家图书馆负有重点收藏和长期保存中文数字资源、建立中文数字资源保障中心、建设中文数字资源查询基地的责任。馆藏资源数字化一直是国家图书馆工作的重点,从2000年起,国家图书馆有计划地对特色馆藏资源进行数字化,主要内容是建设特色馆藏的全文影像资源、全文文本资源及音视频资源。截止到2007年年底,国家图书馆自建的全文数字资源已超过了11200万页,内容包括民国书刊、博士论文、馆藏地方志全文、甲骨、石刻拓片影像、甲骨实物影像、敦煌写卷等;转换的音频数字资源达51万首;自建的视频资源超过了5万小时,学术讲座达386场。此外,国家图书馆还

开展了网络资源长期保存的试验，目前，已保存中国所有的2万多个政府网站的公开信息、100多种中文电子报以及一些专题性资源。在购买数字资源方面，已购买和接受呈缴的电子资源主要包括了中外文数据库127个、西文善本图书33万种，中文电子图书超过了20万种，中西文全文电子期刊27043种，中西文全文电子报纸1767种。

版权问题一直是困扰数字图书馆建设与服务的一个大问题。目前国家图书馆大量的数字化学术资源中大多数都只能在馆域网内使用。在现行知识产权保护的法律框架下，将本馆所拥有的实体及数字资源在书目数据、目次数据的层次上充分揭示出来，并根据不同的版权情况采取不同的服务策略，特别通过探索各种数字资源"合理使用"的方法将是未来国家图书馆数字化服务工作的重点。

根据对读者的调查，大多数读者并不了解国家图书馆所拥有数字资源的情况，自然也无从利用。因此，"借船出海"便成为一种重要的馆藏揭示手段。从2005年起，国家图书馆向Google Scholar等著名的学术资源搜索引擎开放了大部分数据库的接口，希望读者能够借此更方便地找到本馆所拥有的数字资源。但由于Google Scholar的使用需要作相应的设置，因此效果仍然不够理想。2007年，国家图书馆又与OCLC达成了协议，将馆藏中文书目数据提供给后者，其主要目的仍然是希望通过借助OCLC这一知名的专业平台向全世界的读者揭示馆藏。除"借船出海"外，"打造联合舰队"是另一项重要的战略选择。目前，国家图书馆正在考虑通过打造"文津搜索"系统，以联合的力量，逐步建立一个以国内图书馆馆藏学术资源为主要查询内容，兼及其他能够控制的虚拟馆藏的学术搜索引擎，在此基础上，通过文献传递、馆际互借等合理使用手段来提高服务能力。

对于国家图书馆文献传递和馆际互借工作的定位，我以为似乎可以作如下概括：

十三亿人口，一个国家图书馆

六十七亿人口，一个中国国家图书馆

也就是说，国家图书馆的文献传递和馆际互借工作应该从服务于13亿中国人民和全世界67亿读者的目的出发,从政策的制订到服务方式与服务手段的选择都应围绕这个目标来考虑。到馆服务仅仅是国家图书馆众多服务形式中的一种,而以文献传递及馆际互借为代表的非到馆服务,不仅符合数字时代技术进步的潮流,也是国家图书馆充分履行其为全国乃至全世界服务职责的重要方式。

对于国家图书馆文献传递和馆际互借工作的目标,我以为似乎可以作如下概括:

全球最重要的中文文献提供中心

全国最重要的外文文献提供中心

作为中国国家总书库,丰富的中文馆藏为她作为全球最重要的中文文献提供中心提供了必要的条件,也为她作为全中国最重要的外文文献提供中心提供了必要的条件。但是,要达到上述目标,还需要我们进一步提高对文献传递和馆际互借工作性质的认识,从组织机构调整、提高员工队伍的服务水平、改进相关的基础工作、更多地采用新技术等各个方面入手,脚踏实地,积极推进。

注释:

①OCLC:2003 Environmental Scan: Pattern Recognition。

②参见拙稿:"公共服务中的图书馆服务",载《中国图书馆学报》2006年第1期。

③OCLC:Perceptions of Libraries and Information Resources (2005)

④同③

原载于《国家图书馆学刊》,2008年第3期

开创中美图书馆、博物馆、档案馆合作的新时代

——中美第四届合作会议主旨报告

IFLA 的《国际图联战略规划(2006—2009)》倡导:要“促进图书馆、博物馆与档案馆之间合作、资源共享与无缝的信息获取”。早在 2003 年,信息社会世界峰会(日内瓦)也曾指出,各国应把“利用信息通信技术,连接公共图书馆、文化中心、博物馆、邮局和档案馆”,作为实现信息社会的参照指标。国际社会如此重视图书馆、博物馆、档案馆之间的合作,因此,本届会议主题定为“中美图书馆、博物馆、档案馆之间的合作”是具有重要的现实意义的。我非常高兴有机会利用第四次中美图书馆合作会议这个论坛,就中美图书馆、博物馆、档案馆之间的合作问题谈谈自己的意见,与各位专家、同仁切磋讨论。

一、图书馆、博物馆、档案馆合作的基础

在过去,图书馆、博物馆、档案馆因其各自馆藏特色、服务内容与方式、服务对象以及管理模式的不同,几乎是完全独立运行,相互之间没有太多的交流与合作。随着社会的进步,特别是信息交流方式的变化、人们思想观念的变化,这种情况开始了变化。在中国内地,这种变化大致开始于 20 世纪 80 年代,它是与中国内地的改革开放同步的。

1985 年,国家教育部和国家档案局曾共同指出,档案工作和档案学研究正面临着档案与图书情报的一体化。在此背景下武汉大学等高校陆续在一个系设立了图书馆学、档案学、情报学 3 个专业。1986 年,中国国家图书馆参与了国内图书馆界、档案界的图书、档案、情报一体化工作,在主题法研究中发挥了图书馆界龙头作用。

进入90年代特别是进入21世纪以后，一些新建的公共文化设施已经有了将图书馆和档案馆合为一体的案例。中国科学院图书馆是较早将图书馆与档案馆结合在一起的大型图书馆，其他如2003年开馆的天津开发区泰达图书馆等，也是实行图书、情报、档案三位一体的管理体制。一些公共图书馆、大学图书馆在兴建新馆舍时也常常有将图书馆、档案馆合为一体的做法。

当然，即使是在一些将图书馆与档案馆从行政管理上合为一体的机制，在它们的基础业务与用户服务方面，图书馆服务与档案馆的服务还基本上是泾渭分明的。至于博物馆，由于其馆藏与图书馆和档案馆差异更大，因此更谈不上融合的问题了，一个典型的例子就是国家图书馆与北京故宫以前在业务上的基本分工：具有传统文物特征的艺术品及其他藏品由故宫集中收藏，而图书则由国家图书馆收藏，因此两家机构在50年代曾经进行过大规模的馆藏互换。

随着数字时代与网络时代的到来，信息的传播与交流机制发生了根本性的变化，一些过去看似无关的事已经被计算机和网络联系起来，差异在缩小，合作越来越多，在某些方面功能的趋同越来越明显，图书馆、博物馆和档案馆之间的关系就是如此。今天，我们需要用新的眼光来审视三者之间的关系，寻找新的、更多的合作机会。

图书馆、博物馆和档案馆在新时代的合作，其实是有着坚实基础的。

首先，“公共服务”的基本属性是三者合作的社会基础。以纯技术的眼光看，以最小的社会成本向广大公众提供最大效益的服务是公共服务最基本的要求，因此，整合各种资源是极为重要的。

其次，从图书馆、博物馆、档案馆三者的性质来看，它们之间有许多共同点。保存人类文化遗产、传承文明是三者共同的、也是最重要的使命。以中国的情况来看，传统的图书馆、博物馆、档案馆在建置上虽然各自独立，但实际上也是你中有我、我中有你；图书馆所藏既有一般的书刊，也有不少档案，甚至文物。事实上，以历史的眼光来看，不少图书原本就是档案，而不少原来的图书由于某种原因,后来变成了档案。博物馆和档案馆的情况也基本相同。例如,作为文献的甲骨,它收藏在图书馆,当它们被传拓并汇集成册后谁也不会否认它们是图书;作为反映古代文明成就实物的宋版图书,它可能会收藏在博物馆。这种情形,正说明了三者原来不可截然划分的。

再次,如果说传统的图书馆是以公开信息服务为主、档案馆是以受控制的信息服务为主、博物馆是以实物信息服务为主的话,当我们进入一个空前开放的时代以后,信息公开的原则使三者的区别越来越小了。

最后,图书馆、博物馆、档案馆所藏虽然载体形态不同,但以所含信息内容而言,是互有关联的。为公众提供全方位的、完整的信息,是我们的基本目标。虽然以前由于技术的问题,我们不易将三者的关联向公众集中揭示,但进入数字时代以后,数字技术已经完全具备了将三者更紧密关联起来的能力,将三者纳入一个统一的管理体系之中进行分级分类服务在技术上已经没有太大的问题了。

目前,影响三者深度合作的最大障碍是观念和管理体制问题。客观地讲,虽然目前国内图书馆、博物馆、档案馆合作的理论探讨与实践已初露端倪,但无论是规模还是效果与国际水平相比还有差距。合作相对落后的主要原因源于思想观念和现行的管理体制。

就思想观念而言,在许多图书馆、博物馆和档案馆工作人员的心目中,三者似乎还是泾渭分明,基于对自身价值的认同与肯定,往往以强调各自的特点、重要性与独立性为多,而不太注意合作的问题,甚至讳言三者之间的共性;以管理体制而言,图书馆、档案馆和博物馆分属不同系统,即使是在同一系统之内,也还有不同的隶属关系,形成不同的分系统。这种条块分割的管理体制,使同一系统内和不同系统间难以相互协调,造成了入藏资源既有重叠交叉,又有入藏空缺,客观上形成同系统内不同层次和不同系统之间难以合作、资源难以共享的局面。这种情况的改善,不仅需要政府行政力量的干预,更需要各系统从业人员逐步统一思想并付诸行动,逐渐消除隔阂。

随着技术的进步，数字技术和网络技术已经把图书馆、博物馆、档案馆逐渐联系在一起，图书馆、博物馆、档案馆以开放的观念将各自拥有的文化资源释放到网络空间，提供公众使用，这将大大有助于消除三者的隔阂。当然，这将面临若干技术的挑战：相关技术发展的复杂性与相互依赖性，使资源的整合与配置、服务的提供、运行的模式、用户的习惯都发生了改变，许多不可预知的挑战将不断凸现，这些都需要我们不断地去研究和解决。

二、对图书馆、博物馆、档案馆未来合作的思考

我们认为，条块分割管理体制形成的障碍是国内合作水平低的主要原因，这种现状短时间不易改变，采用合并机构行使三者职能，或建立机构协调三者管理的方式，恐怕都不适合目前我国的国情，短时间内难以实现。在现行管理体制下，加强数字图书馆建设是较实际的合作办法，可以发挥网络优势，避开体制障碍，整合图书馆、博物馆、档案馆、大学、政府部门提供的文化资源，搭建国家级的数字文化资源平台。

在馆藏数字化方面开展合作。利用数字技术开展图书馆、博物馆、档案馆的合作，我国台湾的同行们在这方面已取得了相当的成绩，其“数位典藏计划”即是一个相当成功的案例，值得我们学习。在中国内地，2005 年国家发展改革委员会通过了“中国国家数字图书馆项目”，目前该项目正在进行之中。我们在进行数字图书馆建设时，既有大规模的文献数字化工作，也有相关的标准规范研制和技术研发。故宫博物院也有“数字故宫”项目，并且取得了相当的成绩。国家档案局也有“金档工程”，进行档案的数字化，也取得了一定的成绩。这些在我们进行数字图书馆建设时，也曾相互学习。不过，客观地说，合作还有待进一步加强。

从专项研究入手开展合作。通过一些专项进行合作，恐怕是最有效的途径。2005 年我馆启动了清代样式雷图档申报“世界记忆遗产”的准备工作。该图档是中国清代雷氏家族绘制的建筑图样、烫样、工程做法及相关文献，主要收藏于中国国家图书馆，其他如故宫博物院、中国第一历史档案馆、中国文物研究所、清华大学等单位也有收藏。“样式雷”已于 2007 年 6 月正式通过

了联合国教科文组织的专家评审，荣登“世界记忆遗产名录”。像“样氏雷”这类资料遍布于图书馆、博物馆、档案馆，内容涉及图书、档案、文物为一身的资源，如果能够联合起来进行数字化，必将提供一个图书馆、博物馆、档案馆合作的极好范例。

联合开展相关标准规范的研究。中国内地图书馆系统在标准规范的制订方面起步较早，从 1983 年起，全国文献工作标准化技术委员会就先后颁布了我国文献著录标准《文献著录总则》(GB3792.1—83)、《检索期刊条目著录规则》(GB3793—83)、《普通图书著录规则》(GB3792.2—85)、《连续出版物著录规则》(GB3792.3—85)、《非书资料著录规则》(GB3792.4—85)。图书馆也较早地将数字技术应用于基础业务和读者服务工作，在数字化方面所采用的标准也基本上符合国际标准。在档案系统，1985 年就发布了《档案著录规则》(GB3792.5—85)，在世界范围内也是比较早的。此外，在机读目录规范标准、电子档案著录标准等方面也都有相当的基础。相比之下，博物馆的情况更为复杂。因此，要促进数字时代三者的实质性合作，联合制订相关标准规范是非常必要的。

三、促进中美图书馆、博物馆、档案馆之间的合作

知识是无国界的，我们愿意积极推动与参与图书馆、博物馆、档案馆之间、中美两国之间的合作。我们建议：

(1)通过学术交流，互通情况，通过开展一些具体的项目逐步推进合作；

(2)就图书馆、博物馆、档案馆所涉及的标准规范开展讨论，并尽可能达成一致意见；

(3)彼此支持对方的数字图书馆资源建设。双方在协调本国图书馆、博物馆、档案馆合作的基础上，根据自愿的原则，各自向对方提供解决了版权问题的数字资源，包括可以使用的博物馆、档案馆文献资源，支持对方的数字资源建设，宣传推广本国的图书馆、博物馆、档案馆资源。

当前，世界政治、经济、文化正在进一步朝着一体化的方向迈进，全球化已经成为人类社会各个领域发展不可逆转的大趋势。

图书馆作为文化事业的重要组成部分和象征,在全球化风潮中也不断地在加快其交流与融合的步伐。中美两国是世界发展中国家和发达国家的突出性代表,两国在图书馆领域的交流合作,对两国乃至世界图书馆事业及文化事业的交融与发展都具有极为重要的意义。加强中美图书馆、博物馆、档案馆之间的合作,是两国图书馆事业及文化事业交融与发展的新内容,符合国际社会倡导的精神,让我们为此而努力。

2007 年 10 月 24 日 美国·都柏林·OCLC 总部